Thomas Hoeren (Hg.)

Digitale Lehre an der Hochschule – Rechtsprobleme und Rechtsinformationen

Arbeitsberichte zum Informations-, Telekommunikations- und Medienrecht

Herausgegeben von

Thomas Hoeren und Bernd Holznagel

Institut für Informations-, Telekommunikations- und Medienrecht (ITM) der Westfälischen Wilhelms-Universität

Band 21

LIT

Digitale Lehre an der Hochschule – Rechtsprobleme und Rechtsinformationen

Mit Beiträgen von
Julian Albrecht, Yannik Borutta,
Malin Fischer, Nicolas John,
Nele Klostermeyer, Owen Mc Grath,
Merlin Rombach, Marten Tiessen
und Maximilian Wellmann

herausgegeben von

Thomas Hoeren

LIT

∞

Gedruckt auf alterungsbeständigem Werkdruckpapier entsprechend
ANSI Z3948 DIN ISO 9706

Bibliografische Information der Deutschen Nationalbibliothek
Die Deutsche Nationalbibliothek verzeichnet diese Publikation in der Deutschen Nationalbibliografie; detaillierte bibliografische Daten sind im Internet über http://dnb.dnb.de abrufbar.

ISBN 978-3-643-14951-0 (br.)
ISBN 978-3-643-34951-4 (PDF)

Verlagskontakt:
Fresnostr. 2 D-48159 Münster
Tel. +49 (0) 2 51-62 03 20
E-Mail: lit@lit-verlag.de https://www.lit-verlag.de

Auslieferung:
Deutschland: LIT Verlag, Fresnostr. 2, D-48159 Münster
Tel. +49 (0) 2 51-620 32 22, E-Mail: vertrieb@lit-verlag.de

Vorwort

Digitale Technologien bergen ein für Forschung und Lehre nicht zu unterschätzendes Fortschrittspotenzial. Um dieses vollständig zu realisieren, bemühen sich die Hochschulen seit vielen Jahren, die hierfür notwendige Infrastruktur zu schaffen. Mit einem Austausch alter gegen neue Technologie ist der Wandel allerdings noch nicht vollzogen, sondern lediglich die erste Voraussetzung geschafft. Digitalisierung erfordert weiterhin die Umstellung vieler organisatorischer Abläufe sowie ein Bewusstsein unter den Hochschulmitgliedern, wie die neuen Technologien didaktisch gewinnbringend eingesetzt werden können. Dieser Prozess benötigt Zeit, Personal und Ressourcen, die in der öffentlichen Verwaltung häufig knapp sind. Auch wenn diese Herkulesaufgabe noch nicht bewältigt ist, gibt es doch viele Anzeichen, dass sich die Hochschulen auf einem guten Weg befinden: Zahlreiche E-Learning-Plattformen wurden geschaffen, viele Medien aus dem Bibliotheksbestand sind elektronisch verfügbar und auch für die Lehrveranstaltungen werden inzwischen neue Formate genutzt. Einen weiteren Schub haben die Digitalisierungsanstrengungen gezwungenermaßen durch die COVID-19-Pandemie bekommen, welche zugleich den erhöhten Bedarf einer digitalisierten Lehre vor Augen geführt hat. Dennoch bestehen weiterhin Hindernisse, die den erforderlichen Wandel verzögern. Eines davon ist die rechtliche Unsicherheit, die dem Thema Digitalisierung anhaftet. Obwohl in den Hochschuleinrichtungen ein juristisches Problembewusstsein oftmals vorhanden ist, wünschen sich die Mitarbeiter zusätzliche Ansprechpartner, an die sie ihre Rechtsfragen richten können. Um diese durch die Pandemie noch drängender gewordenen Rechtsfragen zu bewältigen, muss den Hochschulen daher weitere Unterstützung an die Seite gestellt werden.

Diese rechtliche Expertise bieten zwei Projekte des Münsteraner Instituts für Informations-, Telekommunikations-, und Medienrecht (ITM) unter

Leitung von Prof. Dr. Thomas Hoeren: Mit großem Erfolg berät die Forschungsstelle Recht im Deutschen Forschungsnetz (DFN) seit vielen Jahren bundesweit Hochschulen und Forschungseinrichtungen zu allen Rechtsfragen rund um das Thema IT und Digitalisierung. Daneben entstand im letzten Jahr ein kleineres Forschungsprojekt, das sich ausschließlich auf die Hochschulen in Nordrhein-Westphalen konzentriert – die Rechtsinformationsstelle im Online-Landesportal NRW. Als Teil einer größeren Initiative des Ministeriums für Kultur und Wissenschaft NRW gemeinsam mit 42 Hochschulen des Landes, die sich unter dem Namen der Digitalen Hochschule NRW die Verbesserung der digitalen Lehre zur Aufgabe gemacht hat, wurde die Rechtsinformationsstelle gerade vor dem Hintergrund des durch die Pandemie drohenden „Digitalisierungschaos" ins Leben gerufen. Seitdem war sie wichtiger Ansprechpartner für die Hochschulen des Bundeslandes in allen rechtlichen Belangen der technologischen Transformation. Zum einen leistet die RiDH.NRW proaktiv durch Informationsveranstaltungen Aufklärungshilfe, zum anderen können sich die Hochschulen mit gezielten Anfragen direkt an die Mitarbeiter des Projekts wenden. Letztere werden von dem inzwischen fünfköpfigen Team in ausführlichen und anwendungsbezogenen Rechtsgutachten beantwortet, die den Hochschulen dabei helfen sollen, alltägliche Probleme bei der Digitalisierung rechtssicher zu bewältigen.

In das vorliegende Buch wurde eine Auswahl der wichtigsten Gutachten aus dem letzten Jahr aufgenommen. Sie sind anhand der jeweils betroffenen Rechtsgebiete angeordnet, zu denen hauptsächlich das Datenschutz-, Urheber-, Hochschul- und Arbeitsrecht gehören. Mehrere Gutachten kreisen um die praxisrelevanten Themen der Videoaufzeichnungen von Vorlesungen und der Verwendung von Videokonferenzdiensten im Hochschulbetrieb. Darin geht es sowohl um den datenschutzkonformen Einsatz von Zoom als auch um die Rechtmäßigkeit der Überwachung von Online-Klausuren. Von großer Bedeutung sind zudem die gesetzlichen Privilegierungen im Urheberrecht für Forschung und Lehre. Ihnen sind zwei Gutachten gewidmet. Darüber hinaus werden in diesem Buch konkrete Rechtsfragen im Zusammenhang mit der Lehre während der Pandemie geklärt. Dazu gehört beispielsweise die Frage nach der Lehrpflicht in der Quarantäne.

Durch die thematischen Überschneidungen und den regen fachlichen Austausch zwischen der Forschungsstelle Recht im DFN und der RiDH.NRW konnten immer wieder Synergien genutzt werden, von denen beide Projekte profitierten. Diese fruchtbare Zusammenarbeit spiegelt sich auch in mehreren Gutachten wieder, an denen Mitarbeiter der Forschungsstelle Recht im DFN beteiligt waren. Ebenso wurde dieses Buch von Mitarbeitern beider Projekte erstellt. Neben den beteiligten Mitautoren gebührt dabei ganz besonderer Dank Merlin Rombach, der als studentische Hilfskraft an der Veröffentlichung dieses Buches wesentlich mitgewirkt hat. Wir danken außerdem unseren Kooperationspartnern, dem Online-Landesportal NRW (ORCA.NRW) und der Digitalen Hochschule NRW sowie dem Ministerium für Kultur und Wissenschaft NRW, durch das die Rechtsinformationsstelle gefördert wird.

Thomas Hoeren	Yannik Borutta	Marten Tiessen
ITM	RiDH.NRW	Forschungsstelle Recht im DFN

Inhaltsverzeichnis

Autorenverzeichnis

Julian Albrecht, Wissenschaftlicher Mitarbeiter am Institut für Informations-, Telekommunikations- und Medienrecht (ITM) der Westfälischen Wilhelms-Universität Münster, Rechtsinformationsstelle im Online-Landesportal für Studium und Lehre NRW. Studium der Rechtswissenschaft in Münster.

Yannik Borutta, Wissenschaftlicher Mitarbeiter am Institut für Informations-, Telekommunikations- und Medienrecht (ITM) der Westfälischen Wilhelms-Universität Münster, Rechtsinformationsstelle im Online-Landesportal für Studium und Lehre NRW. Studium der Rechtswissenschaft in Münster.

Malin Fischer, Wissenschaftliche Mitarbeiterin am Institut für Informations-, Telekommunikations- und Medienrecht (ITM) der Westfälischen Wilhelms-Universität Münster, Rechtsinformationsstelle im Online-Landesportal für Studium und Lehre NRW. Studium der Rechtswissenschaft in Münster.

Prof. Dr. Thomas Hoeren, Universitätsprofessor an der Juristischen Fakultät der Westfälischen Wilhelms-Universität Münster und Direktor des Instituts für Informations-, Telekommunikations- und Medienrecht (ITM). Studium der Katholischen Theologie und Rechtswissenschaft in Münster, Tübingen und London. Promotion und Habilitation in Münster.

Nicolas John, Ass.-Jur., Wissenschaftlicher Mitarbeiter am Institut für Informations-, Telekommunikations- und Medienrecht (ITM) der Westfälischen Wilhelms-Universität Münster, Forschungsstelle Recht im Deutschen Forschungsnetz. Studium der Rechtswissenschaft in Jena, Referendariat in Ravensburg.

Nele Klostermeyer, Wissenschaftliche Mitarbeiterin am Institut für Informations-, Telekommunikations- und Medienrecht (ITM) der Westfälischen Wilhelms-Universität Münster, Rechtsinformationsstelle im Online-Landesportal für Studium und Lehre NRW. Studium der Rechtswissenschaft in Münster.

Owen Mc Grath, Wissenschaftlicher Mitarbeiter am Institut für Informations-, Telekommunikations- und Medienrecht (ITM) der Westfälischen Wilhelms-Universität Münster, Forschungsstelle Recht im Deutschen Forschungsnetz. Studium der Rechtswissenschaft in Münster.

Merlin Rombach, Studentische Hilfskraft am Institut für Informations-, Telekommunikations- und Medienrecht (ITM) der Westfälischen Wilhelms-Universität Münster, Rechtsinformationsstelle im Online-Landesportal für Studium und Lehre NRW. Studium der Rechtswissenschaft in Münster.

Marten Tiessen, Ass.-Jur., Wissenschaftlicher Mitarbeiter am Institut für Informations-, Telekommunikations- und Medienrecht (ITM) der Westfälischen Wilhelms-Universität Münster, Forschungsstelle Recht im Deutschen Forschungsnetz. Studium der Rechtswissenschaft in Göttingen, Bogotá und Münster, Referendariat in Dortmund.

Maximilian Wellmann, Wissenschaftlicher Mitarbeiter am Institut für Informations-, Telekommunikations- und Medienrecht (ITM) der Westfälischen Wilhelms-Universität Münster, Forschungsstelle Recht im Deutschen Forschungsnetz. Studium der Rechtswissenschaft in Freiburg, Budapest und Münster.

Literaturverzeichnis

Ahlberg, Hartwig/Götting Horst-Peter, BeckOK Urheberrecht, 30. Edition 2021.

Auer-Reinsdorff, Astrid/Conrad, Isabell, Handbuch IT- und Datenschutzrecht, 3. Auflage 2019.

Battis, Ulrich, Kommentar Bundesbeamtengesetz (BBG), 5. Auflage 2017.

Brink, Stefan/Wolf, Heinrich Amadeus, BeckOK Datenschutzrecht, 35. Edition 2021.

Buss, Sebastian, Privacy by Design und Software – Berücksichtigung datenschutzrechtlicher Anforderungen bei der Softwarebeschaffung, CR 2020, S. 1 – 6.

Calliess, Christian/Ruffert, Matthias, Kommentar EUV / AEUV – das Verfassungsrecht der Europäischen Union mit Europäischer Grundrechtecharta, 5. Auflage 2016.

Conrad, Albrecht/Nolte, Georg, Schrankenbestimmungen im Anwendungsbereich des UrhDaG, ZUM 2021, S. 111 – 124.

Cording, Sebastian/Götzinger, Lena, Der CLOUD-Act aus europäischer Sicht, CR 2018, S. 636 – 640.

Dreier, Horst, Grundgesetz Kommentar, Band I, 3. Auflage 2013.

Dreier, Thomas/Schulze, Gernot, Urheberrechtsgesetz Kommentar, 6. Auflage 2018.

Ehmann, Eugen/Selmayr, Martin, Kommentar Datenschutz-Grundverordnung, 2. Auflage 2018.

Epping, Volker, Handkommentar Niedersächsisches Hochschulgesetz, 1. Auflage 2016.

Erbs, Georg/Kohlhaas, Max/Häberle, Peter (Hrsg.), Strafrechtliche Nebengesetze, 233. Ergänzungslieferung, Oktober 2020.

Ernst, Stefan, Die Einwilligung nach der Datenschutzgrundverordnung. Anmerkungen zur Definition nach Art. 4 Nr. 11 DS-GVO, ZD 2017, S. 110 – 114.

Fehling, Michael, Reine Online-Hochschullehre: Möglichkeiten und Grenzen im Lichte von Ausbildungsauftrag, Lehrfreiheit und Datenschutz, OdW 2020, S. 137 – 154.

Fischer, Edgar/Dietrich, Peter, Prüfungsrecht in Zeiten der Coronavirus-Pandemie, NVwZ 2020, S. 657 – 665.

Fischer, Malin, Ja, ich will! – Zu den Vorgaben bei der Einholung und Erteilung einer Einwilligung in die Verarbeitung personenbezogener Daten, DFN-Infobrief Recht 3/2020, S. 8-12.

Fischinger, Philipp/Hengstberger, Silas, Arbeitsrechtliche Fragen in der Corona-Krise, JA 2020, S. 561 – 568.

Fuhlrott, Michael/Fischer, Katharina, Corona: Virale Anpassungen des Arbeitsrechts, NZA 2020, S. 345 – 350.

Gausling, Tina, Offenlegung von Daten auf Basis des CLOUD Act, MMR 2018, S. 578 – 582.

Gielen, Nico/Tiessen, Marten, Die neue Plattformhaftung nach der Richtlinie über das Urheberrecht im digitalen Binnenmarkt, EuZW 2019, S. 639 – 646.

Gola, Peter, Kommentar Datenschutz-Grundverordnung, 2. Auflage 2018.

Golland, Alexander, Datenschutzrechtliche Anforderungen an internationale Datentransfers, NJW 2020, S. 2593 – 2596.

Gündel, Katharina, Hauswarte und Handwerker – Auftragsverarbeiter im Sinne der DSGVO? ZWE 2019, S. 429 – 433.

Haake, Karoline, Lehre und Prüfungen in der Coronazeit – aktuelle rechtliche Fragestellungen. Bericht über die Tagung des Vereins zur Förderung des deutschen und internationalen Wissenschaftsrechts, OdW 2021, S. 59 – 64.

Harte-Bavendamm, Henning/Henning-Bodewig, Frauke, Gesetz gegen den unlauteren Wettbewerb (UWG), 4. Auflage 2016.

Helm, Rüdiger/Bundschuh, Veronica/Wulff Manfred, Arbeitsrechtliche Beratungspraxis in Krisenzeiten, 1. Auflage 2020.

Hoeren, Thomas, EU-US-Datenschutzschild ungültig, Schrems II, Anm. Hoeren, MMR 2020, S. 597 – 609.

Hoeren, Thomas/Wehkamp, Nils, Individualität im Quellcode? Softwareschutz und Urheberrecht, CR 2018, S. 1 – 7.

Jeremias, Christoph, Elektronische Prüfungen, Antwort-Wahl-Verfahren und der Gesetzesvorbehalt, JM 2018, S. 25 – 30.

John, Nicolas, Corona is calling – Datenschutzrechtliche Probleme bei der Auswahl und Benutzung von Videokonferenzprogrammen für den Arbeits- und Hochschulalltag, DFN-Infobrief Sonderausgabe COVID19, S. 6-8.

John, Nicolas, In 90 Tagen zur Verschlüsselung – der Wettlauf des Eric S. Yuan – Zu den Änderungen von „Zoom“ nach Ablauf des 90-Tage-Plans zur Verbesserung des Datenschutzes, DFN-Infobrief Recht 8/2020, S. 11.

John, Nicolas/Wellmann, Maximilian, Datenschutzrechtliche Fragestellungen bei der Einrichtung und Verwendung von Videokonferenztools, DuD 2020, S. 606 – 510.

John, Nicolas/Wellmann, Maximilian, Datenschutzrechtliche Fragestellungen zur Auswahl von Videokonferenztools, DuD 2020, S. 506 – 610.

Jungkind, Vera/Raspé, Carolin/Schramm, Michael, Risikoanalyse und zusätzliche Maßnahmen – Konzerninterner US-Datentransfer nach „Schrems II“, NZG 2020, S. 1056 – 1059.

Kalscheuer, Fiete/Jacobsen, Annika, Das digitale Hausrecht von Hoheitsträgern, NJW 2018, S. 2358 – 2362.

Kersten, Jens, Anonymität in der liberalen Demokratie, JuS 2017, S. 193 – 203.

Kindhäuser, Urs/Neumann, Ulfrid/Paeffgen, Hans-Ulrich, Strafgesetzbuch – Kommentar, 5. Auflage 2017.

Klass, Nadine, FILTER(N) oder nicht? Der Einsatz von Filtertechnologien im Urheber- und Medienrecht, ZUM 2020, S. 353 – 355.

Kleinkopf, Felicitas/Jacke, Janina/Gärtner, Markus, Text- und Data-Mining – Urheberrechtliche Grenzen der Nachnutzung wissenschaftlicher Korpora bei computergestützten Verfahren und digitalen Ressourcen, MMR 2021, S. 196 – 200.

Klein, Florian, Das haben wir auf Band – Zu den persönlichkeitsrechtlichen Problemen bei der audiovisuellen Aufzeichnung von Personen, DFN-Infobrief Recht Jahresband 2015, S. 29-35.

Krohm, Niclas, Abschied vom Schriftformgebot der Einwilligung – Lösungsvorschläge und künftige Anforderungen, ZD 2016, S. 368 – 373.

Kühling, Jürgen/Buchner, Benedikt, Kommentar DSGVO BDSG, 3. Auflage München 2020.

Lauber-Rönsberg, Anne/Hartlaub, Anneliese, Personenbildnisse im Spannungsfeld zwischen Äußerungs- und Datenschutzrecht, NJW 2017, S. 1057 – 1062.

Leistner, Matthias, Der Referentenentwurf zur Umsetzung der DSM-RL und die Theorie vom Sui-generis-Charakter des Art. 17 DSM-RL, ZUM 2020, S. 897 – 912.

Leuze, Dieter, Die Urheberrechte der wissenschaftlichen Mitarbeiter, GRUR 2006, S. 552 – 560.

Loewenheim, Ulrich/Schricker, Gerhard (Begr.), Urheberrecht Kommentar, 6. Auflage 2020.

Maunz, Theodor/Düring, Günter, Grundgesetz Kommentar, Teil B. II., 92. Ergänzungslieferung August 2020.

Mc Grath, Owen, Mensch gegen Maschine – Zur datenschutzrechtlichen Relevanz von automatisierten Proctoringdiensten bei digitalen Prüfungen, DFN-Infobrief Recht, 9/2020, S. 2-4.

Mc Grath, Owen, Solange du deine (virtuellen) Füße unter meinem (digitalen) Tisch stellst… - Wie weit geht das virtuelle Hausrecht von Hochschulen?, DFN-Infobrief Recht 11/2020, S. 7-9.

Morgenroth, Carsten/Wieczorek, Barbara, Zwischenbilanz zum Corona-Hochschulrecht aus der Hochschulpraxis, Teil 1 – Online-Lehre, OdW 2021, S. 7 – 18.

Möllenkamp, Stefan/Orthmann, Jan-Peter, Auftragsverarbeitung im Konflikt mit Beweissicherungsinteressen des Auftragnehmers, ZD 2019, S. 445 – 450.

Mörike, Matthias, Im Auftrag des Verantwortlichen – Zu den Voraussetzungen und Anforderungen an eine Auftragsverarbeitung nach Art. 28 DSGVO, DFN-Infobrief Recht Jahresband 2019, S. 47-50.

Müller, Stefan, Homeoffice in der arbeitsrechtlichen Praxis, 2. Auflage 2020.

Neumann, Eva/Eichberger, Simon, Die Unionsgrundrechte vor dem Bundesverfassungsgericht, JuS 2020, S. 502 – 506.

Niehues, Norbert/Fischer, Edgar/Jeremias, Christoph, Prüfungsrecht, 7. Auflage 2018.

Nordemann, Axel, Upload Filters and the EU Copyright Reform, IIC 2019, S. 275 – 277.

Ohly, Ansgar, Verändert das Internet unsere Vorstellung von Persönlichkeit und Persönlichkeitsrecht? AfP 2011, S. 428 – 438.

Paal, Boris/Pauly, Daniel, Kompakt-Kommentar Datenschutzgrundverordnung, Bundesdatenschutzgesetz, 3. Auflage 2021.

Peters, Nils/Schmidt, Jan Hendrik, Das Ringen um Upload-Filter geht in die 2. Runde, GRUR Int. 2019, S. 1006 – 1016.

Raue, Benjamin/Steinebach, Martin, Uploadfilter – Funktionsweisen, Einsatzmöglichkeiten und Parametrisierung, ZUM 2020, S. 355 – 364.

Redeker, Helmut, Handbuch IT-Recht, 7. Auflage 2020.

Reimer, Philipp, Verwaltungsdatenschutzrecht, 1. Auflage 2019.

Roßnagel, Alexander/Schnabel, Christoph, Aufzeichnung und Übertragung von Lehrveranstaltungen, Datenschutz- und urheberrechtliche Grundlagen, DuD 2009, S. 411 – 417.

Roßnagel, Alexander, Datenschutz im E-Learning – die neuen Datenschutzregelungen im Lehrbetrieb von Hochschulen, ZD 2020, S. 296 – 302.

Sandberger, Georg, Rechtsfragen des digitalen Unterrichts, digitaler Prüfungen und virtueller Gremiensitzungen an Hochschulen, OdW 2020, S. 155 – 168.

Schmidt, Huber, COVID-19, Rechtsfragen zur Corona-Krise, 2. Auflage 2020.

Schröder, Georg, Datenschutzrecht für die Praxis, 3. Auflage 2019.

Schwander, Timo, Das digitale Vermummungsverbot – eine irreführende Analogie, ZRP 2019, S. 207 – 209.

Schwartmann, Rolf/Hentsch, Christian-Henner, Stufenkonzept gegen Overblocking durch Upload-Filter – Ein erster Vorschlag zur Umsetzung von Art. 17 DSM-RL, MMR 2020, S. 207 – 213.

Simitis, Spiros/Hornung, Gerrit/Spieker gen. Döhmann, Indra, Datenschutzrecht – DSGVO und BDSG, 1. Auflage 2019.

Specht, Louisa/Mantz, Reto, Europäisches und deutsches Datenschutzrecht, 1. Auflage 2019.

Specht-Riemenschneider, Louisa/Schneider, Ruben, Die gemeinsame Verantwortlichkeit im Datenschutzrecht, MMR 2019, S. 503 – 509.

Specht-Riemenschneider, Louisa/Schneider, Ruben, Das Datenschutzrecht als Taktgeber für die digitale Lehre. Eine Analyse der Datenverarbeitung bei der Nutzung von Zoom, WissR 2020, S. 233 – 272.

Spindler, Gerald/Schuster, Fabian, Praxiskommentar Urheberrecht, 4. Auflage 2019.

Stieper, Malte, Die Umsetzung von Art. 17 VII DSM-RL in deutsches Recht (Teil 1), GRUR 2020, S. 699 – 708.

Stoklas, Jonathan, Datenschutz in Zeiten von Corona, ZD-Aktuell 2020, 07093.

Strobel, Armin, PowerPoint und das Urheberrecht, DFN-Infobrief Recht Jahresausgabe 2019, S. 94 – 96.

Sydow, Gernot, Handkommentar Europäische Datenschutzgrundverordnung, 2. Auflage 2018.

Taeger, Jürgen/Gabel, Detlev, Kommentar DSGVO – BDSG, 3. Auflage 2019.

Tausch, Karin/Tausch, Sebastian, Datenschutz-Grundverordnung: so bekommen Sie die Auftragsverarbeitung in den Griff, BC 2018, S. 219 – 223.

Tiessen, Marten, Vergriffen heißt nicht vergessen – Neuregelung der vergriffenen Werke nach der EU-Urheberrechtslinie, DFN-Infobrief Recht 1/2020, S. 10-13.

Uecker, Phillip, Die Einwilligung im Datenschutzrecht und ihre Alternativen, ZD 2019, S. 248 – 251.

Ulmer-Eilfort, Constanze/Obergfell, Eva Inés, Kommentar Verlagsrecht, 2. Auflage 2021.

Uphues, Steffen, Der Prüfling – Allein Zu Haus – Zur datenschutzrechtlichen Rechtmäßigkeit im Zuge von Home-Klausuren, DFN-Infobrief Recht 7/2020, S. 2-5.

Uphues, Steffen, Ins Wasser gefallen – Privacy Shield für Datenübermittlungen über den Atlantik in die USA ungültig, Infobrief Recht 8/2020, S. 2-4.

Uphues, Steffen, Learning-Analytics-Software zur Erstellung von Studienverlaufsprognosen vor dem Hintergrund der DS-GVO, DÖV 2020, S. 234 – 243.

von Coelln, Christian/Schemmer, Franz, BeckOK Hochschulrecht NRW, 17. Edition 2020.

von Heintschel-Heinegg, Bernd, Beck OK Strafgesetzbuch, 49. Edition 2021.

Wandtke, Artur-Axel/Bullinger, Winfried, Praxiskommentar Urheberrecht, 5. Auflage 2019.

Wandtke, Artur-Axel/Hauck, Ronny, „Scherz, Satire, Ironie und tiefere Bedeutung“: Die §§ 23 und 51a im Referentenentwurf zur Neufassung des UrhG, GRUR-Prax 2020, S. 542 – 544.

Weidert, Stefan/Uhlenhut, Theresa/von Lintig, Johannes, Kampf gegen Upload-Filter – Teil 2: Die neue Urheberrechtsrichtlinie, GRUR-Prax 2019, S. 295 – 297.

Wellmann, Maximilian, Social Distance Learning – Zur urheberrechtlichen Einordnung des Distance Learning, DFN-Inforbrief Recht Sonderausgabe COVID19, S. 2-5.

A. DATENSCHUTZRECHT

Das Datenschutzrecht bestimmt, inwieweit die Verarbeitung personenbezogener Daten rechtlich zulässig ist.Personenbezogene Daten im Sinne der Datenschutzgrundverordnung (DSGVO) sind alle Informationen, die sich auf eine identifizierte oder identifizierbare natürliche Person beziehen. Für Hochschulen können das Daten der Mitarbeiter:innen, Studierenden oder auch Gäste der Hochschule sein. Gerade in der Online-Lehre werden solche Daten in großem Umfang erhoben und gespeichert, z.B. als Bilddaten einer Videokonferenz oder als Teilnehmerliste einer elektronischen Vorlesung. Manche dieser Verarbeitungsvorgänge bergen für die Einrichtungen allerdings ein rechtliches Risiko. Denn im Datenschutzrecht gilt der Grundsatz, dass die Datenverarbeitung verboten ist, sofern das Gesetz keine Ausnahme vorsieht. Jede:r, der:die für eine Datenverarbeitung verantwortlich ist, muss sich daher auf einen gesetzlichen Ausnahmetatbestand berufen können. Zugleich treffen den:die Verantwortliche:n zahlreiche gesetzliche Informations- und Sicherungspflichten. Diesen gesetzlichen Anforderungen müssen die Hochschulen im Einzelfall nachkommen. Die Schwierigkeit besteht jedoch darin, die häufig abstrakt formulierten Vorschriften im Einzelfall richtig auszulegen. Dies gilt umso mehr für neue Technologien, bei denen zunächst ermittelt werden muss, welche Daten überhaupt verarbeitet werden und wie die gesetzlichen Bestimmungen darauf anzuwenden sind. Komplexer wird die Konstellation zudem, wenn die Daten nicht allein von den Hochschulen, sondern zugleich von den Software- oder Diensteanbietern mitverarbeitet werden. Beim Einsatz von Videokonferenztools oder anderen Online-Diensten werden Daten meist nicht auf den Servern der Hochschulen, sondern auf den Servern der entsprechenden Diensteanbieter, wie z.B. Zoom, Microsoft etc. gespeichert. Da in der Regel die Hochschulen bei Anwendung solcher Dienste Verantwortliche der Datenverarbeitung bleiben und die Diensteanbieter nur im Auftrag handeln, ist ein Auftragsverarbeitungsvertrag zwischen den Parteien erforderlich.

Wie unter diesen Voraussetzungen eine datenschutzkonforme Nutzung von dem an Hochschulen häufig verwendeten Videokonferenzdienst Zoom möglich ist, behandelt das erste Gutachten in diesem Abschnitt. In dem zweiten Gutachten wird auf das sog. Schrems-II-Urteil des Europäischen Gerichtshofs eingegangen, in dessen Folge die Rechtmäßigkeit von Datenübertragungen in die USA infrage gestellt wurde. Für Hochschulen sind das Urteil und seine Folgen deshalb von Relevanz, weil beim Einsatz von Diensten wie Zoom oder Microsoft Daten mitunter in die USA übermittelt und dort verarbeitet werden. Das dritte Gutachten beschäftigt sich wiederum explizit mit dem Videokonferenzdienst Zoom. Darin wird über die normale Anwendung hinaus untersucht, ob die Wasserzeichen-Funktion eingesetzt werden kann, um zu verhindern, dass Mitschnitte einer Vorlesung oder Konferenz von Teilnehmer:innen unerlaubt ins Internet gestellt werden. Problematisch daran ist, dass das Einsetzen der Funktion die Erhebung zusätzlicher personenbezogener Daten erfordert. Das vierte Gutachten setzt sich allgemeiner mit Videokonferenzdiensten auseinander und untersucht, auf welche Rechtsgrundlage die Verarbeitung gestützt werden kann und inwiefern die Teilnehmer:innen verpflichtet werden können, Klarnamen anzugeben und die eigene Videoübertragung zu aktivieren. Werden Lehrveranstaltungen als Videokonferenz angeboten, kann es für die Lehrenden zudem von großem Interesse sein, die Veranstaltung aufzuzeichnen. Das fünfte Gutachten vermittelt, inwiefern eine solche Aufzeichnung datenschutzkonform möglich ist. Das letzte Gutachten setzt sich intensiv mit der datenschutzrechtlichen Zulässigkeit von Überwachungsfunktionen bei Online-Klausuren auseinander. Aufgrund der fehlenden Möglichkeit zur Präsenzklausur während der Pandemie stellt die unter dem Namen „Proctoring“ bekannte Funktion eine für Hochschulen wichtige Alternative dar, um die Einhaltung der Prüfungsvorschriften zu gewährleisten.

I. Datenschutzrechtliche Zulässigkeit von Zoom im Hochschulbetrieb

Leitung: Prof. Dr. Thomas Hoeren

Autor:innen: Wissenschaftliche Mitarbeiter:innen Julian Albrecht, Malin Fischer, Owen Mc Grath, Nicolas John, Maximilian Wellmann

Veröffentlicht am 18. Mai 2020

Hinweis im März 2021: Speziell dieses Gutachten ist an verschiedenen Stellen überholt. Besonders ins Gewicht fällt insoweit das im Juli 2020 ergangene Schrems-II-Urteil des EuGH, das strenge Anforderungen an den Datentransfer in Drittstaaten aufstellt und auch Zoom betrifft. Insoweit sind die Ausführungen des Textes nicht aktuell. Auch die technische Gestaltung des Videokonferenzdienstes hat sich zum Beispiel in Sachen Verschlüsselungsniveau der Inhaltsdaten verändert. Wir haben uns dennoch zur Veröffentlichung entschlossen, weil das Gutachten übersichtlich die Schritte aufzeigt, die zur rechtmäßigen Auswahl eines Videokonferenzsystems ergriffen werden müssen, und dieses auch unabhängig von Zoom und dem Schrems-II-Urteil gelten. An entsprechenden Stellen haben wir im Fließtext Hinweise (in Klammern) angebracht.

1. Fragestellung

Können Universitäten für den Lehr- und Arbeitsbetrieb den Videokonferenzdienst des Unternehmens Zoom Inc. DSGVO-konform anbieten? Wenn ja, was ist bei der Auswahl und Einrichtung von Zoom zu beachten?

2. Hintergrund

Die Corona-Krise erfordert ein in weiten Teilen „digitales Sommersemester“, welches die Hochschulenin NRW ad hoc organisieren müssen, teilweise ohne sich zuvor stark mit der Digitalisierung der Lehre beschäftigt zu haben.

Als erster Schritt ist vielerorts die Einrichtung eines Videokonferenzsystems erforderlich, mit dem die Möglichkeit geschaffen wird, persönliche Treffen in die digitale Sphäre zu verlagern und im Lehrbetrieb synchrone Lehrelemente zu erschaffen (z.B. Arbeitsgruppen, Seminare, interaktive Teileder Vorlesung). Diese Systeme sind abzugrenzen von Programmen, welche die Aufzeichnung asynchroner Lehrelemente, sog. Videokonserven ermöglichen.

3. Kurzantwort und praktisches Vorgehen

Aus unserer Sicht ist es für Hochschulen möglich, unter Beachtung einiger Verhaltensweisen Zoom DSGVO-konform einzurichten und fortlaufend anzubieten.

Die Hochschule ist bei Einrichtung und Angebot eines Videokonferenzdienstes Verantwortliche i.S.d. Art. 4 Nr. 7 DSGVO und muss damit sowohl gegenüber Nutzer:innen als auch gegenüber der zuständigen Aufsichtsbehörde für eine ausreichende Gewähr der DSGVO-Vorgaben einstehen.[1] Praktisch lässt sich dies unseres Erachtens unter Zusammenarbeit der Datenschutzbeauftragten der Hochschulen und des entsprechenden IT-Teams erreichen durch die folgenden zehn Schritte:

1. Abwägungsentscheidung bei der Auswahl eines Videokonferenzdienstes als Auftragsverarbeiter unter Berücksichtigung von Alternativen dokumentieren.

---

[1] Sydow/*Ingold,* EU-DSGVO, Art. 28, Rn. 11 f.; *Möllenkamp/Ohrtmann,* ZD 2019, 445 (446).

2. Abschluss eines Auftragsverarbeitungsvertrags (AVV) mit Zoom Inc., welcher von Zoom bereitgestellt wird.
3. Abschluss der dem AVV angehängten Standard Contractual Clauses (SCC).
4. Implementierung der Software in das Hochschul-IT-System durch die Hochschul-IT-Abteilungund dabei Deaktivierung gewisser Funktionen und Programmstrukturen.
5. Vornahme datensparsamer Voreinstellungen (defaults) durch die Hochschul-IT-Abteilung.
6. Erstellung einer eigenen Datenschutzerklärung.
7. Erstellung von Anleitungen und Schulungsunterlagen für Nutzer:innen zur datenschutzfreundlichen Nutzung von Zoom, etwa inkl. Sicherheitshinweise bzgl. Zoombombing, ggfs. in Zusammenarbeit mit anderen Hochschulen.
8. Ergänzung des Datenverarbeitungsverzeichnisses gem. Art. 30 DSGVO um die Datenverarbeitungen in Zusammenhang mit Zoom.
9. Zusendung der Verträge von Zoom mit Unterauftragsverarbeitern („Subprocessors") und Anlage einer entsprechenden Liste.

- Freischaltung des Angebots -

10. Während des Betriebes
    a. Monitoring der ggfs. neu hinzukommenden Unterauftragsverarbeitern und ggfs. Widerspruch bei bekannten Mängeln des Unterauftragsverarbeiters (dann werden Alternativen oder aber eine Vertragsauflösung angeboten).

b. Anforderungen und Durchsicht der jährlichen Datensicherheits-Auditierungen bei Zoom.

4. Gang der Untersuchung und Methodik

Letzte Woche haben wir eine erste Einschätzung zur Möglichkeit der rechtskonformen Nutzung von Zoom durch Hochschulen veröffentlicht. Darin haben wir uns auf die öffentlich gewordenen Sicherheitslücken bei Zoom und weitere datenschutzrechtliche Kritik konzentriert und analysiert, ob Abhilfe geschaffen wurde (Ergebnis: größtenteils ja). Zudem haben wir die bis dato veröffentlichte (teilweise graue) Literatur gesichtet. Diese kommt weitgehend zu dem Ergebnis, dass eine DSGVO-konforme Nutzung mit gewissen Vorkehrungen möglich ist. Landesdatenschutzbeauftragte empfehlen verbreitet, grundsätzlich von der Nutzung amerikanischer kommerzieller Dienste abzusehen, verneinen aber nicht per se die Möglichkeit einer rechtskonformen Nutzung. Wir sind zu der ersten Einschätzung gelangt, dass ein DSGVO-konformes Angebot von Zoom durch Hochschulen an ihre Angehörigen unter Beachtung gewisser Punkte möglich ist.

Nunmehr haben wir die Datenschutzrichtlinie von Zoom und den von Zoom angebotenen vorformulierten Auftragsverarbeitungsvertrag i.S.d. Art. 28 DSGVO („Data Processing Addendum“) inklusive Anhängen (Beschreibung technisch-organisatorischer Maßnahmen; Standard Contractual Clauses i.S.d. Art. 46 Abs. 3, 28 Abs. 8 DSGVO) durchgearbeitet. Wir haben unter Berücksichtigung rechtswissenschaftlicher Literatur geprüft, ob die Vorgaben der DSGVO erfüllt werden. Dabei mussten wir unterstellen, dass die Pflichten von Zoom, wie in den Verträgen und Erklärungen festgelegt, auch praktisch von Zoom Inc. so umgesetzt werden.

Dies zu überprüfen obliegt den Verantwortlichen („FILLIN DSGVO“) (den Hochschulen) im Rahmen ihrer Möglichkeiten (siehe unten) und kann von der rechtlichen Prüfung hier nicht geleistet werden. Im Austausch mit der WWU.IT konnten wir erfahren, wie der Ablauf der Einrichtung von Zoom bei institutionellen Kunden wie Hochschulen funktioniert.

5. Übersicht zur datenschutzrechtlichen Konstellation beim Angebot von Zoom durch eine Hochschule

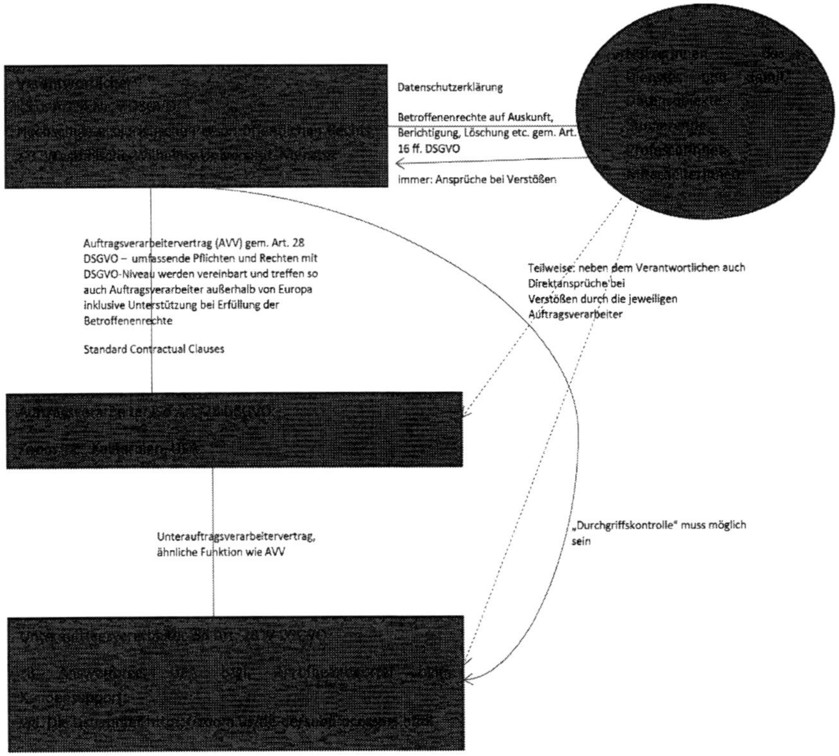

Abb.1:

Hochschulen haben bei der Einrichtung von Zoom in ihren IT-Strukturen die Möglichkeit, Zoom zu konfigurieren und z.B. einzelne Funktionen von Zoom oder Einstellungsmöglichkeiten ganz zu deaktivieren und im Übrigen die Voreinstellungspositionen („defaults“) anzupassen. Damit und mit der Auswahl von Zoom als Diensteanbieter überhaupt bestimmt die Hochschule „Zweck und Mittel“ der Datenverarbeitung und wird zum Verantwortlichen der Datenverarbeitung.[2]

Zoom Inc. ist in dieser Konstellation (in Abgrenzung zur rein privaten Nutzung von Zoom ohnezwischengeschaltete Institution) Auftragsverarbeiter i.S.d. Art. 28 DSGVO.[3] Es ließe sich auch argumentieren, dass Zoom Inc. als Anbieter eines komplexen und vollständig funktionalen Cloud-Services aufgrund der tatsächlich größeren Einflussmöglichkeiten hinsichtlich der konkreten technischen Umsetzung der Datenverarbeitung (Serverstrukturen, Skripte etc.) eigentlich ein mit der Hochschule gemeinsamer Verantwortlicher i.S.d. Art. 26 DSGVO ist.[4] Die vertragliche Ausgestaltung im Fall von Zoom (der von Zoom vorgegebene AVV) und die verbreitete Praxis in Deutschland bezüglich Cloud-Services deuten allerdings auf Zoom Inc. als Auftragsverarbeiter hin.[5]

Praktisch bestehen unseres Erachtens wenig Unterschiede zwischen den beiden Einordnungen. Gravierendste Konsequenz ist, dass Nutzer:innen des Hochschul-Zoom-Dienstes sich mit Auskunfts-, Löschungs-, Berichtigungsersuchen und Ähnlichem nicht direkt an Zoom wenden können, sondern über die Hochschule vorgehen müssen. Zoom Inc. ist indes im Innenverhältnis gegenüber der Universität über den AVV umfangreich Rechenschaft schuldig und muss etwa bei den genannten Ersuchen technisch-or-

---

[2] Sydow/*Raschauer,* EU-DSGVO, Art. 4, Rn. 114; Simitis/Hornung/Spieker gen. Döhmann/*Petri*, DSGVO Art. 4, Rn. 20; BeckOK-DS/*Schild,* DSGVO, Art. 4, Rn. 87; *John*, DFN-Infobrief Recht Sonderausgabe COVID-19, S. 6.

[3] A.A.: *Specht-Riemenschneider/Schneider,* WissR 2020, 233 (239).

[4] Zur schwierigen Abgrenzung: *Gündel,* ZWE 2019, 429 (431); *Specht-Riemenschneider/Schneider,* MMR 2019, 503 (504).

[5] Spindler/Schuster/*Nink,* Art. 28, Rn. 9; Auer-Reinsdorff/Conrad/*Kremer,* Teil D., § 28, Rn. 66; *John,* DFN-Infobrief Recht Sonderausgabe COVID-19, S. 6.

ganisatorische Maßnahmen vorhalten, damit die Verantwortliche die Anfragen beantworten kann.[6] Auch als Auftragsverarbeiter haftet Zoom Inc. im Übrigen für rechtswidrige Datenverarbeitungen sowohl im Innenverhältnis ggü. der Hochschule als auch im Außenverhältnis gegenüber dem:der Endnutzer:infür rechtswidrige Datenverarbeitungsvorgänge nach Art. 28 Abs. 10, 82 DSGVO.[7]

6. Detailliertere Prüfungsergebnisse zu den Schritten 1.-10.

Unsere Arbeit hat die in der letzten Woche veröffentlichte erste Einschätzung bestätigt. Unseres Erachtens kann unter Berücksichtigung verschiedener Verhaltensweisen die IT-Abteilung einer Hochschule in Zusammenarbeit mit dem Datenschutzbeauftragten ein Hochschul-Zoom rechtskonform ihren Angehörigen anbieten.

Schritt 1: **Eine dokumentierte Abwägungsentscheidung bei der Auswahl eines Videokonferenz-dienstes als Auftragsverarbeiter unter Berücksichtigung von Alternativen,**
Art. 25 Abs. 1, 28 Abs. 1 DSGVO

Die Entscheidung allgemein für die Anschaffung einer Videokonferenzsoftware und die Auswahl einer konkreten Software müssen unter Abwägung der folgenden Kriterien erfolgen,[8] die Art. 25 Abs. 1, 28 Abs. 1 DSGVO zu entnehmen sind:

---

[6] BeckOK-DS/*Schild*, DSGVO, Art. 28, Rn. 73 f.; Kühling/Buchner/*Hartung*, DSGVO Art. 28, Rn. 74 f; Spindler/Schuster/*Nink*, Art. 28, Rn. 20.
[7] BeckOK-DS/*Schild*, DSGVO, Art. 28, Rn. 104 f.; Kühling/Buchner/*Hartung*, DSGVO Art. 28, Rn. 103; Sydow/*Raschauer,* EU-DSGVO, Art. 28, Rn. 24 f.
[8] *Tausch/Tausch,* BC 2018, 219 (219 f.); *John/Wellmann,* DuD 2020, 506 (506 f.); *John*, DFN-Infobrief Recht Sonderausgabe COVID-19, S. 6 f.

- Stand der Technik,
- Implementierungskosten,
- Art, Umfang, Umstände und Zwecke der Verarbeitung,
- Eintrittswahrscheinlichkeit und Schwere der mit der Verarbeitung verbundenen Risiken für die Rechte und Freiheiten natürlicher Personen,
- Vorliegen hinreichender Garantien von dem Auftragsverarbeiter für die Durchführung und das Vorhalten geeigneter technischer und organisatorischer Maßnahmen zur DSGVO-konformen Datenverarbeitung und
- Fachwissen, Zuverlässigkeit und Ressourcen des Auftragsverarbeiters.

Die Vorgaben von Art. 25 Abs. 1, 28 Abs. 1 DSGVO sind dabei so zu verstehen, dass ein Mindestmaß an Datenschutz nicht unterschritten werden darf. Hingegen muss nicht pauschal die optimale datenschutzrechtliche Lösung gewählt werden.[9] Neben den Aspekten der Datensicherheit stehen die Zwecke der Verarbeitung als gleichrangige Abwägungskriterien.

Dafür, dass nach Abwägung der Kriterien eine Entscheidung auf Zoom fallen kann, spricht, dass Zoom es leisten kann, Meetings auch mit mehreren Hundert Teilnehmern mit hinreichender Qualität (Bildqualität, Latenz) zu übertragen – nach verbreiteter Auffassung *anders als* OpenSource-Systeme wie z.B. BigBlueButton oder JitsiMeet.[10]

---

[9] Simitis/Hornung/Spieker gen. Döhmann/*Hansen*, DSGVO Art. 25, Rn. 37 f.; Simitis/Hornung/Spieker gen. Döhmann/*Petri*, DSGVO Art. 28, Rn. 38 f., *John/Wellmann,* DuD 2020, 606 (608).
[10] *John*, DFN-Infobrief Recht 8/2020, S. 11.

Zoom bietet darüber hinaus einige für Lehrveranstaltung besonders nützliche („erforderliche") Funktionen wie z.B. das Handheben und andere Reaktionen, welche von anderen Systemen nicht angeboten werden.

Zudem sind die Implementierungskosten überschaubar. Zu den Implementierungskosten zählen auch der Personalaufwand durch (IT-)Mitarbeiter bei der Einrichtung des Systems.

Des Weiteren kann die Schwere der Risiken für Rechte und Freiheiten natürlicher Personen bei Eintritt eines Verarbeitungsverstoßes verringert werden, soweit Zoom „nur" für Anwendungsfälle verwandt wird, in denen keine besonders sensiblen Daten verarbeitet werden, z.B. nicht bei Prüfungsgesprächen[11] oder Diskussionen neuester Forschung (unter dem Vorbehalt des nächsten Punktes).

In unserem ersten Papier zu Zoom[12] haben wir vorgeschlagen, den Einsatz von Zoom auf den Anwendungsfall besonders großer Meetings (mehr als 50 Teilnehmer) mittelfristig zu beschränken und für kleinere Gruppen ein datensparsameres und weniger performantes, für diese Zwecke aber hinreichend performantes System anzubieten (z.B. BigBlueButton, JitsiMeet). An dieser Stelle hatten wir die Frage offengelassen, inwieweit „Reibungsverluste" durch die Eingewöhnungsphase verschiedener Akteure in mehr als einem Programm in eine Abwägungeingestellt werden könnten, etwa unter dem Kriterium der Implementierungskosten.

Wir haben diese Frage inzwischen untersucht und konnten in der Literatur keine Stimme finden, die sich überhaupt mit dieser Frage befasst hätte.

---

[11] Näher zur Überwachung in Prüfungssituationen: *Uphues*, DFN-Infobrief Recht 7/2020, S. 2 ff.; *McGrath*, DFN-Infobrief Recht 9/2020 S. 2 ff.

[12] *Albrecht*, Zusammenfassung Zoom und erste rechtlicheBewertung, abrufbar unter https://www.itm.nrw/wp-content/uploads/RiDHnrw_01.05.20_Zusammenfassung-Zoom-und-erste-rechtliche-Bewertung.pdf.

Ausnahmslos scheinen die Autor:innen für *einen* Anwendungsbereich einer Datenverarbeitung auch den Einsatz *einer* Software für selbstverständlich zu erachten – auch für ressourcenstarke Institutionen wie zum Beispiel große Universitäten.[13] Natürlich verschiebt sich die Frage dann in den Bereich der Definition des „Anwendungsbereiches". Es erscheint jedoch zumindest vertretbar, das Angebot von synchronen Videokonferenzen insgesamt als Anwendungsbereich zu definieren,ohne nach Quantität der Teilnehmer oder Sensibilität der Daten zu differenzieren.

Daraus ergibt sich, dass wir nun zu der Einschätzung gelangen, dass das Angebot eines zweiten Videokonferenzdienstes neben Zoom mit oben genannter Überlegung zwar vorbildlich, nicht aber rechtlich geboten ist. Ein praktischer Mittelweg könnte sein, wie die Universität Münster neben dem allgemeinen Zoomdienst eine kleinere Zoom-Applikation für sensiblere Meetings anzubieten, welche OnPremises gehostet wird.

Speziell zu den „hinreichenden Garantien für die Durchführung und das Vorhalten geeigneter technischer und organisatorischer Maßnahmen zur DSGVO-konformen Datenverarbeitung bei Zoom als Auftragsverarbeiter" lassen sich folgende Abwägungskriterien anführen:

Bei der Einrichtung der Software durch eine Hochschule als Administrator können nahezu alle Einstellungen als Default gesetzt, gesperrt oder ausgeschaltet, also etwa auch ganze Funktionen vollständig deaktiviert werden. Dies war zum Beispiel vor globalem Deaktivieren durch Zoom für die Funktion des Aufmerksamkeitstrackings relevant. Eine Funktion, bei der das Zoom-Programm fortwährend prüfte, ob Teilnehmer:innen die Anwendung im Vordergrund oder Hintergrund des Desktops laufen ließen,

---

[13] S. BeckOK-DS/Paulus, DSGVO, Art. 32, Rn. 8; Simitis/Hornung/Spieker gen. Döhmann/*Hansen*, Art. 32, Rn. 26.

mit entsprechender Benachrichtigung bei längerer Anwendung im Hintergrund. Sie ermöglichte dem Host indes keinen Zugriff auf die Geräte der Teilnehmer:innen.

Bezüglich der Voreinstellungen lassen sich konsequent datensparsame Voreinstellungen treffen.

Nutzer:innen von Zoom sollten weiterhin in der Nutzung geschult werden, damit sie zweckangepasste Einstellungen für ihre individuellen Meetings treffen (und etwa nichtpauschal alle datenintensiven Einstellungen wieder aktivieren). Auch das Phänomen des „Zoombombings" lässt sich so unter Kontrolle bringen (Warteraum aktivieren, Meeting-Passwörter, Bildschirm teilen nur nach Anfrage an den Host möglich u.A.).

Untersuchungsgegenstand für konkrete Datenflüsse und -verarbeitungsvorgänge bei Zoom waren für uns die Datenschutzhinweise von Zoom (in der Version „Stand 29. März 2020), der Auftragsverarbeitervertrag mit Zoom („Data Processing Addendum" sowie die Anhänge des AVV (insb. Exhibit B „ZOOM MINIMUM SECURITY CONTROL REQUIREMENTS"). Außerdem haben wir die Presse rund um konkrete Sicherheitslücken bei Zoom ausgewertet und verfolgt, wie Zoom darauf reagiert hat.

(Hinweis im März 2021: Die von uns untersuchten Dokumente stammen aus dem Frühjahr 2020 und wurden inzwischen größtenteils abgeändert. Die Versionen vom Frühjahr 2020 sind inzwischen nicht mehr abrufbar. Einzelne in Bezug genommene Passagen in den Dokumenten können sich geändert haben. Im Großen und Ganzen erreicht Zoom mit den Neuerungen eher eine höhere DSGVO-Compliance als zuvor.)

Was die Untersuchung durch uns nicht leisten kann: Wir mussten unterstellen, dass Zoom Inc. praktisch so arbeitet wie im AVV und den Datenschutzhinweisen festgelegtbzw. bekundet. **Dies auch auf tatsächlicher Ebene in einem gewissen Rahmen zu überprüfen, obliegt den Verantwortlichen (den Hochschulen). Dies kann z.B. durch Sichtung von Ex-**

hibit B zum AVV „ZOOM MINIMUM SECURITY CONTROL REQUIREMENTS“ in Abgleich mit einem Auditbericht durch einen Informatiker der IT-Abteilung der Hochschule geschehen. Der Auditbericht (SOC 2 Type II) wurde von einem unabhängigen Sachverständigen in den USA durchgeführt. Zoom Inc. stellt den Bericht bei Interesse an einem Vertragsschluss nach Abschluss einer Geheimhaltungsvereinbarung zur Verfügung. Diese Beurteilung fällt aus Sicht der WWU.IT positiv aus.

Datenschutzrichtlinie von Zoom

Die „Datenschutzrichtlinie“ von Zoom ist in der hier geprüften Konstellation (Hochschule bietet Zoom an) keine nach außen wirksame Datenschutzerklärung eines Verantwortlichen (diese muss die Universität stellen, siehe Übersicht oben), gibt aber Aufschluss über die Arbeitsweisen und auf einer oberflächlichen Ebene über die Datenverarbeitung bei Zoom. Vorausgesetzt Zoom hält sich an die aufgestellten Vorgaben (siehe soeben), findet sich hier kein Grund, Zoom datenschutzrechtlich ein schlechtes Zeugnis auszustellen.

Einige Auszüge aus der Datenschutzrichtlinie

Es ist zwischen der Website zoom.us und den Zoom-Videokonferenzdiensten zu unterscheiden.

Für die Website nutzt Zoom Cookies, um die Effizienz der Webseite zu steigern und Werbeaktivitäten gegenüber (potentiellen) Kunden zu steigern. Dabei werden personenbezogene Daten verarbeitet. Es wirdausführlich darüber aufgeklärt und auf der Website selbst besteht eine Opt-Out-Option, die prominent angezeigt wird, sobald man zum ersten Mal auf die Seite geht *(Hinweis im März 2021: Inzwischen wird ein Opt-In für Marketing-Cookies abgefragt*). Insgesamt ist das Vorgehen rechtlich als marktüblich und datenschutzrechtlich in Ordnung zu bewerten.

Die Datenverarbeitungen im Zusammenhang mit den Zoom- Videokonferenzdiensten (im Folgenden nur: Zoom) ist für die hier zu überprüfende Konstellation entscheidend. Angehörige der Hochschulen müssen zur Nutzung von Zoom nicht mit der Marketing-Website interagieren.

Daneben werden die Datenverarbeitungen im Zusammenhang mit Zoom recht ausführlich und verständlich dargestellt. Es wird auch ausdrücklich klargestellt, dass kein Verkauf der Inhaltsdaten von Konferenzen stattfindet. Gleichfalls analysiert Zoom Inc. selbst nicht die Inhaltsdaten zu Werbezwecken. Unterauftragsverarbeiter sind vertraglich dazu verpflichtet, Daten lediglich zu Vertragszweckenzu verarbeiten; eine sonstige Verwertung ist ausdrücklich untersagt.

Zudem werden Unterauftragsverarbeiter für unterstützende Services wie z.B. Buchhaltung und Support eingesetzt. Kritisch zu sehen in Bezug auf den Untersuchungszweck ist, dass die Speicherdauer nur knapp und oberflächlich angegeben wird.

AVV

Für den zu diesem Schritt relevanten Untersuchungszweck ergibt sich aus dem AVV nichts Weitergehendes, vgl. aber Schritt 2.

Zur Presse rund um konkrete Sicherheitslücken bei Zoom und Reaktion von Zoominklusive Updates mit Version 5.0 und höher finden Sie in dem Gutachten „Zusammenfassung Zoom und erste rechtliche Bewertung“[14].

Einige Auszüge

Schnelle und vorbildliche Reaktion auf alle Sicherheitsprobleme, die öffentlichgeworden sind, z.B. bzgl. eines kritischen Facebook-Software-Development- Kits oder des Renderns von UNC Links.

---

[14] Abrufbar unter https://www.itm.nrw/wp-content/uploads/RiD-Hnrw_01.05.20_Zusammenfassung-Zoom-und-erste-rechtliche-Bewertung.pdf.

Die Transportverschlüsselung entspricht mit dem Update aller Teilnehmer auf Zoom 5.0 oder neuer (ab Ende Mai 2020 obligatorisch; nach jedem Meeting schon jetzt zum Update aufgefordert) jetzt dem 256-AES Standard, welcher als Stand der Technik angesehen werden kann (zuvor nur 128-AES).

Eine Ende-zu-Ende-Verschlüsselung der Videokonferenz-Inhalte ohne Zugriffsmöglichkeit von Zoom wird noch nicht geleistet. *(Hinweis im März 2021: Inzwischen bietet Zoom flächendeckend die Möglichkeit zur Ende-zu-Ende-Verschlüsselung der Inhaltsdaten der Meetings. Es bedarf des neuesten Clients und der Änderung der Voreinstellungen. Von der Verschlüsselung nicht umfasst sind die Rahmendaten der Meetings)* Nach verbreiteter Einschätzung kann eine solche Verschlüsselung wegen der Komplexität bei Vielpersonen-Videokonferenzen jedoch nicht als Stand der Technik gewertet werden.[15]

Kürzlich hat Zoom die Implementierung dieser Verschlüsselungsart dennoch als Ziel ausgegeben und zu diesem Zweck die Firma Keybase gekauft, um ihr Know-How im Bereich Encryption zu steigern. Nach eigenen Angaben wird sichZoom noch weitere 45 Tage mit allen Ingenieurskapazitäten auf Datensicherheit konzentrieren.[16]

Schritt 2: **Abschluss eines Auftragsverarbeitervertrag (AVV) mit Zoom Inc., welcher von Zoom bereitgestellt wird.**

Für eine rechtskonforme Nutzung muss eine Universität einen AVV mit Zoom Inc. schließen, welche diesen vorformuliert zur Verfügung stellt.[17] Bei Vertragsschluss wird ein Exemplar inklusive der zu unterschreibenden

---

[15] So sieht die bayrische Datenschutzaufsicht eine Ende-zu-Ende-Verschlüsselung nur bei Daten mit besonderem Risiko für Notwendig an: Schmidt/*Haschert,* § 20, Rn. 138 f.; ebenso: BeckOK-DS/Schild, Syst. E, Rn. 55g.
[16] *John*, DFN-Infobrief Recht 8/2020, S. 10.
[17] Allgemein zum AVV: *Mörike*, DFN-Infobrief Recht 4/2019.

Seiten übermittelt. Nach unserer Prüfung erfüllt der von Zoom Inc. angebotene AVV die Mindestanforderungen, welche in Art. 28 DSGVO niedergelegt sind. (*Hinweis im März 2021: Die in diesem Gutachten untersuchte Version des AVV stammt aus dem Frühjahr 2020 und wurde zwischenzeitlich abgeändert. Die Version vom Frühjahr 2020 ist inzwischen nicht mehr abrufbar. Einzelne in Bezug genommene Passagen in dem Dokument können sich geändert haben.)*

In unserer ersten Einschätzung sprachen wir davon, dass es noch besser sei, „einzelne Klauseln" des AVV mit Zoom nachzuverhandeln. Diese Möglichkeit besteht nach unserem heutigen Kenntnisstand jedenfalls nicht ohne Weiteres. Wir halten eine Nachverhandlung indes auch nicht für nötig, da alle Vorgaben der DSGVO umgesetzt werden und dem Verantwortlichen in dem Vertrag umfassende Kontrollmöglichkeiten eingeräumt werden.

Verantwortliche, welche im Geltungsraum der EU sitzen, haben allerdings die Möglichkeit, neben demAVV auch sog. Standard Contractual Clauses mit Zoom Inc. zu vereinbaren (Exhibit C unter https://zoom.us/docs/doc/Zoom_GLOBAL_DPA.pdf). Dies ist unbedingt anzuraten, vgl. dazu noch Schritt 3. Vergleiche zudem Schritt 10 für weiteres „Aktionspotential", um als Verantwortlicher DSGVO-konform zu agieren.

Prüfung des AVV im Einzelnen:

Der AVV nimmt nicht ausdrücklich auf entsprechende Artikel der DSGVO Bezug. Es lassen sich jedoch alle zentralen Anforderungen einem entsprechenden Abschnitt im AVV zuordnen:

- Weisungsgebundenheit (Art. 28 Abs. 3 lit. a. DSGVO) ist in 3.2 AVV geregelt.

- Verschwiegenheitspflicht (Art. 28 Abs. 3 lit. b DSGVO) entsprechender Mitarbeiter bei Zoom ist in 4.2 AVV geregelt.
- Einbeziehung von Art. 32 DSGVO (Art. 28 Abs. 3 lit. c DSGVO) ist in 6.2 AVV geregelt.
- Genehmigungspflicht für Unterauftragsverarbeiter und Weiterreichung der rechtlichen Anforderungen „in der Kette“ (Art. 28 Abs. 3 lit. d DSGVO) sind in 5.2 AVV geregelt. Kritik dran ist: „Benachrichtigung“ erfolgt nur durch Aktualisierung einer im Internet veröffentlichten Liste an „Subprocessors“ (= Unterauftragsverarbeiter). Der Verantwortliche muss selbst regelmäßig diese Liste überprüfen. Innerhalb von 10 Tagen könnte der Verantwortliche der Unterauftragsverarbeitung widersprechen. Die rechtliche Bewertung ergibt, dass hierin eine „allgemeine schriftliche Genehmigung“ des Verantwortlichen i.S.d. Art. 28 Abs. 2 S. 1 DSGVO zu sehen ist. Fraglich ist, ob mit der Aktualisierung der Liste ohne Benachrichtigung des Verantwortlichen die Informationspflicht aus Art. 28 Abs. 2 S. 2 DSGVO erfüllt ist. Eine explizite Information ist in den Standard Contractual Clauses vorgesehen. Auch deswegen sollten diese neben dem AVV vereinbart werden (siehe noch unten).
- Pflicht zur Unterstützung des Verantwortlichen bei Erfüllung der Betroffenenrechte mit technischen und organisatorischen Maßnahmen (Art. 28 Abs. 3 lit. e DSGVO) ist in 8.2 AVV geregelt.
- Bedingte Pflicht zur Unterstützung des Verantwortlichen bei Einhaltung der Art. 32-36 DSGVO (Sicherheit der Verarbeitung, Behördenmeldung bei Verstößen, Benachrichtigung des Betroffenen, Datenschutz-Folgenabschätzung) (Art. 28 Abs. 3 lit. f DSGVO) ist in 9.2 ff. AVV.
- Löschung oder Rückgabe aller Daten nach Abschluss der Dienstleistungserbringung(Art. 28 Abs. 3 lit. g DSGVO) ist in 3.4 AVV.

- Pflicht zur Informationsbereitstellung ggü. dem Verantwortlichen für behördlicheÜberprüfungen (Art. 28 Abs. 3 lit. h DSGVO) ist in 9.2 ff. AVV geregelt.
- Genehmigungspflicht bei Einschaltung von Unterauftragsverarbeitern (Art. 28 Abs. 2 DSGVO) ist in 5.2 geregelt.
- Pflicht, dem Unterauftragsverarbeiter dieselben Pflichten aufzuerlegen, welche derAuftragsverarbeiter ggü. dem Verantwortlichen hat (Art. 28 Abs. 4 DSGVO), ist in 5.3, 5.4 AVV geregelt.

Schritt 3: **Abschluss der dem AVV angehängten Standard Contractual Clauses (SCC).**

Aus folgenden Gründen sollten neben dem AVV auch die dem AVV angehängten SCC unterzeichnet werden:

Die auch bei Zoom anfallende unumgängliche Datenverarbeitung in den USA ist nach DSGVO derzeit noch in jedem Fall legal, da das sog. Privacy-Shield-Abkommen zwischen der EU und den USA noch in Kraft ist und Zoom Inc. insoweit zertifiziert ist. *(Hinweis im März 2021: Mit dem Schrems -II-Urteil des EuGH wurde das Privacy-Shield-Abkommen für ungültig erklärt.*[18] *Zoom stützt die Übertragung von Daten in die USA seitdem auf SCCs (siehe sogleich.) Mit der Frage, ob und mit welchen zusätzlichen Maßnahmen dies rechtmäßig ist, beschäftigt sich ein weiteres Gutachten (S. 26))*

Bzgl. der Rechtmäßigkeit des Abkommens bestehen jedoch erhebliche Zweifel. Es ist ein Verfahren vor dem EuGH anhängig. Er wird wahrscheinlich im Laufe des Jahres 2020 entscheiden und Beobachter erwarten, dass er das Abkommen für ungültig erklärt.

In diesem Fall käme der Vereinbarung sog. Standardvertragsklauseln i.S.d. Art. 46 Abs. 3 lit. a, 28 Abs. 6 DSGVO (Standard Contractual Clauses) mit

---

[18] S. dazu auch *Uphues*, DFN-Infobrief Recht 08/2020.

Datenverarbeitern inden USA nicht mehr nur deklaratorische Wirkung, sondern konstitutive Wirkung zu. Nach einem entsprechenden Urteil wäre bei Abschluss des SCCs also zeitlich nahtlos ein Angebot von Zoom durch deutsche Hochschulen weiter möglich.

Die SCCs nehmen konkreter als der AVV Bezug auf die Vorgaben der DSGVO und konkretisieren weiter die Pflichten von Zoom. Explizit anerkannt wird etwa auch die Geltung der DSGVO insgesamt, der Gerichtsstand des Verantwortlichen auch für Zoom, soweit eine Haftung von Zoom Inc. entsteht.

Die SCCs räumen dem Verantwortlichen verglichen mit dem AVV weitergehende Rechte ein:

- Das Recht, auch selbst einen Audit bei Zoom von einem unabhängigen Dritten durchführen zu lassen, Clause 5 (f).
- Zoom ist zudem verpflichtet, vor jeder neuen Unterauftragsverarbeitung die schriftlicheEinwilligung einzuholen (statt nur genereller Aktualisierung der Liste), Clause 11.1.
- Zuletzt wird auch das Recht eingeräumt, sich die teilweise geschwärzten Kopien der Verträge von Zoom mit denUnterauftragsverarbeitern zuschicken zu lassen, Clause 5 (j).

Schritt 4: **Implementierung der Software in das Hochschul-IT-System durch die Hochschule-ITund dabei Deaktivierung gewisser Funktionen und Programmstrukturen**

Nahezu alle Einstellungen für Meetings können durch die Hochschul-IT global entweder als Default gesetzt, gesperrt oder ausgeschaltet (sie können dann wieder durch den Host aktiviert werden) werden.[19] Es handelt sich insgesamt um mehr als hundert Optionen.

Die wesentlichen Einstellungen greifen unabhängig vom Client, mit dem am Meeting teilgenommen wird. Die Clients unterscheiden sich lediglich hinsichtlich der Funktionen für den Nutzer, die nicht überall gleichermaßen zur Verfügung stehen.

Bei Vornahme der Schritte 4 und 5 sollte die IT-Abteilung unbedingt mit dem/der Datenschutzbeauftragten zusammenarbeiten.

Gesperrt werden sollte etwa die Funktion Aufmerksamkeitstracking (nicht mehr relevant, da von Zoom bereits gesperrt) oder das hochschulweite Kontaktverzeichnis.

Schritt 5: **Vornahme datensparsamer Voreinstellungen (defaults) durch die Uni-IT**

Vgl. Schritt 4

Beachten Sie den DSGVO-Grundsatz der Datenminimierung.[20] Auch soweit gewisse datenintensivere Einstellungen für bestimmte (d.h. nicht bei allen) Lehrformate nötig sein sollten, deaktivieren Sie diesezunächst. Bei Bedarf kann der/die jeweilige Dozent:in die Einstellung wieder aktivieren (dies auch einmalig mit Speichern für alle seine zukünftigen Meetings).

Es ist auch immer vorzuziehen, dass Teilnehmer:innen selbst die Möglichkeit haben, in eine Datenverarbeitung (unabhängige von etwaigen anderen Rechtsgrundlagen z.B. der Interessenabwägung) nochmalstatsächlich individuell einzuwilligen bei Eintritt oder während des Meetings (zB. . Übertragung der Audio- und oder Videospur).

[19] *John,* DFN-Infobrief Recht Sonderausgabe COVID-19, S. 7 f.

[20] Art. 5 Abs. 1 lit. c) DSGVO.

Schritt 6: **Erstellung einer eigenen Datenschutzerklärung der Hochschule**

Schritt 7: **Erstellung von Anleitungen und Schulungsunterlagen für Nutzer:innen zurdatenschutzfreundlichen Nutzung von Zoom, etwa inkl. Sicherheitshinweise bzgl. Zoombombing, ggfs. in Zusammenarbeit mit anderen Hochschulen**

Schritt 8: **Ergänzung des Datenverarbeitungsverzeichnises gem. Art. 30 DSGVO um dieDatenverarbeitungen in Zusammenhang mit Zoom**

Schritt 9: **Zusendenlassen der Verträge von Zoom mit Unterauftragsverarbeitern („Subprocessors") und Anlage einer entsprechenden Liste, wozu der Verantwortliche gem. Clause 11.4 SCC verpflichtet ist**

- Live schalten -

Schritt 10: **Während des Betriebes**
a) Monitoring der ggfs. neu hinzukommenden Unterauftragsverarbeiter
b) Anforderung und Durchsicht der jährlichen Datensicherheits-Auditierungen bei Zoom
c) Ggf. Schulung der Nutzer:innen zur datensicheren Nutzung von Zoom

Zu a)

Sofern die SCCs abgeschlossen wurden, ist Zoom verpflichtet, die schriftliche Genehmigung desVerantwortlichen bei Einschaltung weiterer Unterauftragsverarbeiter einzuholen. In diesem Fall solltesich der Verantwortliche den entsprechenden Vertrag (teilweise geschwärzt) vorlegen lassen und prüfen, ob der Unterauftragsverarbeiter datenschutzrechtlich verantwortbar Aufgaben übernehmen kann. Bei „schwarzen Schafen" sollte die Genehmigung versagt werden.

In diesem Fall muss Zoom gem. 5.2.1 AVV soweit möglich „reasonable alternatives“ anbieten.

Nur wenn solche nicht vorhanden sind, kann Zoom die Kündigung in Aussicht stellen. Dann kann der Verantwortliche noch einmal neu abwägen.

Zu b)

Gem. 9.4 AVV kann der Verantwortliche einmal im Jahr von Zoom Zertifizierungen und Audits verlangen, welche die Datensicherheit bei Zoom betreffen. Diese sollten angefordert werden und voneinem kundigen Mitarbeiter der IT-Abteilung der Hochschule geprüft werden.

II. Einordnung des Schrems-II-Urteil (Privacy-Shield) und Handlungsvorschläge

Leitung: Prof. Dr. Thomas Hoeren

Autor: Wissenschaftlicher Mitarbeiter Julian Albrecht

Veröffentlicht am 22. September 2020

1. Fragestellung

I. Welche Bedeutung hat das Schrems-II-Urteil[1]?
II. Auf welche Rechtsgrundlagen können Datentransfers in Drittländer wie z.B. die USA noch gestützt werden?
III. Welche praktischen Handlungsmöglichkeiten bestehen für die Hochschulen in NRW?

2. Ergebnis

Mit Urteil vom 16.07.2020 hat der EuGH eine wichtige Rechtsgrundlage zur Übertragung von Daten in die USA für ungültig erklärt. An eine weitere entsprechende Rechtsgrundlage werden neue Anforderungen gestellt.[2]

Dies ist von großer Bedeutung für Hochschulen, weil viele von ihnen US-amerikanische Cloud-Dienste wie z.B. Microsoft Teams oder Zoom nutzen. Diese übertragen Daten in die USA.

Für Hochschulen ist daher Handlungsbedarf entstanden und dies in größerem Umfang und Dringlichkeit als es zunächst schien und in einer Kurzmitteilung der RiDHnrw am Tag des Urteils am 16.07.20 kommuniziert wurde. Dies liegt daran, dass eine wichtige Rechtsgrundlage zur Übertragung der Daten in Drittstaaten zwar ausdrücklich als weiterhin für zulässig

---

[1] *EuGH* (Große Kammer), Urt. v. 16.7.2020 – C-311/18 – Facebook Ireland/Schrems = NJW 2020, 2613; s.a. *Uphues,* DFN-Infobrief Recht 8/2020 S. 2.

[2] Ausführlich zum Urteil und dessen Auswirkungen: Anm. *Hoeren*, MMR 2020, 597 (609).

befunden wurde. Dies aber nur unter dem Vorbehalt einer Prüfung im Einzelfall, welche im Ergebnis – v.a. bei Übertragungen in die USA – regelmäßig den Bedarf der Einführung zusätzlicher Maßnahmen verlangen wird (dazu sogleich).

Zwar drohen den Hochschulen als öffentliche Stellen anders als privaten Unternehmen keine Geldbußen bei Verstößen gegen die DSGVO.[3] Selbstverständlich sind sie jedoch dazu angehalten, geltendes Recht zu beachten. Bei Passivität droht eine Untersagung der Nutzung bestimmter Dienste durch die Aufsichtsbehörde.
Zusammengefasst schlagen wir folgendes Vorgehen vor (genauer unter C.III.):

1. Erstellung einer Übersicht von allen Drittstaatentransfers inklusive genutzter Rechtsgrundlage, Kategorie und Risiko der übertragenen Daten.
2. Sofortiges Umstellen aller Verträge auf Standardvertragsklauseln.
3. Schriftlich dokumentierte Begründung einer Unzumutbarkeit von Alternativen ohne Drittstaaten-Problematik in bestimmten Fällen.
4. Anschreiben der Unternehmen unter Verwendung einer Vorlage.
5. Einordnung der Antworten; ggfs. Einschalten der Aufsichtsbehörde (in NRW für die Hochschulen: Landesbeauftragte für Datenschutz und Informationsfreiheit NRW (LDI NRW)).
6. Abwarten der allgemeinen Handlungsempfehlungen der LDI NRW und insb. des Europäischen Datenschutzausschusses.
7. Weitere Schritte einleiten (Nachverhandlungen, teilweise Kündigung von Verträgen, organisatorische Maßnahmen).

---

[3] Vgl. Art. 83 Abs. 7 DSGVO i.V.m. § 43 Abs. 3 BDSG, § 32 DSG-NRW; *Gola*, DSGVO Art. 83, Rn. 6.

8. Bei zukünftigen Anschaffungsentscheidungen ist auf bestimmte Faktoren verstärkt Acht zu geben.

3. Ausführliche Untersuchung

a) Inhalt und Bedeutung des „Schrems-II-Urteils“

Der Transfer personenbezogener Daten in andere Staaten als die EU-Mitgliedsstaaten muss nach der europäischen Datenschutzgrundverordnung (DSGVO) aufgrund gesonderter Rechtsgrundlagen durchgeführt werden. Denn mit dem Transfer gehen besondere Gefahren einher. Die Rechtsgrundlagen sollen eine hinreichende Gewähr dafür bieten, dass auch bei einer Verarbeitung in dem Drittland ein dem europäischen Datenschutzrecht vergleichbares Schutzniveau besteht – oder in eng begrenzten Ausnahmefällen der:die Betroffene in Kenntnis des geringeren Schutzniveaus dennoch dem Transfer zustimmt.[4] Eine der möglichen Rechtsgrundlagen sind sog. Angemessenheitsbeschlüsse gem. Art. 45 DSGVO. Mit einem solchen kann die europäische Kommission das Schutzniveau jeweils für ein Land als gleichwertig im Vergleich zur EU erklären.[5]

Gegenstand des Urteils des Europäischen Gerichtshofs (EuGH) war nun der Angemessenheitsbeschluss der Kommission, der die USA betraf – der Beschluss trägt den Namen EU-Privacy-Shield. Dieser wurde in dem hier besprochenen, viel beachteten Urteil vom 16. Juli 2020 für ungültig befunden.[6] Das Urteil wird in Fachkreisen als „Schrems-II-Urteil“ bezeichnet. Max Schrems heißt der Beschwerdeführer in dem Verfahren. Er hatte bereits 2015 erfolgreich ein Verfahren zum EuGH geführt, in dem der damalige Angemessenheitsbeschluss („Safe Harbour“) für ungültig befunden

---

[4] BeckOK-DS/*Kamp/Beck,* DSGVO Art. 44, Rn. 7 f.; Sydow/*Towfigh/Ulrich,* EU-DSGVO Art. 44, Rn. 2; Paal/*Pauly*, DSGVO Art. 44, Rn. 2; *Golland,* NJW 2020, 2593 (2593).

[5] BeckOK-DS/*Beck,* DSGVO Art. 45, Rn. 3 f.; Sydow/*Towfigh/Ulrich,* EU-DSGVO Art. 44, Rn. 8.

[6] *EuGH*, Urt. v. 16.7.2020 – C-311/18 = NJW 2020, 2613 (Rn. 199).

wurde[7] – daher Schrems II. Die Begründung liegt in den Zugriffsrechten für amerikanische Geheimdienste wie die NSA, die der amerikanische Rechtsrahmen vorsieht.[8] Diese seien sehr weit gefasst und vor allem ohne Rechtsschutzmöglichkeit des betroffenen europäischen Bürgers ausgestaltet. An keiner Stelle würden ihm subjektive Rechte eingeräumt, die er vor amerikanischen Gerichten einklagen könnte.[9] Auch der im Privacy-Shield vorgesehene Ombudsmechanismus biete insoweit keinen Ersatz, denn der Ombudsmann sei dem Außenministerium unterstellt, daher nicht hinreichend unabhängig, und könne den Geheimdiensten im Übrigen keine verbindlichen Anweisungen erteilen und so einem Rechtsverstoß sicher abhelfen.

Das Urteil bedeutet zunächst, dass Datentransfers in die USA nun nicht mehr auf dieser einen Rechtsgrundlage (Privacy Shield) geschehen dürfen.[10] Entsprechende Hinweise auf das Privacy Shield sind aus den Datenschutzerklärungen von Verantwortlichen zu entfernen. Hinweise auf das Privacy Shield in Werbetexten amerikanischer Cloud-Diensteanbieter können als gegenstandslos betrachtet werden.

Das Urteil legt indes auch die Messlatte für alternative Rechtsgrundlagen für den Transfer deutlich höher. In der Praxis wurden auch vor dem Urteil häufig zusätzliche alternative Rechtsgrundlagen für den Transfer genutzt, meist durch die Vereinbarung sogenannter Standardvertragsklauseln gem. Art. 46 DSGVO. Standardvertragsklauseln (abgekürzt SVK; im Gesetz „Standarddatenschutzklauseln“, in Englisch: „Standard

---

[7] Zu Schrems-I siehe: Paal/*Pauly*, DSGVO Art. 45, Rn. 12; EuGH, Urteil vom 6.10.2015 – C-362/14 (Schrems/Digital Rights Ireland) = NJW 2015, 3151 (Rn. 106).
[8] *EuGH*, Urt. v. 16.7.2020 – C-311/18 = NJW 2020, 2613 (Rn. 155 ff.).
[9] BeckOK-DS/*Beck*, DSGVO Art. 45, Rn. 61; Paal/*Pauly*, DSGVO Art. 45, Rn. 24c.
[10] BeckOK-DS/*Beck*, DSGVO Art. 45, Rn. 61; Paal/*Pauly*, DSGVO Art. 45, Rn. 24c; *Golland*, NJW 2020, 2593 (2593); Anm. *Hoeren*, MMR 2020, 597 (609); *Specht-Riemenschneider/Schneider*, WissR 2020, 233 (268).

Contractual Clauses“ oder abgekürzt „SCC“) ist ein von der Kommission ausgearbeiteter Vertragstext („Klauseln“), der angemessene Schutzgarantien für die Übermittlung von Daten in Drittländer bieten soll und ist als alternative Rechtsgrundlage des Datentransfers im Grundsatz anerkannt.[11] Beispielsweise Microsoft und Zoom haben bisher neben dem Privacy Shield auch SVK als Rechtsgrundlage für den Transfer vorgesehen, indem sie standardmäßig die entsprechenden Klauseln unterzeichnet haben.

Der EuGH betont in dem Urteil nun, was aus seiner Sicht schon vorher galt: **Die Vereinbarung von den SVK entbindet die Verantwortlichen nicht von ihrer Verantwortung, im Einzelfall zu prüfen, ob die Garantien der SVK allein ein hinreichendes Schutzniveau garantieren können.**[12] **Falls dies negativ zu beantworten ist, müsse der Verantwortliche „zusätzliche Maßnahmen“ ergreifen, um ein angemessenes Schutzniveau zu erreichen.**[13]

Aus den Feststellungen zu den Zugriffsrechten von Geheimdiensten kann gefolgert werden, dass im Falle der Übertragung in die USA die SVK allein jedenfalls nicht ausreichen. **In der Praxis muss es daher zu einer rechtlichen Neubewertung aller Datenübertragungen kommen. Kaum ein Verantwortlicher, der Daten in die USA überträgt, dürfte die Anforderungen der DSGVO, wie sie auf diese Weise von dem Urteil konkretisiert werden, daher erfüllen, weil sie bisher noch keine hinreichenden „zusätzlichen Maßnahmen“ getroffen haben**.[14] Und da amerikanische Software- und Cloud-Diensteanbieter in Europa eine so wichtige Rolle spielen (Microsoft, Apple, Google, Amazon, Zoom, Slack u.a.), kommt dem Urteil eine erhebliche Bedeutung zu.[15] Die Betriebsabläufe ganzer

---

[11] So auch grundsätzlich bestätigt durch den *EuGH*, vgl. EuGH, Urt. v. 16.7.2020 – C-311/18 = NJW 2020, 2613 (Rn. 149 f.); *Golland,* NJW 2020, 2593 (2593).
[12] *EuGH*, Urt. v. 16.7.2020 – C-311/18 = NJW 2020, 2613 (Rn. 142).
[13] *EuGH*, Urt. v. 16.7.2020 – C-311/18 = NJW 2020, 2613 (Rn. 133 ff.).
[14] *Golland,* NJW 2020, 2593 (2594).
[15] BeckOK-DS/*Beck,* DSGVO Art. 45, Rn. 61; Paal/*Pauly*, DSGVO Art. 45, Rn. 24c; *Golland,* NJW 2020, 2593 (2593); Anm. *Hoeren,* MMR 2020, 257 (608).

Unternehmen und auch öffentlicher Einrichtungen sind gefährdet, wenn die genannten Dienste nicht weiter genutzt werden können.

Ist ein Datentransfer noch möglich? Was bedeutet „deutlich höhere Messlatte" und „zusätzliche Maßnahmen"? Einig ist sich die Mehrheit der Datenschutzrechtler (auch aus der Praxis) darüber, dass ein bloßes „Weiter so" ohne Anpassungen nicht möglich ist.[16] Viel Ungewissheit und Unklarheit besteht aber darüber, wie genau und wie erheblich die Anpassungen aussehen müssen. Somit ist auch unklar, wie realistisch es ist, hinreichende Anpassungen in absehbarer Zeit mit den großen amerikanischen Softwareherstellern zu verhandeln. Das Urteil hat insofern Rechtsunsicherheit gebracht. Knackpunkt ist, dass es die wichtigste alternative Rechtsgrundlage für den Transfer, die Standardvertragsklauseln, zwar für weiterhin zulässig erachtet, allerdings nur unter dem Vorbehalt, dass Verantwortlicher und Datenempfänger gemeinsam prüfen müssen, „ob im betreffenden Drittland das unionsrechtlich geforderte Schutzniveau eingehalten wird"[17] und falls dies die SVK alleine nicht gewährleisten können, zusätzliche Maßnahmen vorzusehen. Konkretisierungen oder Beispiele für zusätzlichen Maßnahmen werden nicht gegeben. Auch die Aufsichtsbehörden werden bisher größtenteils nicht konkreter. Der Europäische Datenschutzausschuss kündigt an, dass er daran arbeite „further guidance" bereitzustellen hinsichtlich der Frage, welche „zusätzliche Maßnahmen" in Betracht kommen. [18]

Ähnlich hat sich die für die Hochschulen in NRW zuständige Landesbeauftragte für Datenschutz und Informationsfreiheit (LDI NRW) geäußert:

---

[16] Exemplarisch nur: BeckOK-DS/*Beck,* DSGVO Art. 45, Rn. 61; Paal/*Pauly,* DSGVO Art. 45, Rn. 24c*; Botta,* CR 2020, 505 (505); *Golland,* NJW 2020, 2593 (2593); Anm. *Hoeren,* MMR 2020, 257 (608).

[17] *EuGH,* Urt. v. 16.7.2020 – C-311/18 = NJW 2020, 2613 (Rn. 142).

[18] *European Data Protection Board,* FAQ on judgment of the ECJ in Case C-311/18; S. 5, https://bit.ly/2P1fIi8.

„Die deutschen und die europäischen Aufsichtsbehörden arbeiten zusammen, um das Urteil des EuGHs einheitlich zu verstehen und umzusetzen. Sie arbeiten auch an Empfehlungen für die Rechtsanwender."[19] Eine Ausnahme stellt der LfDI BaWü dar, der eine hilfreiche Orientierungshilfe veröffentlicht hat und darin auch konkrete Vorschläge zu „zusätzlichen Maßnahmen" macht.[20]

Im nächsten Abschnitt C.II. haben wir zusammengetragen, (1) welche alternativen Rechtsgrundlagen für den Datentransfer in Drittländer neben dem Privacy-Shield in Betracht kommen, (2) welche „zusätzlichen Maßnahmen" im Rahmen der prominentesten Alternative (Standardvertragsklauseln) in der Praxis und Literatur als Vorschläge diskutiert werden, und (3) wie man Drittlandtransfers in Zukunft ganz vermeiden könnte, sodass keine gesonderte Rechtsgrundlage nötig ist.

Im abschließenden Abschnitt C.III. machen wir konkrete Vorschläge, wie sich Hochschulen in NRW in der aktuellen Situation verhalten könnten.

Zur Quellenlage: Auch zwei Monate nach dem Urteil ist angesichts seiner Relevanz erstaunlich wenig Fachliteratur zu dem Thema erschienen. *(Hinweis im März 2021: Inzwischen hat sich die Quellenlage gebessert, insbesondere hat sich der Europäische Datenschutzausschuss zu seiner Rechtsauffassung geäußert[21]).* Das ist ein Indikator dafür, wie unklar die Rechtslage aktuell ist. Die folgenden Tabellen und anschließenden Empfehlungen basieren auf den fünf bisher erschienenen Fachartikeln (*Botta*, CR 2020, 505-513; *Voigt*, CR 2020, 513-522; *Lejeune*, CR 2020, 522-529; EuGH m.

---

[19] *LDI NRW,* FAQ zu Schrems II, https://bit.ly/3w9SAyH (abgerufen 26.3.2021).
[20] *LfDI BaWü,* Orientierungshilfe des LfDI BW: was jetzt in Sachen internationaler Datentransfer, https://bit.ly/3fmzTSp (abgerufen 26.3.2021).
[21] *EDSA,* Recommendations 01/2020 on measures that supplement transfer tools to ensure compliance with the EU level of protection of personal data, abrufbar unter https://edpb.europa.eu/our-work-tools/public-consultations-art-704/2020/recommendations-012020-measures-supplement-transfer_de.

Anm. *Hoeren*, MMR 2020, 597, 608 f.; *Grasmück/Kollmar*, IPRB 2020, 212-216), einigen Blogbeiträgen und im Übrigen auf eigener Auswertung des Urteils, allgemeiner Literatur sowie fachlichem Austausch mit Kolleginnen und Kollegen.

b) Alternative Rechtsgrundlagen für den Datentransfer in Drittländer insb. die USA

Alternative Rechtsgrundlagen			
Norm	**Beschreibung**	**Hinweise**	**Bewertung aus Hochschulsicht**
Art. 45 DSGVO	Neuer Angemessenheitsbeschluss der EU-Kommission für den Datentransfer in die USA	Eine Liste mit erlassenen und gültigen Angemessenheitsbeschlüssen (Japan, Schweiz u.a.) finden Sie hier[22]	Zeitaufwändiger, politischer Prozess – damit ist in den nächsten Monaten nicht zu rechnen.
Art. 46 Abs. 2 lit. c DSGVO	Einbeziehung der sog. Standardvertragsklauseln (in Art. 46 Abs. 2 lit. c DSGVO genannt), „Standarddatenschutzklauseln" + Prüfung des Schutzniveaus im	Welche zusätzlichen Maßnahmen in Betracht kommen, ist unklar; siehe zum Diskussionsstand die **nächste Tabelle**	Aufwändig und von ungewissem Erfolg, aber unseres Erachtens die beste Option.

[22] *Europäische Kommission,* Adequacy decisions, https://ec.europa.eu/info/law/law-topic/data-protection/international-dimension-data-protection/adequacy-decisions_de (abgerufen 26.3.2021).

	Einzelfall + Vereinbarung ***zusätzlicher Maßnahmen***[23]		
Art. 49 Abs. 1 UAbs. 1 lit. a DSGVO	Einwilligung zum Transfer in Kenntnis des nicht gleichwertigen Schutzniveaus	Richtigerweise bezieht sich die Beschränkung aus Erwägungsgrund 111 („gelegentlich", „nicht wiederholt") nicht auf die Möglichkeit zur Einwilligung. Vielfach wird dennoch der Ausnahmecharakter der Norm betont.[24] Davon diesen Erlaubnistatbestand zur Grundlage planmäßiger, wiederholter Datenübertragungen zu machen, ist bereits aus diesem Grund abzuraten. Jedenfalls ist dieser Erlaubnistatbestand	Wegen der Einschränkung aus Abs. 3 für weite Tätigkeitsbereiche von Hochschulen nicht einsetzbar.

[23] Näher in der nächsten Tabelle.
[24] *Euopean Data Protection Board,* Leitlinien 2/2018, S. 5, https://edpb.europa.eu/our-work-tools/our-documents/directrices/guidelines-22018-derogations-article-49-under-regulation_de (abgerufen 26.3.2021); a.A. BeckOK-DS/*Lange/Filip,* DSGVO Art. 49.

		nach Art. 49 Abs. 3 DSGVO aber auch für „Tätigkeiten, die Behörden in Ausübung ihrer hoheitlichen Befugnisse durchführen" gesperrt. Damit entfallen große Handlungsfelder von Hochschulen und somit auch von Einsatzmöglichkeiten von Software. In dann verbleibenden Anwendungsfällen sind die hohen Anforderungen an eine wirksame Einwilligung nach Art. 49 Abs. 1 UAbs. 1 lit. a DSGVO hervorzuheben. Wie bei der normalen Einwilligung muss echte Freiwilligkeit vorliegen. An die Informiertheit bestehen mit Blick auf die besonderen Risiken des Transfers aber be-	

		sonders hohe Aufklärungsanforderungen[25], konkret müsste etwa über die Zugriffsrechte amerikanischer Geheimdienste und über fehlende Rechtsschutzmöglichkeiten aufgeklärt werden.	
Art. 49 Abs. 1 UAbs. 1 lit. b-g, UAbs. 2	Andere Ausnahmetatbestände für den Transfer für bestimmte Fälle	Absolute Ausnahmebestimmungen; nicht vorgesehen für den wiederholten, systematischen Transfer aller Daten, sondern	Passt nicht auf Situation des wiederholten, allgemeinen Transfers wie z.B. bei der Nutzung

[25] *Euopean Data Protection Board,* Leitlinien 2/2018, S. 9, https://edpb.europa.eu/our-work-tools/our-documents/directrices/guidelines-22018-derogations-article-49-under-regulation_de (abgerufen 26.3.2021).

		nur für nicht wiederholte Transfers, die nur begrenzte Anzahl an Personen betreffen (Erwägungsgrund 111 DSGVO).	von Videokonferenzdiensten.

Tabelle 1: Alternative Rechtsgrundlagen für Drittlandtransfers

Vorschläge „zusätzlicher Maßnahmen" für den Transfer auf Grundlage von Standardvertragsklauseln (siehe Tabelle oben, vierte Zeile)			
Art der Maßnahmen	**Vorschläge aus der Praxis und Literatur**	**Bewertung der Erfolgsaussichten, den Anforderungen von Schrems-II gerecht zu werden**	**Probleme der Umsetzung**
Technischer Art	➢ Ende-zu-Ende-Verschlüsselung aller Daten (auch Metadaten), bei der nur der Datenexporteur (DE) den Schlüssel hat und die auch von US-Diensten nicht gebrochen werden kann ➢ Echte Anonymisierung von Daten	Sehr gut	Technisch aufwändig; liegt nicht allein in der Hand der Verantwortlichen – er wird regelmäßig wesentlich auf den Auftragsverarbeiter angewiesen sein

Vertraglicher Art = Vereinbarung zusätzlicher Rechte und Pflichten	➢ Pflicht des Datenimporteurs (DI), betroffene Person bei jeder Datenübertragung zu informieren ➢ Pflicht des DI, nicht nur den DE, sondern auch die betroffene Person, bei rechtlich bindender Aufforderung einer Vollstreckungsbehörde zur Weitergabe personenbezogener Daten, unverzüglich zu informieren ➢ Pflicht des DI, sich gerichtlich gegen Weitergabe personenbezogener Daten an Behörden zu wehren bis zur letztinstanzlich rechtskräftigen Verurteilung ➢ Eröffnung des Gerichtsweges in dem Mitgliedsstaat des DE für den Fall, dass Betroffener Rechte ggü. dem DI direkt geltend macht ➢ Entschädigungsklausel, d.h. Ausgleich im Innenverhältnis DE und	Ungewiss, da amerikanisches Recht vertragstreuem Verhalten entgegensteht	Vermutlich werden sich große Softwarehersteller auf entsprechende Vereinbarungen nicht einlassen – mehr Verhandlungsmacht kann durch den Zusammenschluss mehrerer Hochschulen zu Einkaufsgemeinschaften o.Ä. erreicht werden.

	DI, sodass letztlich der Schadensverursacher die Kosten trägt. ➢ Vertragsstrafe für den Fall, dass Klauseln verletzt werden.		
Organisatorischer Art	➢ Pseudonymisierung, bei der nur der Datenexporteur die Zuordnung vornehmen kann ➢ Zusätzliche Verwendung von EU-Software/-Diensten für besonders sensible Daten	Gut	Hoher Aufwand

Tabelle 2: Zusätzliche Maßnahmen

c) Praktische Handlungsvorschläge für Hochschulen in NRW

Zwar ergibt sich das klare Bild, dass regelmäßig zusätzliche Maßnahmen zur Umsetzung des Schrems-II-Urteils ergriffen werden müssen. Dies betrifft auch Hochschulen in NRW, die vielfach in ganz unterschiedlichen Kontexten Verantwortliche im Sinne der DSGVO sind und dabei auf amerikanische Cloud-Dienste als Auftragsverarbeiter setzen, z.B. beim Einsatz von Videokonferenzdiensten von Microsoft oder Zoom. Ebenfalls zutreffend ist, dass im Urteil keine Übergangsfrist vorgesehen ist.[26]

Zugleich konnten auch die Aufsichtsbehörden und ihre gemeinsamen Organisationen nicht ad-hoc benennen, welche konkreten Maßnahmen vorzunehmen sind. Der Europäische Datenschutzausschuss (EDSA) hat in einer Stellungnahme mitgeteilt, dass praktische Handreichungen erst noch

[26] *Hoeren*, MMR 2020, 597 (609).

entwickelt und dann veröffentlicht werden [27], im Übrigen aber auch die Verantwortung der Verantwortlichen betont.[28] Ähnlich die für die Hochschulen in NRW zuständige LDI NRW[29]. Einzig der LfDI BaWü hat bisher konkretisiert, wann er bei einem Datentransfer in die USA via Standardvertragsklauseln diese durch zusätzliche Maßnahmen als hinreichend abgesichert ansieht (nach unserer Lesart einzig bei einer Ende-zu-Ende-Verschlüsselung, Anonymisierung oder Pseudonymisierung mit Zuordnungsmöglichkeit jeweils nur beim Datenexporteur in Verbindung mit umfassenden zusätzlichen vertraglichen Vereinbarungen). [30]

Zugleich steht am Ende des Dokuments (S. 9 f.) des LfDI BaWü folgender Hinweis:

„**Im Zentrum des weiteren Vorgehens des LfDI Baden-Württemberg** wird die Frage stehen, ob es neben dem von Ihnen gewählten Dienstleister/Vertragspartner nicht **auch zumutbare Alternativangebote ohne Transferproblematik** gibt. Wenn Sie uns nicht davon überzeugen können, dass der von Ihnen genutzte Dienstleister/Vertragspartner mit Transferproblematik kurz- und mittelfristig unersetzlich ist durch einen zumutbaren Dienstleister/Vertragspartner ohne Transferproblematik, dann wird der Datentransfer vom LfDI Baden-Württemberg **untersagt** werden.

---

[27] *European Data Protection Board,* FAQ on judgment of the ECJ in Case C-311/18; S. 5, https://bit.ly/2P1fIi8.

[28] Am 10.11.2020 hat der EDSA eine Empfehlung zu zusätzlichen Maßnahmen zur Sicherung der Einhaltung des EU-Datenschutzniveaus bei Datenübertragungen in Drittländer veröffentlicht, *EDSA,* Recommendations 01/2020 on measures that supplement transfer tools to ensure compliance with the EU level of protection of personal data, https://edpb.europa.eu/sites/edpb/files/consultation/edpb_recommendations_202001_supplementarymeasurestransferstools_en.pdf.

[29] *LDI NRW,* FAQ zu Schrems II, https://bit.ly/3w9SAyH (abgerufen 26.3.2021).

[30] *LfDI BaWü,* Orientierungshilfe des LfDI BW: was jetzt in Sachen internationaler Datentransfer, https://bit.ly/3fmzTSp (abgerufen 26.3.2021).

Uns ist bewusst, dass mit dem Urteil des EuGH u.U. extreme Belastungen für einzelne Unternehmen einhergehen können. Der LfDI wird sein weiteres Vorgehen am Grundsatz der Verhältnismäßigkeit ausrichten. Wir werden die Entwicklung weiter beobachten und unsere Positionen dementsprechend laufen überprüfen und fortentwickeln."

Zu unterscheiden ist also zumindest nach dieser Position zwischen der Rechtslage und der Durchsetzung der Rechtslage durch die Aufsichtsbehörden. Nach unserer Auffassung ist es wegen der umfassenden Herausforderungen im Datenschutz auf allen Seiten – besonders im Zusammenhang mit der Corona-Krise – wahrscheinlich, dass auch andere Aufsichtsbehörden – wie etwa die LDI NRW – eine ähnliche Haltung einnehmen werden. Dafür spricht auch die Komplexität des Themas internationaler Datenverkehr, welche dadurch deutlich wird, dass bereits zwei Beschlüsse der gut ausgestatteten Europäischen Kommission (Safe Harbour, Privacy Shield) vom EuGH gekippt wurden. Zusätzlich ist zu berücksichtigen, dass Verantwortliche im öffentlichen Bereich - wie Hochschulen - wichtige Aufgaben im öffentlichen Interesse wahrnehmen und zur Aufgabenerfüllung auf manche Cloud-Services angewiesen sind. Schließlich hat die zuständige Aufsichtsbehörde (LDI NRW) selbst noch keine Konkretisierung veröffentlicht. **Aus diesen Gründen ist aus unserer Sicht nicht damit zu rechnen, dass innerhalb kurzer Frist pauschal alle Datentransfers in die USA untersagt werden.** Mit Bußgeldern müssen öffentliche Stellen in Deutschland nicht rechnen. Solche können nur gegen private Unternehmen verhängt werden.[31]

Dies vorausgeschickt, raten wir Hochschulen in NRW dennoch nicht zur Passivität. Selbst wenn es mit verhältnismäßigem Aufwand den Hochschulen nicht möglich ist, schon jetzt eine *eindeutig* rechtssichere

---

[31] Vgl. Art. 83 Abs. 7 DSGVO i.V.m. § 43 Abs. 3 BDSG, § 32 DSG-NRW; *Gola*, DSGVO Art. 83, Rn. 6.

Grundlage von Datentransfers in die USA zu schaffen, ist es aus unserer Sicht angezeigt, sich darum zumindest zu *bemühen*. Dieses Bemühen und der Aktivitätsnachweis wird auch in etwaigen Gesprächen bzw. Prüfverfahren (mit) der Aufsichtsbehörde helfen.

Folgendes Vorgehen schlagen wir vor:

1. Alle Datentransfers dem nach Art. 30 DSGVO zu führendem Verzeichnis entnehmen.
2. Datentransfers, die ausschließlich auf das Privacy Shield gestützt wurden, sofort einstellen. Den Auftragsverarbeiter kontaktieren, auf das Urteil und dessen Bedeutung hinweisen und die Vereinbarung von Standardvertragsklauseln mit wesentlichen Ergänzungen (der Tabelle 2 zu entnehmen) vorschlagen.
3. Bei Datentransfers, die lediglich *auch* auf das Privacy Shield gestützt wurden, den Hinweis auf dieses in den entsprechenden Datenschutzerklärungen löschen.[32]
4. Das „Zumutbarkeitsargument" des LfDI BaWü für sich aufbauen. Auch dies verlangt indes ein Tätigwerden: Es muss für jeden Cloud-Dienst mit Transferproblematik reflektiert werden, ob es eine ***zumutbare Alternative <u>ohne</u> Transferproblematik*** gibt. Diese Reflexion sollte schriftlich festgehalten werden. Bestenfalls lässt sich hierzu die schriftlich dokumentierte Abwägungsentscheidung zur Anschaffung der Software als Basis heranziehen.[33]

   Am Beispiel eines Videokonferenzdienstes wie Zoom muss analysiert werden:

---

[32] Durch Zoom bspw. direkt im August 2020 erfolgt, https://zoom.us/de-de/privacy.html#_Toc44414840.

[33] Vgl. hierzu Gutachten A. I., *Albrecht/Fischer/McGrath/John/Wellmann,* Datenschutzrechtlicher Leitfaden: Zoom-Angebot durch Hochschulen, Schritt 1.

Welche Funktionen und Kapazitäten werden für die Aufgabenerfüllung benötigt? Welche Ressourcen können eingesetzt werden? Hier erscheint auch eine Evaluation nach den ersten Monaten Praxiserfahrung im Online-Semester angezeigt (Ist eine Videokonferenz bei 200 Teilnehmer:innen sinnvoll? Reichen auch Kapazitäten bis 50 Teilnehmer:innen? Und ähnlich). Welche Funktionen und Kapazitäten bietet Zoom, welche Ressourcen erfordert es? Welche Funktionen und Kapazitäten bieten andere Dienste, die keine Transferproblematik haben, welche Ressourcen erfordern sie (z.B. zu BigBlueButton)?[34]

5. Dienste, bei denen keine zumutbaren Alternativen bestehen, können in der Dringlichkeit eines „datenschutzrechtlichen Updates" zunächst zurückgestellt, wenn auch nicht vergessen werden. Auch für diese Dienste sollten mittelfristig folgende Schritte durchgeführt werden. Bei Diensten mit zumutbarer Alternative sollten diese sofort eingeleitet werden. Führen sie nicht zu einem befriedigenden, verbesserten Ergebnis, sollte ein Wechsel des Dienstes auch vor Auslaufen der Verträge ernstlich erwogen werden.

Bei knappen Ressourcen kann eine weitere Priorisierung nach einem risikobasierten Ansatz[35] vorgenommen werden: Dabei wird in der Übersicht der Datenübertragungen in Drittstaaten die jeweils übertragenen Kategorien an Daten vermerkt. In Einklang mit den Wertungen der DSGVO (z.B. besonderer Schutz von Gesundheitsdaten, biometrische Daten u.Ä.) sollten – sofern eine Priorisierung nötig ist – die Transfers von besonders sensiblen Daten zuerst analysiert und den neuen Vorgaben angepasst werden.

---

[34] Vgl. hierzu: *Fischer/Albrecht,* Übersicht Videodienste Datenschutz, ITM, https://www.itm.nrw/wp-content/uploads/RiDHnrw_02.07.20_Uebersicht_Videodienste_Datenschutz.pdf (abgerufen 26.3.2021).

[35] Ausführlich hierzu *Jungkind/Raspé/Schramm,* NZG 2020, 1056 (1057 f.).

6. Wenn dann die Transfers geordnet und die Prioritäten klar sind, schlagen wir als ersten Aktivitätsnachweis folgende Schritte vor: Die entsprechend identifizierten (Schritte 1-5) Auftragsverarbeiter anschreiben, auf das Urteil hinweisen und sich die Einhaltung der vereinbarten Standardvertragsklauseln (im Folgenden SVK), insbesondere Art. 5, bestätigen lassen – und zwar in detaillierter Form nach Art einer Checkliste. Für den Fall der negativen Auskunft fragen, welche „zusätzlichen Maßnahmen“ aus Sicht des Unternehmens ergriffen werden können, die dann hinreichend zur Umsetzung des Urteils sind.
   Zu den Fragen, ob und unter welchen Voraussetzungen ein „Umzug“ der Cloud-Dienstleistung inklusive der Metadatenverarbeitung auf europäische Server möglich ist.[36] Auszug:

Request to a US importer, when using SCCs (case by case analysis)

Given the judgment of the Court of Justice of the European Union in C-311/18, especially paragraphs 138 to 145, Clause II of the Annex of Decision 2004/915/EC, and/or Clause 5(b) of the Annex to Decision 2010/87, we urgently seek clarification on the following questions:

Direct Application of 50 U.S.C. § 1881a (= FISA 702)

(1) Do you or any other relevant US entity (controller or processor) that processes or has access to personal data that is transferred to you fall under one of the following definitions in 50 U.S.C. § 1881(b)(4), that could render you or the other entit(ies) directly subject to 50 U.S.C. § 1881a (= FISA 702)?

☐ Yes ☐ No ☐ We are under a legal obligation not to answer this question

(2) Especially,

[36] Zu einer entsprechenden Anfrage an die Unternehmen bietet die Non Profit Organisation NOYB des Beschwerdeführers Max Schrems eine englischsprachige Vorlage im .doc/.odt-Format, die unter https://noyb.eu/de/naechste-schritte-fuer-eu-unternehmen-faqs heruntergeladen werden kann.

7. Bei Unsicherheiten über den Umgang mit Antworten auf die Anfrage aus Schritt 6 kann eine Anfrage an die LDI NRW als zuständige Aufsichtsbehörde gestellt werden.

8. Abwarten der (konkreteren) Handlungsempfehlungen des Europäischen Datenschutzausschusses und insb. der LDI NRW.

9. Je nach Handlungsempfehlungen nach 7. und 8. einleiten weiterer Schritte, z.B. Nachverhandlung der Standardvertragsklauseln, Verlangen des „Umzugs“ auf europäische Server, um Datentransfer zu beenden, oder einstellen der Nutzung des Dienstes, Kündigung der Verträge.

Für die Zukunft gilt aus unserer Sicht bei Anschaffungsentscheidungen und Vertragsverhandlungen zur Neulizenzierung schon jetzt in jedem Fall:

1. Europäische Alternativen oder US-amerikanische Alternativen mit EU-Servern (eingeschränkt, wegen des CLOUD Acts[37]) sind sorgfältig in die Auswahl mit einzubeziehen und *unter Datenschutzaspekten* grundsätzlich vorzuziehen, um Datentransfers ganz zu vermeiden. (Hier können einzelne Hochschulen mehr Verhandlungsmacht gegenüber großen Softwarekonzernen gewinnen, wenn sie sich zu Einkaufsgemeinschaften zusammenschließen und zentral verhandeln, siehe z.B. https://www.kopit.de/ - Gleiches gilt auch für das Nachverhandeln von Standardvertragsklauseln u.Ä.).

2. Falls US-Anbieter ohne EU-Server lizenziert werden sollen, gilt, dass sie nun mehr nur in Betracht kommen bei guter Verschlüsselungsstruktur (Ende-zu-Ende) oder Pseudonymisierung mit Zuordnungsmöglichkeit nur beim Verantwortlichen *und in beiden Fällen*

[37] Zur Bedeutung des CLOUD Acts für Datenverarbeitungen unter der DSGVO vgl.: Kühling/Buchner/*Schröder,* DSGVO Art. 48 f., Rn. 25*; Cording/Götzinger,* CR 2018, 636 (636); *Gausling,* MMR 2018, 578 (581).

unter Vereinbarung wesentlicher Ergänzungen zu den SVK. Abweichungen hiervon sind allenfalls bei Anwendungen denkbar, bei denen nachweisbar keine zumutbare Alternative ohne Datentransferproblematik besteht.

III. Fremd-Aufzeichnungen von Online-Vorlesungen verhindern – Wasserzeichen und Nutzeridentifizierung bei Videokonferenzen

Leitung: Prof. Dr. Thomas Hoeren

Autorin: Wissenschaftliche Mitarbeiterin Malin Fischer

Veröffentlicht am 15. Juli 2020

1. Fragestellung

Ist der Gebrauch der Wasserzeichen-Funktionen (Bild oder Audio) bei über Zoom gehaltenen Lehrveranstaltungen datenschutzrechtlich zulässig?

2. Hintergrund

Ein:e Hochschullehrer:in stellt keine Aufzeichnungen einer virtuellen Lehrveranstaltung zur Verfügung. Studierende schneiden diese (in Wort und/oder Bild) mit und stellen sie auf einer Plattform zum Download zur Verfügung. Der:die Hochschullehrer:in möchte die Personen, welche den Mitschnitt ausgeführt haben, identifizierbar machen und dazu die Wasserzeichen-Funktionen einsetzen.

3. Zusammenfassung

Die Wasserzeichen-Funktionen können bei über Zoom gehaltenen Vorlesungen unserer Einschätzung nach **nicht datenschutzkonform** eingesetzt werden.

Der Einsatz der Funktionen führt dazu, dass nur bei Zoom registrierte Nutzer an einem Meeting teilnehmen können. Dementsprechend muss zunächst die faktische Verpflichtung der Studierenden zur Registrierung bei Zoom datenschutzrechtlich gerechtfertigt werden.

Der Erlaubnistatbestand der Einwilligung gemäß Art. 6 Abs. 1 UAbs. 1 lit. a DSGVO scheidet hierbei aufgrund der fehlenden Freiwilligkeit aus. Der Erlaubnistatbestand des öffentlichen Interesses gemäß Art. 6 Abs. 1

UAbs. 1 lit. e DSGVO dürfte an der fehlenden Erforderlichkeit einer Registrierungspflicht zur (effektiven) Aufgabenwahrnehmung scheitern.

Auch der Einsatz der Wasserzeichenfunktionen an sich führt zu einer Datenverarbeitung, welche gerechtfertigt werden muss. Der Erlaubnistatbestand der Einwilligung kann erneut aufgrund der fehlenden Freiwilligkeit nicht herangezogen werden. Art. 6 Abs. 1 UAbs. 1 lit. e DSGVO scheitert wiederum an dem Merkmal der Erforderlichkeit.

Da andere datenschutzrechtliche Erlaubnistatbestände, auf die sich die Datenverarbeitungen im Zugeeiner verpflichtenden Registrierung sowie im Zusammenhang mit dem Einsatz der Wasserzeichen stützen ließen, unseres Erachtens nicht ersichtlich sind, können die Datenverarbeitungen datenschutzrechtlich unserer Einschätzung nach nicht gerechtfertigt werden.

4. Wasserzeichen-Funktionen bei Zoom

Zoom bietet zwei verschiedene Wasserzeichen-Funktionen an, die dem Schutz von Informationen dienen sollen, die während eines Meetings geteilt werden.

Zum einen gibt es die Bild-Wasserzeichen-Funktion. Teilt ein Nutzer während eines Meetings seinen Bildschirm, sieht jeder Teilnehmer einen Teil der eigenen E-Mail-Adresse (vor dem @), mit der er bei Zoom registriert ist, sowohl auf dem geteilten Inhalt als auch auf dem Video desjenigen, der den Inhaltteilt bzw. der gerade aktiv ist.[1] Dieses Bild bzw. Wasserzeichen ist dann auf Aufnahmen oder Screenshots, die ein Teilnehmer (unberechtigt) anfertigt, enthalten und ermöglicht die Identifikation dieses Teilnehmers, wenn er die Aufnahme bzw. den Screenshot verbreitet.

Zum anderen gibt es die Audio-Wasserzeichen- oder Audio Signature-Funktion. Dabei wird, sofern einTeilnehmer das Meeting (unerlaubt) aufzeichnet, in die Audiospur ein nicht hörbares Signal bzw. Wasserzeichen

---

[1] https://support.zoom.us/hc/en-us/articles/209605273-Adding-a-Watermark (abgerufen am 25.3.21).

eingebettet, das persönliche Informationen dieses Teilnehmers enthält. Zoom kann dieses Audiosignal auf Anfrage entschlüsseln und ermitteln, welcher Teilnehmer die Aufzeichnung vorgenommen hat.[2]

Wird die Bild- oder Audio Wasserzeichen-Funktion für ein Meeting aktiviert, können nur noch bei Zoom registrierte Nutzer an diesem Meeting teilnehmen.

5. Rechtfertigung der Datenverarbeitungen

a) Pflicht zur Registrierung bei Zoom

Der Einsatz von Wasserzeichen-Funktionen setzt zunächst die Aktivierung der Einstellung, dass nur registrierte Nutzer an einem Meeting teilnehmen können, voraus.

Daher müssten sich, sofern bei Vorlesungen über Zoom Wasserzeichen-Funktionen aktiviert sind, alle Studierenden, die an der Vorlesung teilnehmen wollen, vorab bei Zoom registrieren.

Bisher müssen Studierende hingegen keine Registrierung vornehmen. Die Teilnahme an einer Vorlesung über Zoom erfolgt über eine Einladung bzw. einen Link, ohne dass die Studierenden sich zwingend anmelden müssen. Allerdings ist bei jedem Meeting über Zoom, auch wenn der Beitritt über einen Browser ohne Anmeldung bzw. Registrierung erfolgt, stets erforderlich, dass ein Teilnehmer seinen Namen angibt, bevor er dem Meeting beitritt.

Fraglich ist, ob die mit dem Einsatz von Wasserzeichen verbundene faktische Pflicht zur Registrierung bei Zoom für Studierende *datenschutzrechtlich* gerechtfertigt werden kann. Denn bei einer Registrierung müssen die Studierenden wiederum personenbezogene Daten (E-Mail-Adresse und

---

[2] https://support.zoom.us/hc/en-us/articles/360021839031-Audio-Watermark (abgerufen am 25.3.21).

Vor-und Nachnamen) angeben, welche durch Zoom erhoben und verarbeitet werden.[3] Für die Datenverarbeitung ist die Hochschule datenschutzrechtlich verantwortlich im Sinne des Art. 4 Nr. 7 DSGVO, da zwischen ihr und Zoom ein Auftragsdatenverarbeitungsverhältnis im Sinne des Art. 28 DSGVO besteht.[4] Der jeweilige Hochschullehrer, welcher die Wasserzeichen-Funktionen einsetzt, wird der Hochschule als Organisationseinheit datenschutzrechtlich zugeordnet.[5] Folglich musssich die Hochschule als datenschutzrechtlich Verantwortliche auf einen Erlaubnistatbestand zur Datenverarbeitung berufen können.[6]

Zunächst kommt der Erlaubnistatbestand der Einwilligung gemäß Art. 6 Abs. 1 UAbs. 1 lit. a DSGVO inBetracht.[7] Gemäß Art. 4 Nr. 11 und Art. 7 Abs. 4 DSGVO ist insbesondere erforderlich, dass die Einwilligung freiwillig abgegeben wird.[8] Die betroffene Person kann ihre Einwilligung jedoch nur dann freiwillig abgeben, wenn sie „eine echte und freie Wahl hat und somit in der Lage ist, die Einwilligung zu verweigern […], ohne Nachteile zu erleiden" (Erwägungsgrund 42 S. 5 DSGVO). Die Studierenden, die bei einer Vorlesung über Zoom teilnehmen möchten, bei der die Wasserzeichen-Funktionen eingesetzt werden, haben zwar die

---

[3] Detailliert zur Qualifikation von Informationen, die bei der Nutzung von Zoom verarbeitet werden als personenbezogenen Daten: *Specht-Riemenschneider/Schneider,* WissR 2020, 233 (236).

[4] Detailliert hierzu: Gutachten A. I. Datenschutzrechtliche Zulässigkeit von Zoom im Hochschulbetrieb, Übersicht zur datenschutzrechtlichen Konstellation beim Angebot von Zoom durch eine Hochschule;
a.A.: *Specht-Riemenschneider/Schneider,* WissR 2020, 233 (239) wonach Hochschulen mit Zoom gemeinsam verantwortlich i.S.d. Art. 26 DSGVO sind.

[5] *Roßnagel,* ZD 2020, 296 (301), *Specht-Riemenschneider/Schneider,* WissR 2020, 233 (240)

[6] Paal/Pauly/Ernst, DSGVO Art. 6, Rn. 1; *Schröder*, 2. Kapitel, S. 15; *Sydow*, EU-DSGVO, Einleitung, Rn. 71; BeckOK-DS/*Albers*/*Veit*, DSGVO, Art. 4 Rn. 11 f.

[7] Zur Einwilligung allgemein: *Fischer*, DFN-Infobrief Recht 3/2020 S. 8 ff.

[8] *John/Wellmann,* DuD 2020, 606 (609); *Krohm*, ZD 2016, 368 (373); *Schwartmann* in *Haake,* OdW 2020, 59 (63); *Uphues*, DÖV 2020, 234 (239).

Wahl, ob sie in die mit der Registrierung verbundene Datenverarbeitung einwilligen oder nicht. Entscheiden sie sich gegen eine Einwilligung und damit gegen die Registrierung bei Zoom, könnten sie aber überhaupt nicht an der Vorlesung teilnehmen. Diesstellt für die Studierenden einen Nachteil dar, sodass sie letztlich keine echte bzw. freie Wahl hinsichtlich der Einwilligungserteilung haben.

Eine Einwilligung kann daher durch die Studierenden nicht freiwillig und damit auch nicht wirksam erteilt werden.[9]

In Betracht kommt jedoch der Erlaubnistatbestand des öffentlichen Interesses gemäß Art. 6 Abs. 1 UAbs. 1 lit. e DSGVO. Demnach ist eine Datenverarbeitung rechtmäßig, wenn sie zur Wahrnehmung einer im öffentlichen Interesse liegenden Aufgabe dient. Dieser Erlaubnistatbestand ist eine sogenannte Öffnungsklausel, sodass die Mitgliedsstaaten gem. Art. 6 Abs. 2, 3 DSGVO die im öffentlichen Interesse liegende Aufgabe durch nationale Regelungen selbst ausgestalten können und müssen.[10]

Grundlegend kann eine Datenverarbeitung beim Einsatz von Videokonferenzdiensten für die Lehre auf Art. 6 Abs. 1 lit. e, Abs. 2 u. 3 DSGVO i.V.m. §§ 3 Abs. 1 S. 1, 58 ff. Hochschulgesetz NRW (HG NRW) gestützt werden. Die im öffentlichen Interesse liegende Aufgabe, die durch diese Vorschriften ausgestaltet wird, ist die Sicherung des berechtigten Anspruchs der Studierenden auf Teilhabe an Lehrveranstaltungen.[11]

---

[9] Allgemein kritisch zur Freiwilligkeit im Hochschulkontext: Specht/Manz/*Golla,* HB-DS § 23, Rn. 80; *Schwartmann* in *Haake,* OdW 2020, 59 (63); *Fehling,* OdW 2020, 137 (147); a.A. wohl *Specht-Riemenschneider/Schneider,* WissR 2020, 233 (240 f.), wobei die „Freiwilligkeit" nicht näher angesprochen wird.

[10] BeckOK-DS/*Albers/Veit*, DSGVO, Art. 6, Rn. 55; Kühling/Buchner/*Frenzel*, DSGVO, Art. 6, Rn. 32.

[11] *Roßnagel/Schnabel,* DuD 2009, 411 (412); *Roßnagel,* ZD 2020, 296 (298); *Sandberger,* OdW 2020, 155 (166).

Art. 6 Abs. 1 UAbs. 1 lit. e DSGVO setzt jedoch stets voraus, dass die jeweilige Datenverarbeitung zur Erfüllung der Aufgabe erforderlich ist. Das ist dann der Fall, wenn der Verantwortliche die Aufgabe ohne die Datenverarbeitung nicht oder nicht effektiv erfüllen kann.[12]

Die mit der Registrierung verbundene Datenverarbeitung muss also erforderlich sein, um die oben genannte Aufgabe, die Sicherung des Anspruchs der Studierenden auf Teilhabe an Lehrveranstaltungen, (effektiv) erfüllen zu können.[13]

Zwar kann eine Pflicht zur Registrierung dazu eingesetzt werden, sicherzustellen bzw. nachzuvollziehen, dass und ob nur Studierende der jeweiligen Hochschule bzw. des jeweiligen Studienganges tatsächlich die Möglichkeit haben, an den virtuellen Vorlesungen teilzunehmen. Dies würde einen störungsfreien Ablauf virtueller Vorlesungen sicherstellen und so auch dem Anspruch derStudierenden auf Teilhabe an Lehrveranstaltungen Rechnung tragen.[14]

Zudem ist die mit der Registrierung verbundene Datenverarbeitung vergleichsweise eingriffsschwach, da lediglich die E- Mail-Adresse sowie Vor- und Nachname der Studierenden erhoben und verarbeitet werden.[15]

Auf der anderen Seite kann der Teilnahme von (unberechtigten) Außenstehenden bereits dadurch entgegengewirkt werden, dass das jeweilige Meeting mit einem Passwortschutz versehen wird und dieses Passwort auch nur denjenigen Studierenden zukommt, welche zu der Teilnahme an der Vorlesung auch tatsächlich berechtigt sind. Schon der Einsatz des Passwortschutzes trägt also zu einemstörungsfreien Ablauf der virtuellen Vorlesung bei. Vor diesem Hintergrund dürfte eine verpflichtende Registrierung und

---

[12] Simitis/Hornung/Spieker gen. Döhmann/*Roßnagel,* DSGVO Art. 6, Rn. 81.
[13] *Sandberger,* OdW 2020, 155 (167).
[14] *Fehling,* OdW 2020, 137 (149); *Roßnagel,* ZD 2020, 296 (298); *Sandberger,* OdW 2020, 155 (167).
[15] *Fehling,* OdW 2020, 137 (149).

die damit einhergehende Datenverarbeitung nicht erforderlich im Sinne des Art. 6 Abs. 1 UAbs. 1 lit. e DSGVO sein, um den Anspruch der Studierenden auf Teilhabe an Lehrveranstaltungen ausreichend zu gewährleisten.

Bereits die Datenverarbeitung im Zusammenhang mit einer verpflichtenden Registrierung bei Zoom, welche Voraussetzung für den Einsatz der Wasserzeichen-Funktionen ist, kann unserer Ansicht nach daher nur schwer gerechtfertigt werden.

Hinweis: Außenvorgelassen wurde bei der Bearbeitung die prüfungsrechtliche Beurteilung der Frage, ob die Studierenden zu einer Registrierung bei Zoom (faktisch) verpflichtet werden können. Insbesondere, wenn in den Studienordnungen der jeweiligen Studiengänge vorgesehen ist, dass eine Anwesenheitspflicht inklusive einer Teilnehmerliste bei Präsenzvorlesungen unzulässig ist, dürfte ein Zwang zum Log-In oder zum Führen eines Klarnamens bei Vorlesungen über Videokonferenzdienste regelmäßig ebenfalls unzulässig sein.[16]

10. Einsatz der Wasserzeichen Funktion

Mit dem Einsatz der Wasserzeichen-Funktionen geht wiederum eine Verarbeitung vonpersonenbezogenen Daten einher.

Bei der Bild-Wasserzeichen-Funktion wird jedenfalls die E-Mail-Adresse der Teilnehmer eines Meetings(erneut) durch Zoom verarbeitet. Auch bei der Audio-Wasserzeichen-Funktion, bei welcher persönliche Daten des Aufzeichnenden in die Audiospur eingebettet werden, erfolgt eine Datenverarbeitung. Zwar erklärt Zoom nicht eindeutig, welche persönlichen Daten in die Tonspur eingebettet werden. Da aufgrund dieser persönlichen

---

[16] So sieht bspw. die TU-Berlin die Möglichkeit einer anonymen Teilnahme i.d.R. vor, https://blogs.tu-berlin.de/datenschutz_notizen/2020/05/07/was-sollten-sie-bei-der-anonymen-teilnahme-an-online-lehrveranstaltungen-und-videokonferenzen-beachten/ (abgerufen am 25.03.21).

Daten aber eine Rückverfolgung bzw. eine Identifizierung der jeweiligen Person möglich sein soll, ist davon auszugehen, dass es sich um personenbezogene Daten wie Name, E-Mail-Adresse, IP-Adresse usw. handelt.[17]

Auch diese Datenverarbeitung, für welche die Hochschule wiederum Verantwortliche im Sinne der DSGVO ist, bedarf einer Rechtfertigung über einen Erlaubnistatbestand.[18]

Eine Einwilligung scheitert erneut an der fehlenden Freiwilligkeit, da es für die Studierenden aus technischen Gründen nicht möglich ist, an der virtuellen Vorlesung teilnehmen zu können, ohne sich der Wasserzeichen-Funktion „zu entziehen", sofern diese aktiviert ist. Die Studierenden haben somit wiederum keine echte bzw. freie Wahl hinsichtlich der Einwilligungserteilung.

Es bleibt der Erlaubnistatbestand des öffentlichen Interesses gemäß Art. 6 Abs. 1 UAbs. 1 lit. e, Abs. 2,3 DSGVO i.V.m. §§ 3, Abs. 1 S. 1, 58 ff. HG NRW.

Hierbei stellt sich wiederum die Frage, ob die mit dem Einsatz der Wasserzeichen-Funktionen verbundene Datenverarbeitung erforderlich ist, um die oben beschriebene Aufgabe, die Sicherung desAnspruchs auf Teilhabe an Lehrveranstaltungen, (effektiv) wahrnehmen zu können.[19]

Der Einsatz der Wasserzeichen-Funktionen dient wie beschrieben in erster Linie dazu, Personen, die Mitschnitte von Vorlesungen unberechtigt ange-

---

[17] Zum Merkmal der Identifizierbarkeit: Simitis/Hornung/Spieker gen. Döhmann/*Karg*, DSGVO Art. 4 Nr. 1, Rn. 48 f.; Sydow/*Ziebarth,* EU-DSGVO, Art. 4, Rn. 17 f.; *Specht-Riemenschneider/Schneider,* WissR 2020, 233 (235).

[18] Paal/Pauly/Ernst, DSGVO Art. 6, Rn. 1; *Schröder*, 2. Kapitel, S. 15; *Sydow*, EU-DSGVO, Einleitung, Rn. 71;

[19] BeckOK-DS/*Albers/Veit*, DSGVO, Art. 4 Rn. 11 f.; Simitis/Hornung/Spieker gen. Döhmann/*Roßnagel,* DSGVO Art. 6, Rn. 81; *Sandberger,* OdW 2020, 155 (167).

fertigt und ggf. verbreitet haben, zu identifizieren. DieIdentifizierung dieser Personen soll wiederum dazu dienen, von selbigen Unterlassung und Löschung der zu Unrecht verbreiteten Mitschnitte zu verlangen.

Die Erforderlichkeit des Einsatzes von Wasserzeichen-Funktionen für die oben beschriebene Aufgabenwahrnehmung ist hingegen ausdrücklich in Frage zu stellen. So ermöglichen die Wasserzeichen-Funktionen nicht etwa einen störungsfrei(er)en Ablauf von virtuellen Vorlesungen und damit eine effektiv(er)e Aufgabenwahrnehmung. Zwar würde der Einsatz der Wasserzeichen- Funktionen eventuell dazu führen, dass Studierende aufgrund der Möglichkeit, im Nachhinein identifiziert zu werden, von einem unberechtigten Mitschnitt der Vorlesung absehen würden. Dementsprechend könnte der jeweilige Hochschullehrer die Vorlesung „sorgenfreier" durchführen. Ungeachtet der Frage, ob Studierende nicht Möglichkeiten zur Umgehung der Identifikation über dieseWasserzeichen finden, begründet dieser Aspekt jedoch nicht die Erforderlichkeit der Datenverarbeitung, die mit dem Einsatz von Wasserzeichen-Funktionen einhergeht, für die oben genannte Aufgabenwahrnehmung. Denn ein „sorgenfreies" Abhalten der Vorlesung für den Dozentenist keine Notwendigkeit im Sinne der Erforderlichkeit dafür, dass die Teilhabe der Studierenden an Lehrveranstaltungen effektiv gewährleistet werden kann.

Insbesondere vor dem Hintergrund, dass das Merkmal der Erforderlichkeit im Sinne des Art. 6 Abs. 1 UAbs. 1 lit. e DSGVO verlangt, die Datenverarbeitung auf das für die Aufgabenwahrnehmung absolut Notwendige zu beschränken[20], lässt sich die Datenverarbeitung im Zuge des Einsatzes der Wasserzeichen-Funktionen daher kaum auf diesen Erlaubnistatbestand stützen.

---

[20] Gefestigte Rspr. seit EuGH, Urt. v. 16.12.2008 – C-73/07 = MMR 2009, 175 (177) Rn. 56. – Satakunnan Markkinapörssi und Satamedia.

Ein anderer Erlaubnistatbestand, auf den sich eine Datenverarbeitung im Zusammenhang mit dem Einsatz der Wasserzeichen-Funktionen stützten ließe, ist unseres Erachtens nicht ersichtlich. Insbesondere der Erlaubnistatbestand des berechtigten Interesses gemäß Art. 6 Abs. 1 UAbs. 1 lit. f DSGVO kommt nicht in Betracht, da selbiger nicht für die von Behörden in Erfüllung ihrer Aufgaben vorgenommene Datenverarbeitung gilt, Art. 6 Abs. 1 UAbs. 2 DSGVO.[21]

---

[21] Der Behördenbegriff der DSGVO umfasst nach h.M. in weiter Auslegung sämtliche öffentlichen Stellen („public auutorities“ in eng. Fassung) und somit auch öffentliche Hochschulen, vgl. BeckOK-DS/*Albers/Veit*, DSGVO Art. 6, Rn. 46; Sydow/*Reimer,* EU-DSGVO Art. 6, Rn. 66.

IV. Rechtliche Ausgestaltung der Videokonferenz- Lehre und Zulässigkeit einer Videopflicht

Leitung: Prof. Dr. Thomas Hoeren

Autor: Wissenschaftlicher Mitarbeiter Julian Albrecht

Veröffentlicht am 23. November 2020

1. Fragestellungen

Auf welche genaue(n) Rechtsgrundlage(n) lassen sich Datenverarbeitungen bei der Durchführung von Videokonferenzen in der Lehre (**nicht: Prüfung**) stützen? Unter welchen Umständen kann eine Pflicht zur Videoteilnahme vorgesehen werden?

2. Hintergrund

Die genaue rechtliche Ausgestaltung der synchronen Lehre via Videokonferenz ist auch einige Monate nach Beginn der flächendeckenden digitalen Lehre noch nicht gänzlich geklärt. Unsicherheitbesteht insbesondere bei der Frage, ob Veranstaltungen mit einer Videopflicht für Studierende versehen werden können. Auch im Rahmen des Webinars vom 4.11.2020 erreichten uns hierzu vieleNachfragen.

Dieses Kurzgutachten soll einen Beitrag zur Klärung dieser Fragen leisten.

3. Zusammenfassung

Bei Videokonferenzen werden personenbezogene Daten verarbeitet, weshalb es gem. Art. 6 Abs. 1 DSGVO einer Rechtfertigung bedarf. Eine gesetzliche Grundlage ist gegenüber einer Einwilligung der Studierenden in jedem Einzelfall als Rechtfertigung für den Basisfall der Lehre via Videokonferenz ohneVideo- oder Klarnamenpflicht vorzuziehen.

Es bestehen Zweifel, ob bereits bestehende Normen auf Ebene der Landesgesetze und -verordnungenin NRW den datenschutzrechtlichen Anforderungen an die Bestimmtheit genügen. Um Zweifelnzuvorzukommen, ist es empfehlenswert, wenn die Hochschulen jeweils eine eigene Satzung schaffen,die die Nutzung von Videokonferenzen zu Lehrzwecken vorsieht. Bis zum 31.12.20 können sie sich dabei auf § 8 Abs. 1 Corona-Epidemie-Hochschulverordnung NRW stützen (eine Nachfolgeregelung ist laut Pressemitteilung in Arbeit; sie soll mindestens bis zum Ende des Wintersemesters gelten).[1] Die Satzung muss verhältnismäßig sein.

Die Verhältnismäßigkeit entscheidet insbesondere über die Zulässigkeit der genauen satzungsmäßigen Ausgestaltung der Videokonferenz-Lehre. Unserer Rechtsauffassung nach gilt folgendes:

Eine Klarnamenpflicht ist unzulässig. Ein milderes Mittel ist eine Pflicht zu „respektvoller Namensgebung“, die die Wahl von Fantasienamen (z.B. Andreas Müller) weiter zulässt. Gegen Namen, die das wissenschaftliche Gespräch stören können (z.B. Avenger63), kann auf einer solchen Grundlage ebenfalls vorgegangen (Aufforderung - vorübergehender Ausschluss – vollständiger Ausschluss) werden. Auch eine allgemeine Videopflicht ist unzulässig.

Eine Videopflicht könnte in folgenden Fällen hingegen zulässig sein:

Dialogische Kleinstveranstaltungen, die nach Konzeption der Hochschullehrerin / des Hochschullehrers und tatsächlicher Durchführung auf eine Interaktion mit allen Teilnehmern angewiesen sind, kleinen Veranstaltungen mit Präsenzpflicht und bei groß Veranstaltungen mit Präsenzpflicht vorübergehend (eingangs und ggfs. ausgangs der Veranstaltung).

Unberührt von der teilweisen Unzulässigkeit einer Video*pflicht* bleibt die Möglichkeit erhalten, dass Hochschullehrende die Studierenden um Angabe ihres Klarnamens oder um Einschaltung der Kamera bitten. Schalten die Studierenden ihre Kameras ein, liegt darin eine konkludente Einwilli-

---

[1] § 8 Abs. 1 der Corona-Epidemie-Hochschulverordnung NRW vom 23.03.2021 ohne Änderungen.

gung zur Datenverarbeitung, die nur mit Wirkung für die Zukunft widerrufen werden kann. Die Datenverarbeitung erfolgt dann auf gesetzlicher Grundlage, soweit der Basisfall betroffen, und für den überschießenden Teil aufgrund einer Einwilligung.

Die Bitte muss unbedingt mit einem Hinweis auf die Freiwilligkeit kombiniert werden. Es darf nicht einmal der Eindruck entstehen, dass eine Verweigerung der Videoteilnahme mit negativen Konsequenzen (z.B. einer schlechteren Note) verbunden ist. Andernfalls würde ein Gericht angesichts des für die Freiwilligkeit besonders sensiblen Subordinationsverhältnisses zwischen Hochschulen undStudierenden schnell zur Auffassung gelangen, es liege zwar eine Einwilligung vor, diese sei aber nicht *freiwillig* und damit unrechtmäßig erteilt.

Bei den gefundenen Ergebnissen ist zu beachten, dass Rechtsprechung noch nicht verfügbar ist, sodassdie Schlüsse nicht mit letzter Sicherheit gezogen werden können. Die spärliche Literatur wurde berücksichtigt und an entsprechenden Stellen gekennzeichnet.

4. Kurzgutachten

Bei Lehrveranstaltungen mittels Videokonferenzen werden verschiedene personenbezogene Daten verarbeitet, weshalb es gem. Art. 6 DSGVO einer Rechtfertigung bedarf.[2] In Betracht kommt hierzu sowohl eine Einwilligung der Studierenden gem. Art. 6 Abs. 1 lit. a DSGVO als auch eine Verarbeitung im öffentlichen Interesse gem. Art. 6 Abs. 1 lit. e DSGVO. Letzteres bedarf einer konkretisierenden Norm im europäischen oder mitgliedsstaatlichen Recht, die eine Datenverarbeitung zu einem bestimmten im öffentlichen Interesse liegenden Zweck vorsieht.[3]

a) Einwilligung, Art. 6 Abs. 1 lit. a DSGVO

Einwilligungen sollten von Hochschulen mit Bedacht genutzt werden. An dem Vorliegen der notwendigen Freiwilligkeit (Art. 7 DSGVO, Erwägungsgrund (EG) 42 S. 4 DSGVO) bestehen im Verhältniszwischen Studierenden und Hochschulen grundsätzlich Zweifel (EG 43 S. 1 DSGVO).[4] Zwar können dieseim Einzelfall überwunden werden („in Anbetracht aller Umstände", EG 43 S. 1 DSGVO).[5] Einwilligungenerfordern aber mehr „rechtlichen Begleitungsaufwand" als eine gesetzliche Norm als Rechtsgrundlage einer Datenverarbeitung. Wollte man bereits den Grundfall der Lehre via Videokonferenz mit einer Einwilligung rechtfertigen, müsste

---

2 BeckOK-DS/*Albers/Veit*, DSGVO, Art. 4, Rn. 11f.; Paal/Pauly/*Ernst*, DSGVO Art. 6, Rn. 1; *Schröder*, 2. Kapitel, S. 15; *Sydow*, EU-DSGVO, Einleitung, Rn. 71.

3 BeckOK-DS/*Albers/Veit*, DSGVO, Art. 6, Rn. 55; Kühling/Buchner/*Frenzel*, DSGVO, Art. 6, Rn. 32

4 Allgemein kritisch zur Freiwilligkeit im Hochschulkontext: Specht/Manz/*Golla*, HB-DS § 23, Rn. 80; *Schwartmann* in *Haake,* OdW 2020, 59 (63); *Fehling,* OdW 2020, 137 (147); a.A. wohl *Specht-Riemenschneider/Schneider,* WissR 2020, 233 (240 f.), wobei die „Freiwilligkeit" nicht näher angesprochen wird.

5 Simitis/Hornung/Spieker gen. Döhmann/*Klement*, DSGVO Art. 4, Rn. 50 f.; Paal/Pauly/*Frenzel*, DSGVO Art. 4, Rn. 10; *John/Wellmann,* DuD 2020, 606 (609).

man für jede Einzelfallveranstaltung einzeln die Alternativen der Studierenden prüfen und bewerten, ob ihnen bei Ausschlagen der Einwilligung wesentliche Nachteileentstehen. In der Bewertung müsste man danach differenzieren, ob die Teilnahme an einer Veranstaltung mit Videokonferenz für den Studienverlauf notwendig ist, ob dieselbe auch in Präsenz oder als Videokonserve verfügbar ist, ob alternative Veranstaltungen ohne Videokonferenz angeboten werden, die im Studienverlauf auch weiterführen usw.[6]

Vorzugswürdig erscheint daher eine Rechtfertigung auf gesetzlicher Grundlage (Art. 6 Abs. 1 lit. e DSGVO), soweit dies möglich ist (dazu sogleich, II.).

Nicht ausschlaggebend für diese Empfehlung ist hingegen die manchmal genannte Widerruflichkeit der Einwilligung. Mit einem Widerruf entfällt die Rechtfertigungswirkung nur für die Zukunft, nicht für die Vergangenheit, Art. 7 Abs. 3 DSGVO.[7]

Speziell im Fall des Einsatzes von Videokonferenzsystemen ebenso wenig ausschlaggebend sind unseres Erachtens mögliche Beweisprobleme. Es ist richtig, dass der Verantwortliche die Erteilung einer Einwilligung nachweisen können muss, Art. 7 Abs. 1 DSGVO. Technisch bedingt liegt es jedoch inder Macht der Studierenden, ob und wie (mit Bild, Ton oder ohne) sie an einer Videokonferenz teilnehmen. Sobald sie entsprechend an einer Konferenz teilnehmen, liegt darin daher eine Einwilligung durch schlüssiges Verhalten (konkludente Einwilligung). Eine Einwilligung muss nicht

---

[6] *Fehling*, OdW 2020, 138 (147); Roßnagel, ZD 2020, 296 (297), der zwischen Pflicht- und Wahlveranstaltungen unterscheidet.

[7] BeckOK-DS/*Stemmer,* DSGVO, Art. 7, Rn. 94; *Kühling/Buchner,* DSGVO, Art. 7, Rn. 36; Paal/Pauly/*Frenzel,* DSGVO, Art. 7, Rn. 16; Sydow/*Peukert*, EU-DSGVO, Art. 17, Rn. 18; *Uphues*, DFN-Infobrief Recht 7/2020, S. 3.

ausdrücklich und auch nicht schriftlich erfolgen.[8] Sofern die:der Lehrende eine schriftliche Einladung zuder Videokonferenz vorweisen kann (z.B. in einer E-Mail oder im Learnmanagementsystem) mit Hinweisen auf die Freiwilligkeit der Teilnahme und des Umfangs der Teilnahme, sowie zu der Datenschutzerklärung der Hochschule zur eingesetzten Software, sollte der Nachweis der Einwilligunggelingen. Wegen der Sensibilität des Subordinationsverhältnisses für die Freiwilligkeit muss ein solcher Hinweis aber unbedingt erfolgen und sollte auch dokumentiert werden. Es darf nicht einmal der Eindruck entstehen, dass mit einer Verweigerung der Einwilligung negative Konsequenzen verbundensind. Dann aber kann die Vermutung gegen die Freiwilligkeit aus EG 43 S. 1 DSGVO widerlegt werden.Dies wird sogar für die Aufsicht von Online-Prüfungen vertreten[9] - weshalb dies hier erst recht gelten muss für die im Vergleich zur Prüfung freiere Situation der Lehre.

Wegen der oben genannten Erwägungen bleibt eine Rechtfertigung auf gesetzlicher Grundlage im Ergebnis aber vorzugswürdig.

b) Rechtsgrundlage im öffentlichen Interesse, Art. 6 Abs. 1 lit. e, Abs. 3 DSGVO

Die genannte vorzugswürdige Rechtfertigung fußt auf Art. 6 Abs. 1 lit. e, Abs. 3 DSGVO. Dieser ermöglicht es den Mitgliedsstaaten, Rechtsnormen zu schaffen, die öffentlichen StellenDatenverarbeitungen im öffentlichen Interesse erlauben.[10] Auch das Satzungsrecht der Hochschulen fällt hierunter.[11]

---

[8] Paal/Pauly/*Frenzel*, DSGVO Art. 4, Rn. 11; Simitis/Hornung/Spieker gen. Döhmann/*Klement,* DSGVO Art. 7, Rn. 68; Sydow/*Ingold,* EU-DSGVO Art. 7, Rn. 22, 23.

[9] *Fehling*, OdW 2020, 137 (147).

[10] BeckOK-DS/*Albers/Veit,* DSGVO, Art. 6, Rn. 55; Kühling/Buchner/*Frenzel,* DSGVO, Art. 6, Rn. 32.

[11] BeckOK-DS/*Albers/Veit,* DSGVO, Art. 6, Rn. 58 a.E.; Paal/Pauly/Frenzel, DSGVO, Art. 6, Rn. 36.

aa) Anforderungen

An eine solche Rechtsgrundlage stellt die DSGVO zwei zentrale Anforderungen: Erstens muss sie hinreichend bestimmt sein, das heißt die ermöglichten Datenverarbeitungen müssen für Bürgerhinreichend vorhersehbar sein. Zweitens muss die Norm einem legitimen Zweck dienen und bezogen hierauf geeignet, erforderlich und angemessen sein (Verhältnismäßigkeit).[12] Aus Erwägungen der Verhältnismäßigkeit ergeben sich auch die Möglichkeiten und Grenzen einer Videopflicht (siehe dazu unten 4.c), S. 6 f.).

bb) Keine Rechtsgrundlage auf Landesebene

Möglicherweise besteht bereits eine Rechtsgrundlage für Lehre via Videokonferenz in Landesgesetzen oder -Verordnungen.

Im Landesdatenschutzgesetz NRW oder im Hochschulgesetz NRW findet sich keine Norm, die die Verarbeitung personenbezogener Daten zum Zwecke der Lehre zum Gegenstand hat. In der spärlich verfügbaren Literatur zum bereichsspezifischen Datenschutz an Hochschulen wird teilweise vertreten,dass allein die allgemeinen §§ 58 ff. HG NRW als Aufgabenzuweisungsnormen schon ausreichen als Rechtsgrundlagen im Sinne des § 6 Abs. 1 lit. e DSGVO.[13]

Dieser Auffassung stehen jedoch deutliche Bedenken entgegen. Zwar scheinen die Anforderungen der DSGVO an die Bestimmtheit einer Rechtsgrundlage nicht allzu hoch ausgestaltet zu sein (Art. 6 Abs. 3 S. 3 DSGVO, „*kann* spezifische Bestimmungen [...] enthalten"; EG 41 S. 2

---

[12] *Heberlein*/Ehmann/Selmayr, DS-GVO Art. 6 Rn. 20 ; Paal/Pauly/*Frenzel*, DSGVO, Art. 6, Rn. 37, 41.

[13] *Roßnagel*, ZD 2020, 296 (297); Specht/Manz/*Golla,* HB-DS § 28, Rn. 79 – 84; a.A. *Roßnagel,* OdW 2020, 155 (166 – 167), wonach datenschutzrechtliche Spezialbestimmungen für den Hochschulbetrieb bisher (Stand Juni 2020) gänzlich fehlen und die Hochschulen auf die Umstellung auf den digitalen Lehrbetrieb datenschutzrechtlich praktisch nicht vorbereitet sind.

DSGVO „*sollte* jedoch klar undpräzise […] [und] vorhersehbar sein" [Hervorh. jeweils durch den Verf.]). Nach EG 41 S. 1 DSGVO geltenaber auch die jeweiligen verfassungsrechtlichen Vorgaben der Mitgliedsstaaten. In Deutschland hat das Bundesverfassungsgericht beginnend mit dem Volkszählungsurteil verschiedene Prinzipien des Datenschutzes hergeleitet, darunter besondere Anforderungen an die Bestimmtheit von Ermächtigungsgrundlagen.[14] Danach muss „der Anlass, der Zweck und die Grenzen" der Datenverarbeitung grundsätzlich „bereichsspezifisch und präzise" festgelegt werden.[15] §§ 58 ff. HG NRW nennen nicht einmal Datenverarbeitungen in ihren Bestimmungen. Daher erscheint es zweifelhaft, ob die Anforderungen an die Bestimmtheit hier erfüllt sind. Für diese Auffassung spricht auch, dass der Landesgesetzgeber in den §§ 7 f. HG NRW durchaus explizite Regelungen für Datenverarbeitungen getroffen hat, diese sich aber auf die Durchführung von Evaluationen, Immatrikulationen und Qualitätsmanagement beschränken.

Demnach sollte man sich nicht auf die §§ 58 ff. HG NRW als Rechtsgrundlagen i. S. d. Art. 6 Abs. 1 lit. eDSGVO verlassen.

§ 3 Abs. 3 S. 2 HG NRW ist ein Auftrag an die Hochschulen, Online-Lehrangebote zu konzipieren und stellt noch keine Rechtsgrundlage für Datenverarbeitungen dar. In der aktuell noch bis 31.12.20 geltenden Corona-Epidemie-Hochschulverordnung vom 8.6.20 (CoEpHSVO)[16] findet sich ebenfalls kein Hinweis auf Datenverarbeitungen.

Im Ergebnis muss festgestellt werden, dass Zweifel daran bestehen, ob eine hinreichend bestimmte Rechtsgrundlage zur Verarbeitung personenbezogener Daten durch Videokonferenzsysteme im Rahmen der Lehre bereits auf landesgesetzlicher und Verordnungsebene besteht. Um auf rechtssiche-

---

[14] BVerfGE 65, 1 (44, 46); 100, 313 (359 f., 372); 110, 33 (53); 113, 348 (375); 115, 320 (365).
[15] BVerfGE 100, 313 (359 f., 372); BVerfGE 113, 348 (375) = NJW 2005, 2603.
[16] Inzwischen in der Fassung vom 23.03.2021.

rer Grundlage zu operieren, empfiehlt es sich für Hochschulen, mittels Satzungsrechts selbst eine Rechtsgrundlage zu schaffen, die jedenfalls den Bestimmtheitsanforderungen genügt.

cc) Schaffen einer Rechtsgrundlage durch die Hochschulen

Mit § 8 Abs. 1 CoEpHSVO sind die Rektorate in NRW hierzu in einer Art Schnellverfahren ermächtigt. Sie können „hinsichtlich der Art und Weise der Durchführung von Lehrveranstaltungen" Regelungen erlassen. Mit dieser Ermächtigung können die Rektorate abweichend vom ordentlichen Verfahren ohne Beteiligung weiterer Gremien entsprechende Regelungen erlassen. Die Verordnung gilt noch bis zum 31.12.20. Nach einer Pressemitteilung des Ministeriums sollen zumindest ähnliche Regeln noch bis zum Ende des Wintersemesters fortgelten.[17] Die Nachfolgeregelung wurde Stand 17.11.20 noch nichtveröffentlicht. Im Übrigen könnte auf die allgemeine Satzungsbefugnis zurückgegriffen werden. Soweitdie Norm mangels ausreichender Verordnungsermächtigung (in § 82a HG NRW fehlt die Nennung der Abweichung von Regelungen zur Lehre) für rechtswidrig gehalten wird[18], könnte eine entsprechende Regelung wohl auch auf die allgemeine Satzungsautonomie der Hochschulen aus § 2 Abs. 4 S. 1 HG NRW gestützt werden, weil die Lehre zur Kernaufgabe der Hochschulen gehört.

Hier geprüft wird zunächst eine Regelung, die die Lehre via Videokonferenz datenschutzrechtlich rechtfertigt, in dem Fall, dass Hochschullehrende sich zu einer entsprechenden Lehrform entscheiden. Eine andere und hiervon getrennt zu untersuchende Frage ist, ob Lehrende zu einer entspre-

[17] Inzwischen gilt die CoEpHVO in der Fassung vom 23.03.2021.

[18] So eine Überlegung bei *Klostermeyer*, RiDHnrw_20.10.2020_Pflicht-zur-Hybrid-Veranstaltung, S. 3.

chenden Lehrform angewiesen werden können. Dabei stellen sich komplizierte Fragen des Dienstrechts und derReichweite der Lehrfreiheit.[19] Der Übersichtlichkeit halber geht es im Folgenden weiter um den Grundfall, dass Hochschullehrende eine entsprechende Lehrform selbst auswählen und anbieten wollen.

Um datenschutzrechtlichen Vorgaben zu genügen, sollte in einer entsprechenden Regelung folgendesenthalten sein:

- Ausdrückliche Nennung des Zwecks der Lehre via Videokonferenz
- Explizite Beschränkung des Mittels (die Videokonferenz-Software) auf die Programme, die von der Hochschule ausgewählt wurden und zusammen mit einer Datenschutzerklärung bereitgestellt werden
- Hinweis auf die Erforderlichkeit des Einsatzes im konkreten Einzelfall als Zulässigkeitsvoraussetzung (z.B. „soweit erforderlich")
- Ausdrückliche Normierung der Voraussetzungen und Folgen einer Videopflicht (soweit rechtlich zulässig (dazu sogleich))

dd) Verhältnismäßigkeit (insb. von Klarnamen-, Videopflicht u.Ä.)

Die Rechtsgrundlage muss überdies verhältnismäßig sein. Sie muss also in Bezug auf einen Zweck, derim öffentlichen Interesse liegt, ein geeignetes, erforderliches und angemessenes Mittel vorsehen.[20]

Legitimer Zweck zum Einsatz von Videokonferenzsystemen im Rahmen der Hochschullehre ist die Förderung der wissenschaftlichen Lehre. Hierzu

---

[19] Siehe hierzu *Klostermeyer*, RiDHnrw_20.10.2020_Pflicht-zur-Hybrid-Veranstaltung, S. 1-5; *Albrecht*, RiDHnrw_01.07.2020_Kurzgutachten Austausch mitgeschnittener Vorlesungen auf privaten Plattformen durch Studierende, S. 2-4.

[20] BeckOK-DS/*Albers/Veit*, DSGVO Art. 6 Rn. 44; Sydow/*Reimer*, EU-DSGVO Art. 6, Rn. 47, 24; Kühling/*Buchner/Petri,* DSGVO Art. 6, Rn. 94.

gehört nach einer Konkretisierung des BVerfG auch das „wissenschaftliche Gespräch".[21] Darin angelegt kann man also auch Interaktion und aktive Teilnahme der Studierenden sehen.[22]

Zur Feststellung der Eignung, Erforderlichkeit, Angemessenheit bietet es sich an, zwischen verschiedenen Stufen der Videokonferenz-Lehre zu unterscheiden, die in ihrer datenschutzrechtlichen Eingriffsintensität zunehmen: Basisfall, Klarnamenpflicht, Videopflicht.

Beachte: Soweit einzelne Stufen im Folgenden als unzulässig erachtet werden, bleibt die Möglichkeit bestehen, die Datenverarbeitung auf der Grundlage einer freiwilligen Einwilligung der Studierenden zurechtfertigen. Ausführungen zu dem Zusammenspiel von satzungsmäßiger Normierung des Basisfalls und einer Videopflicht in bestimmten Fällen sowie der Heranziehung von Einwilligungen im Übrigen folgen unter (4.). Praktisch heißt das, dass ein Bitten oder auch ein Auffordern zur Videoteilnahmeimmer möglich bleibt, sofern zugleich kommuniziert wird, dass eine Weigerung keine negativen Konsequenzen hat. Ein entsprechender Wunsch kann z.B. in einer Veranstaltungsbeschreibung zum Ausdruck gebracht werden, etwa mit Hinweis auf pädagogische und motivationspsychologische Vorteile, wenn zugleich auf die Freiwilligkeit hingewiesen wird.

Im Folgenden nun zur Verhältnismäßigkeit der Normierung verschiedener Ausgestaltungen einer Videokonferenz-Lehre in einer Hochschulsatzung (Basisfall – Klarnamenpflicht – Videopflicht).

(1) Basisfall

Beim Basisfall werden nur die Login-Daten verarbeitet und solche, die technisch notwendig fürdie Durchführung einer Videokonferenz sind.

---

[21] BVerfGE 35, 79 (113).

[22] So wohl auch *Specht-Riemenschneider/Schneider,* WissR 2020, 233 (265).

Jedenfalls solange eine Präsenzlehre infektionsrechtlich nicht zulässig ist (so die aktuelle Rechtslage in NRW, 23.11.20), ergeben sich hierbei keine Zweifel an der Verhältnismäßigkeit.[23] Zwar wäre eine Videokonserve (asynchrone Lehre) oder ein Webinar ein milderes Mittel, jedoch mangels unmittelbarer Interaktion nicht gleich geeignet.[24] Der Eingriff ist durch die Verarbeitung von häufig nur pseudonymisierten Login-Daten vergleichsweise gering. Die Gewinne in Bezug auf die Zweckerreichung sind jedoch wegen der Ermöglichung von Interaktion und Gesprächen erheblich. Der Rahmen der Angemessenheit wird daher nicht verlassen.

(2) Klarnamenpflicht

Über die Unzulässigkeit einer allgemeinen Klarnamenpflicht im Internet herrscht rechtswissenschaftlich bereits Einigkeit.[25] Möglicherweise ist eine solche aber zulässig im Spezialfall der digitalen wissenschaftlichen Lehre. Es ist allerdings zweifelhaft, ob eine Klarnamenpflicht in Bezug auf die Erbringung wissenschaftlicher Lehre und einem wissenschaftlichen Gespräch geeignet ist. In einem wissenschaftlichen Gespräch steht die Sache im Vordergrund, nicht die Person und jedenfalls nicht der Name der Person. Die Personselbst bringt sich im Falle mündlicher Beteiligung ohnehin ein. Auch im Fall von Präsenzvorlesungen sind Teilnehmer nur im Ausnahmefall namentlich bekannt. Eine *Klarnamen*pflicht erscheint daher nicht geeignet.

Bessere Argumente anführen lassen sich für eine Pflicht zu „ernsthaften, respektvollen Namen“, also der Angabe des echten oder eines normalen Fantasienamens. Zwar ist reine Höflichkeit rechtlich kein tragender Aspekt. Im Kontext des „wissenschaftlichen Gesprächs“ ist die Herstellung von Rahmenbedingungen einer gewissen Ernsthaftigkeit allerdings ein zu

---

[23] Unter Betonung des Krisenelements *Fehling*, OdW 2020, 138 (149); *Roßnagel,* ZD 2020, 296 (299).
[24] *Fehling*, OdW 2020, 138 (149).
[25] *Kersten*, JuS 2017, 193 (199); *Ohly,* AfP 2011, 428 (436); *Zander*, ZRP 2019, 207, (207 ff.).

berücksichtigender Aspekt. Treffend wurde in unserem Seminar angemerkt, dass es sich mit „Avenger63“ schwerlich ernsthaft diskutieren lässt.

Ob Andreas Müller aber tatsächlich so heißt, oder in Wahrheit Klaus Schmidt, spielt für die wissenschaftliche Ernsthaftigkeit im mündlichen Austausch keine wesentliche Rolle.

Eine so ausgestaltete Pflicht sollte am besten in der Satzung der Hochschule selbst vorgesehen sein. Sie ließe sich in der Praxis der Lehre auf verhältnismäßige Weise dann gestuft durchsetzen: 1. Aufforderung zur Umbenennung unter Hinweis auf die Pflicht; 2. eigenmächtige Umbenennung durch den Lehrenden als Host (bei einigen Tools möglich); 3. Entfernen aus der Konferenz bei erneutem Verstoß. Dieses tatsächliche Vorgehen ist rechtlich dann vom virtuellen Hausrecht der Hochschule gedeckt, welches die:der Lehrende in seinen Videokonferenzen ausübt.[26]

Im Ergebnis ist eine Klarnamenpflicht als unverhältnismäßig zu beurteilen. Ein milderes und imErgebnis verhältnismäßiges Mittel zur Herstellung eines ernsthaften Diskussionsrahmens dürfte die Pflicht zur „ernsthaften, respektvollen Benennung“ sein, die die Möglichkeit einräumt, einen unauffälligen Fantasienamen zu wählen.

(3) Videopflicht (Zwang zur Teilnahme mit laufendem Video)

Bei dieser Frage bietet sich zunächst eine Unterscheidung an zwischen Veranstaltungen, die (zulässigerweise) mit einer Präsenzpflicht versehen sind und solchen, die ohne Präsenzpflicht abgehalten werden.

(a) Videopflicht (Zwang zur Teilnahme mit laufendem Video)

Zu überlegen wäre, ob man eine Aufforderung zur Videoteilnahme und Entfernung aus der Konferenz bereits auf ein virtuelles Hausrecht stützen

---

[26] Näher hierzu *Fischer*, RiDHnrw_04.09.20_Rechtliche Einschätzung Sanktionsmöglichkeiten digitale Lehre.

könne. Dann bestünde bereits eine Rechtsgrundlage und eine darauf gestützte Erzwingungdes Videos wäre verhältnismäßig mit dem Argument, dass auch das Auffordern zur Ablegung einer Vermummung in der analogen Welt verhältnismäßig wäre.

Richtig ist, dass ein öffentlich-rechtliches Hausrecht für öffentliche Einrichtungen anerkannt ist und dies grundsätzlich auf den virtuellen Raum erstreckt wird.[27] Allerdings bestehen Zweifel daran, ob angesichts der datenschutzrechtlichen Bestimmtheitsanforderungen (siehe soeben) nicht eine Normierung nötig ist, sobald die Verarbeitung personenbezogener Daten auf ein ungeschriebenes öffentlich-rechtliches Hausrecht gestützt werden sollen.

Diese Frage kann aber dahinstehen, denn *jedenfalls* dürften die Tatbestandsvoraussetzungen des öffentlich-rechtlichen Hausrechts in der Regel nicht vorliegen, sodass gestützt hierauf in der Fläche Videoteilnahmen nicht erzwungen werden können. Das öffentlich-rechtliche Hausrecht ermöglicht es dem Inhaber, im Falle *nachhaltiger Störungen des Dienstbetriebes* Besucher des Hauses zu verweisen, auch wenn eine spezielle Hausordnung fehlt.[28] Möglicherweise wird dies in der analogen Welt pauschal angenommen bei einer nicht-religiösen Vermummung, wobei uns hierzu keine Fundstelle bekannt ist (hingegen ist gesichert, dass Versammlungsteilnehmer in bestimmten Fällen einen Anspruch auf Ausnahmevom versammlungsrechtlichen Vermummungsverbot haben[29]). Jedenfalls im digitalen Raum einer Lehrveranstaltung mag es aufgrund eines schwarzen Bildschirms zu qualitativen Beeinträchtigungen kommen – eine *nachhaltige Störung* des Dienstbetriebes dürfte aber abgesehen vom Sonderfall dialogischer Kleinstseminare nicht vorliegen.

---

[27] *Kalscheuer/Jacobsen,* NJW 2018, 2358 (2359 f.).

[28] *VG München*, Beschl. v. 14.2.2017 – M 10 S. 16.4797, BeckRS 2017, 117885 Rn. 16; *Kalscheuer/Jacobsen,* NJW 2018, 2358 (2361).

[29] *Kersten*, JuS 2017, 193 (199).

Überdies gälte für ein Vorgehen auf Grundlage des öffentlich-rechtlichen virtuellen Hausrechtswie für die Normierung einer speziellen Satzung der Grundsatz der Verhältnismäßigkeit.[30] EineVideopflicht lässt sich über diesen Weg daher auch nicht leichter rechtfertigen. Die folgende Untersuchung zur Verhältnismäßigkeit gilt entsprechend:

Eine Regelung zur verpflichtenden Videoteilnahme müsste verhältnismäßig sein.

Mit dem Argument der Mimik und Gestik als wichtigen Teil der Kommunikation könnte man die Eignung und Erforderlichkeit einer Videopflicht noch bejahen. Führt man sich die übliche Oberfläche eines Videokonferenztools vor Augen, sind indes bereits Zweifel anzumelden.[31] DieArgumentation setzt nämlich voraus, dass der Dozent tatsächlich die Mimik und Gestik aller Teilnehmer registriert. Die übliche Oberfläche zeigt indes in der Regel nicht mehr als dreißig Personen gleichzeitig an. Man müsste davon ausgehen, dass Hochschullehrende regelmäßig die angezeigten Teilnehmer „durchklicken".

Jedenfalls an der Angemessenheit fehlt es aber. Im Ergebnis ist eine Videopflicht aus unserer Sicht *allenfalls* bei kleinen Lehrveranstaltungen angemessen, die nach Konzeption und tatsächlicher Durchführung auf eine Interaktion mit allen Teilnehmern angewiesen sind (z.B. Kleinstgruppenseminare).[32]

---

[30] *Kalscheuer/Jacobsen,* NJW 2018, 2358 (2361 f.).

[31] Ohne weitere Begründung die Erforderlichkeit verneinend *Fehling*, OdW 2020, 138 (149).

[32] Nach *Roßnagel*, ZD 2020, 296 (299) ist entscheidend, ob Studierende als Teil einer Gruppe oder als Individuen zu sehen sind. In letzterem Fall Zulässigkeit nur bei freiwilliger Einwilligung. Danach scheidet die Zulässigkeit einer Videopflicht sogar für dialogische-Kleinstveranstaltungen aus; nach *Specht-Riemenschneider/Schneider,* WissR 2020, 233 (265) könne eine Kameraaktivierung bei Pflichtveranstaltungen oder sonstigen Veranstaltungen, bei denen die dauerhafte

Angemessen ist ein Mittel, soweit die dem Einzelnen entstehenden Nachteilen nicht außer Verhältnis zu der Förderung des legitimen Zweckes stehen.[33]

Problematisch ist, dass das Mittel der Videopflicht einen absoluten Ansatz bedeutet: *Alle* Teilnehmer werden dazu gezwungen mit Video und teilweise mit Mikrofon teilzunehmen.[34] Beilebensnaher Betrachtung ist die Alternative zu diesem Mittel nicht, dass keiner der Studierenden mit Bild und teilweise Ton teilnimmt. Die Alternative ist, dass immerhin einige Studierende entsprechend teilnehmen, welche sich freiwillig dazu entscheiden. Dies werden abzüglich einiger Datenschutzkritiker auch die Studierenden sein, die geneigt sind, sich mit Wortbeiträgen an der Veranstaltung zu beteiligen. Daher dürfte sich bei dem untersuchten Mittel die Förderung des legitimen Zwecks quantitativ auf eher geringem Niveau bewegen, nämlich nur insoweit durch die bildliche Sichtbarkeit *zusätzliche* Studierende zur aktiveren Teilnahme am wissenschaftlichen Gespräch ermutigt werden. Dies gilt umso mehr, je größer die Lehrveranstaltung ist, da dann typischerweise nur ein Anteil der Studierenden aktiv teilnimmt. Der Grenzgewinn nimmt ab.

Demgegenüber stehen erhebliche Eingriffe in das Recht auf informationelle Selbstbestimmung der Studierenden durch den Zwang zur bildlichen Übertragung von Gesicht, Oberkörper und Hintergrund.[35] Der Eingriff lässt sich nicht gänzlich durch einen Vergleich mit der Präsenzveranstaltung relativieren. Mit der *Datenverarbeitung* entsteht eine neue rechtliche Relevanz

---

Anwesenheit überprüft werden muss, unter Umstände aufgrund berechtigter Interessen nach Einzelfallabwägung rechtmäßig sein.

[33] Zur Angemessenheitsprüfung im Allgemeinen: *BVerfGE* 13, 230 ff. (236); 93, 213 ff. (237 f.); Maunz/Dürig/*Grzeszick*, GG Art. 20 Kap. VII., Rn. 117.

[34] Zu den persönlichkeitsrechtlichen Problemen bei der audiovisuellen Aufzeichnung von Personen siehe: *Klein*, DFN-Infobrief Recht 2015 S. 29.

[35] Maunz/Düring/*Di Fabio,* GG Art. 2 Abs. 1, Rn. 176; *Roßnagel,* ZD 2020, 296 (297); *Specht-Riemenschneider/Schneider,* WissR 2020, 233 (265).

des Vorgangs, da die Gesetzgeber in diesem Bereich besondere Gefahrenpotentiale identifiziert und ein Schutzregime (DSGVO und weitere) installiert haben. Daneben tritt der besondere Schutz der Wohnung der Studierenden,[36] wobei dieser durch die Aufklärung im Vorfeld, Wahl eines einfarbigen oder virtuellen Hintergrundes erreicht werden kann.

Unseres Erachtens wäre ein entsprechender Zwang bei größeren Lehrveranstaltungen wegen der geringen Gewinne für die Zweckerreichung im Verhältnis zu den erheblichen Eingriffen als unangemessen zu beurteilen.

Denkbar ist, dass sich eine Videopflicht im Bereich der Angemessenheit bewegt bei kleineren Veranstaltungen, die nach Konzeption und tatsächlicher Durchführung der Veranstaltung auf Interaktionen mit jedem einzelnen Studierenden angewiesen sind. Die Förderung des legitimen Zweckes fällt hier deutlich gewichtiger aus. Letztlich werden die Gerichte diese Frage entscheiden müssen. Zur Absenkung der Eingriffsintensität sollte über die Videopflicht rechtzeitig im Vorfeld aufgeklärt und dazu geraten werden, einen neutralen (z.B. weiße Wand) oder virtuellen Hintergrund vorzubereiten.

(b) Veranstaltungen mit Präsenzpflicht

Unsere Linie bisher war, dass jedenfalls in Veranstaltungen mit Präsenzpflicht ein Zwang zur Videoteilnahme rechtlich zulässig ist,[37] soweit eine Ausnahme für technische Probleme vorgesehen wird. Für diese Auffassung spricht § 7 Abs. 2 S. 4 CoEpHSVO und ihre Begründung auf S. 6. Die Teilnahme mit Bild und Mikrofon könnte als „Anwesenheit“ verstanden werden.

---

[36] *Botta,* Virtuelle Prüfungsaufsicht zwischen Chancengleichheit und Privatheitsschutz, Verfassungsblog, https://verfassungsblog.de/grundrechtseingriffe-durch-online-proctoring/ (abgerufen 23.03.2021).

[37] So wohl auch *Specht-Riemenschneider/Schneider,* WissR 2020, 233 (265).

Die Verhältnismäßigkeitsebene wurde bisher nicht weiter ins Auge gefasst. Als legitimer Zweckist hier – anders als bei aa) – die Kontrolle der Präsenz anzusehen und mittelbar die mit der Präsenzpflicht verfolgten Zwecke. Eine Videopflicht ist sicher auch geeignet zur Förderung dieser Zwecke.

Zweifel sind indes aufgekommen betreffend die Erforderlichkeit. Jedenfalls bei größerenVeranstaltungen könnte man einwenden, dass bereits ein Abgleich der Teilnehmer:innen zu Beginn der Veranstaltung mit einer Liste den Zweck in gleichem Maße erreicht, da nach dieser Kontrolle die:der Lehrende ohnehin den Überblick verliert über die Vielzahl an Teilnehmer:innen in der Konferenz und darüber, wer genau die Konferenz verlassen hat. Auch in der analogen Welt nimmt die Kontrolldichte der Präsenzpflicht mit der Größe der Veranstaltungen ab. Wenn z.B. bei 100 Teilnehmer:innen nur eine Liste herumgegeben wird, in der man die Anwesenheit durch Unterschrift bestätigen muss, ist eine Täuschung durch Unterzeichnung für mehrere Freunde ebenso leicht möglich wie in der digitalen Welt durch die aktive Teilnahme an einer Verifizierung eingangs der Veranstaltung und dem anschließenden Verlassen des Arbeitsplatzes.

Eine nur vorübergehende Videopflicht eingangs der Veranstaltung – oder eine andere Form der Authentifizierung, z.B. der Login mit der persönlichen Unikennung – ist danach jedenfalls für größere Veranstaltungen ein gleich geeignetes Mittel. Weil es milder ist, entfällt die Erforderlichkeit der vollständigen Videopflicht. Unter dem Deckmantel des Zwecks, die Präsenzpflicht durchsetzen zu wollen, können nicht andere Zwecke verfolgt werden, namentlich, dass sich Lehrende häufig wünschen, des Respekts und der gefühlten Interaktionwegen alle Studierende bildlich zu sehen.

Diese Einwände greifen aber nicht ein, wenn es sich um kleinere Veranstaltungen handelt unddie:der Lehrende einen guten Überblick über seine Studierende hat.

Unseres Erachtens ist daher auch bei Veranstaltungen mit Präsenzpflicht eine Differenzierung nach der Größe der Veranstaltung angezeigt. Ein guter Richtwert dürfte der Abgleich mit der vormaligen analogen Situation sein: Wie genau wurde hier die Präsenzpflicht kontrolliert - eingangs und während der Veranstaltung?

(c) Zwischenergebnis

Danach ergibt sich unseres Erachtens folgendes Bild:

Der Basisfall der Videokonferenz ohne Bild- und Tonteilnahme für Studierende kann verhältnismäßig in einer Hochschulsatzung normiert werden.

Eine Klarnamenpflicht ist unverhältnismäßig. Verhältnismäßig ist eine Pflicht zur „ernsthaften und respektvollen Namensgebung", die neben der Möglichkeit der Angabe des echten Namens die Möglichkeit einräumt, einen Fantasienamen wie z.B. Andreas Müller zu wählen.

Eine Videopflicht könnte für kleinere Veranstaltungen, die nach Konzeption und tatsächlicher Durchführung der Veranstaltung auf Interaktionen mit jedem einzelnen Studierenden angewiesen sind, verhältnismäßig sein. Im Übrigen ist eine Videopflicht nichtverhältnismäßig.

Auch bei Veranstaltungen mit Präsenzpflicht sollte hinsichtlich der Videopflicht als Kontrollmittel nach Größe der Veranstaltung differenziert werden (Konkretisierung der vormaligen Position). Nur bei einer Veranstaltungsgröße, bei der eine durchgehende Kontrolle der Anwesenheit durch Sichtkontrolle realistisch möglich ist, bietet die Präsenzpflicht für die Videopflicht eine Rechtfertigungsmöglichkeit.

Darüberhinausgehende Videoteilnahmen können auf freiwillige Einwilligungen derStudierenden gestützt werden (siehe hierzu sogleich 3.). Entscheidend ist, dass ihnen keinenegativen Konsequenzen drohen dürfen – oder auch nur ein entsprechender Eindruck entsteht -, für den Fall, dass sie sich gegen das Einschalten des Videos entscheiden.

ee) Zusammenführung: Satzung für den Grundfall, im Übrigen Einwilligung

Bereits oben wurde darauf hingewiesen, dass die Hochschullehrenden bei den gefundenenErgebnissen nicht stehen bleiben müssen. Sie können die Studierenden *bitten* und dazu *auffordern* inweitergehendem Maße teilzunehmen (Video, Klarnamen). Es dürfen ihnen nur keine Nachteileentstehen, falls sie sich dagegen entscheiden – oder auch nur der Eindruck entstehen. In diesem Fall liegt eine freiwillige Einwilligung der Studierenden im Sinne von Art. 6 Abs. 1 lit. a DSGVO vor, dieinsoweit die Datenverarbeitung rechtfertigt. Durch die Kontrolle der Studierenden liegt mit dem Einschalten eine konkludente Einwilligung vor, die nicht weiter dokumentiert werden muss.

Die unter 1. genannten Einwände gegen Einwilligungen kommen hier nicht zum Tragen. Das zu vergleichende Alternativszenario im Fall der Verweigerung der Einwilligung ist hier deutlich weniger komplex (Teilnahme ohne Video) im Vergleich zu oben (Lehrveranstaltung nächstes Jahr, andere Lehrveranstaltung usw.). Die freiwillige Einwilligung kann hier Datenverarbeitungen rechtfertigen, die ohne Freiwilligkeit nicht verhältnismäßig angeordnet werden können.

Es ergibt sich damit folgendes Zusammenspiel der Rechtfertigungen: Der Basisfall der Videokonferenz-Lehre mit Login-Daten – und in bestimmten Fällen erweitert durch eine Videopflicht (dialogische Kleinstveranstaltungen; kleine Veranstaltungen mit Präsenzpflicht; vorübergehend zur Authentifizierung bei größeren Veranstaltungen mit Präsenzpflicht) – wird mittels Satzungsrecht i.V.m.Art. 6 Abs. 1 lit. e, Abs. 3 DSGVO gerechtfertigt. Soweit sich Studierende darüber hinaus nach Bitte/Aufforderung des Dozenten freiwillig zur Einschaltung von Kamera und Mikrofon entschließen, wird die Datenverarbeitung mittels einer Einwilligung gerechtfertigt.

In der Praxis könnte bei der Einladung zur Lehrveranstaltung (VK, LMS, Mail) darauf hingewiesen werden, dass die Lehrveranstaltung via Videokonferenz durchgeführt wird, welcher Fall vorliegt (dialogische Kleinstveranstaltung, kleine Veranstaltung mit Präsenzpflicht, große Veranstaltung mit Präsenzpflicht, kleine bis große Veranstaltung ohne Präsenzpflicht) und was daraus bzgl. der Pflicht zurTeilnahme mit Video folgt. Es kann die Bitte formuliert werden, aus didaktischen und motivationspsychologischen Gründen mit Video teilzunehmen, wenn im nächsten Satz der Hinweis folgt, dass im Fall der Weigerung keine Nachteile entstehen. Es sollte ein Link zur Datenschutzerklärungder Hochschule betreffend das Videokonferenzsystem beigefügt werden.

V. Rechtsgrundlagen für eine Aufzeichnung von Lehrveranstaltungen

Leitung: Prof. Dr. Thomas Hoeren

Autor: Wissenschaftlicher Mitarbeiter Julian Albrecht

Veröffentlicht am 15. Februar 2021

1. Fragestellung

Lässt sich eine Lehrveranstaltung via Videokonferenz rechtskonform aufzeichnen und wenn ja, was ist hierbei zu beachten?

2. Zusammenfassung

Gänzlich rechtssicher ist die Aufzeichnung und Zugänglichmachung von Lehrveranstaltungen nur in dem seltenen Fall, dass keine personenbezogenen Daten der Studierenden aufgezeichnet werden und die Zustimmung der:des Lehrenden vorliegt.

Um auch in anderen Fällen ein Höchstmaß an Rechtssicherheit zu erlangen, empfiehlt sich eine Satzungsregelung unter Berücksichtigung verschiedener Aspekte (s.u.).

Auch ein Vorgehen mittels (in den meisten Fällen konkludent möglicher) Einwilligung (mit derBedingung eines guten Aufklärungsmanagements) ist unserer Einschätzung nach wahrscheinlich rechtmäßig. Diese Lösung muss sich aufgrund der Widerruflichkeit der Einwilligungen mit Wirkung für die Zukunft in der Praxis erst noch bewähren.

3. Untersuchung

Zu beachten ist zunächst, dass bereits die Durchführung digitaler Lehrveranstaltungen verschiedene Verarbeitungen personenbezogener Daten mit sich bringt und insoweit Rechtsgrundlagen erforderlich sind.[1] Aufzeichnungen (und davon getrennt zu betrachten die nachfolgende Zugänglichmachung) bringen zusätzliche Datenverarbeitungen mit sich, die zusätzlicher Rechtfertigung bedürfen.[2] Die folgenden Ausführungen beziehen sich nur auf diese. Wird also gesagt, es bedürfe keiner Rechtfertigung für die Datenverarbeitungen, die mit der Aufzeichnung verbunden sind, müssen immer noch die Anforderungen an die Rechtfertigung der jedenfalls stattfindenden und datenverarbeitenden Videokonferenz erfüllt werden.

Bei der Zulässigkeit der Aufzeichnung und Zugänglichmachung von Lehrveranstaltungen relevant sind Rechte des Hochschullehrers (v.a. Datenschutzrecht und Urheberrecht) sowie die Rechte der Studierenden (v.a. Datenschutzrecht).[3]

Aufzeichnung und Zugänglichmachung einer Lehrveranstaltung können nicht gegen den Willen des:der Hochschullehrer:in erfolgen. Ihm:Ihr dürfen keine Nachteile drohen, entscheidet er:sie sich dagegen.[4] Bei der Zugänglichmachung sind über eine Zustimmung des:der Lehrenden hinaus urheberrechtliche Grenzen zu beachten, soweit geschütztes Material verwendet wird (dann bietet in gewissem Umfang § 60a UrhG eine Handhabe).

---

[1] Vgl. hierzu ausführlich Gutachten A. III. *Albrecht:* Rechtliche Ausgestaltung der Videokonferenz-Lehre und Zulässigkeit einer Videopflicht.

[2] *Specht-Riemenschneider/Schneider,* WissR 2020, 233 (260 ff.).

[3] *Klein*, DFN-Infobrief Recht 2015 S. 29.

[4] Grundsatz der *freiwilligen* Einwilligung, vgl. hierzu: *John/Wellmann,* DuD 2020, 606 (609); *Krohm*, ZD 2016, 368 (373); *Schwartmann* in *Haake,* OdW 2020, 59 (63); *Uphues*, DÖV 2020, 234 (239).

Zur Rechtfertigung der Verarbeitungen personenbezogener Daten der Studierenden:

Soweit keine solchen Daten verarbeitet werden, bedarf es keiner Rechtfertigung. Bei einigen Videokonferenzsystemen ist es möglich, das Aufzeichnungslayout entsprechend zu verändern.[5] Die Schwelle zum personenbezogenen Datum ist jedoch schnell erreicht, so z.B. auch bei Teilnehmerstimmen ohne Bild oder bei Namen im Chat.[6] Ist jedoch von der:dem Lehrenden vorgesehen, dass die Beteiligung der Studierenden nur im nicht aufgezeichneten Chat erfolgt, er:sie die Fragen dann für alle hörbar wiederholt und darauf eingeht und in der Aufzeichnung ist nur er:sie selbst und seine:ihre Bildschirmpräsentation zu sehen, bedarf es für die Zulässigkeit der Aufzeichnung und Zugänglichmachung nur der Einwilligung des:der Lehrenden und keiner weiteren Rechtfertigung.[7] Die Beteiligungsmöglichkeit per Bild/Ton ist in diesem Fall technisch (durch Veränderung der Voreinstellung durch den Videokonferenz-Administrator, d.h. die:der Lehrende) zu unterbinden. Auf diesem Wege kann im Zuge der Live-Vorlesung eine „Videokonserve" auch für zukünftige Verwendungen erstellt werden.

Meist werden die Lehrkonzepte aber eine datenintensivere Form der Beteiligung vorsehen. In diesen Fällen ist eine Rechtfertigung erforderlich. Als Rechtfertigung kommen Einwilligungen der betroffenen Studierenden

---

[5] Siehe hierzu Zoom-Help-Center, Aufzeichnungslayouts: https://support.zoom.us/hc/de/articles/360025561091-Aufzeichnungs-Layouts (abgerufen 26.3.2021).

[6] Sobald eine Person durch das entsprechende Datum *identifizierbar* ist, liegt ein per. Datum vor. Zum Merkmal der Identifizierbarkeit: Simitis/Hornung/Spieker gen. Döhmann/*Karg*, DSGVO Art. 4 Nr. 1, Rn. 48 f.; Sydow/*Ziebarth,* EU-DSGVO, Art. 4, Rn. 17 f.; *Specht-Riemenschneider/Schneider,* WissR 2020, 233 (235).

[7] So sehen auch *Specht-Riemenschneider/Schneider,* WissR 2020, 233 (262 f.) darin einen gangbaren Weg.

in jedem Einzelfall oder eine hinreichend bestimmte gesetzliche Norm in Betracht.

Einwilligung

Einwilligungen können auch von Studierenden grundsätzlich wirksam eingeholt werden. Wegen des Subordinationsverhältnisses ist jedoch die erforderliche Freiwilligkeit sorgfältig zu prüfen. Freiwillig ist eine Einwilligung, wenn im Falle der Verweigerung der:dem Betroffenen keine wesentlichen Nachteile entstehen.[8]

Freiwilligkeit kann bei Lehrveranstaltungen, die mit einer Videopflicht verbunden sind[9], nur dann vorliegen, wenn die Aufzeichnung schon bei einer einzelnen Weigerung ohne Weiteres unterlassen wird.[10] Das Gleiche gilt für Veranstaltungen, in denen die mündliche Beteiligung relevant für die Leistungsbeurteilung ist.

Bei allen Lehrveranstaltungen könnte eine fehlende Beteiligungsmöglichkeit der Studierenden (Fragen stellen, Fragen des Dozenten beantworten etc.) als wesentlicher Nachteil beurteilt werden und daher die Freiwilligkeit nicht gegeben sein. Klar ist, dass es sich um einen Nachteil handelt, offen ist, ob dieser als wesentlich beurteilt wird. Der Einwand greift auch für die nicht aufgezeichnete Lehre via Videokonferenz, bei der wir diesen Ein-

---

[8] Vgl. insb. ErwGr. 42 S. 5 DSGVO, die Einwilligung kann nur freiwillig abgegeben werden, wenn die betroffene Person „eine echte und freie Wahl hat und somit in der Lage ist, die Einwilligung zu verweigern […], ohne Nachteile zu erleiden“.

[9] Vgl. A. IV. *Albrecht:* Rechtliche Ausgestaltung der Videokonferenz-Lehre und Zulässigkeit einer Videopflicht.

[10] Siehe hierzu *Albrecht*, Gutachten Lehre via Videokonferenz, abrufbar unter https://www.itm.nrw/wp-content/uploads/RiDHnrw_23.11.20_Gutachten-Lehre-via-Videokonferenz.pdf.

wand bei der Freiwilligkeit nicht angebracht haben. Bei einer Aufzeichnung der Veranstaltungen sind indes die *chilling effects*, welche die Studierenden davon abhalten, sich zu beteiligen, als stärker einzuschätzen.

In der bisherigen (spärlichen) Literatur wurde dieser Einwandbisher generell – auch bei der Aufzeichnung von Lehrveranstaltungen – nicht problematisiert.[11] Dies spricht dafür, dass hierin kein wesentlicher Nachteil erkannt wird. Zugleich bestehen – gerade im Kontext des Subordinationsverhältnisses – keine hohen Anforderungen an die Gewichtigkeit eines Nachteils.[12] Die Frage muss daher als offen bezeichnet werden und wird von den Gerichten zu klären sein.

Die Rechtssicherheit kann erhöht werden, indem ein (nicht aufgezeichneter) Chat für Fragen und Antworten bereitgestellt wird, die von dem:der Lehrenden in der Veranstaltung auch berücksichtigt werden. Es lässt sich auch sagen, dass weniger Rechtsunsicherheit besteht, desto weniger eine Lehrveranstaltung auf einen Dialog (und stattdessen auf Informationsaufnahme) ausgerichtet ist.

Entscheidet man sich für Einwilligungen als Rechtfertigungsweg, müssen diese im Ernstfall von der Hochschule nachgewiesen werden können.[13] Soweit die Aufzeichnung von der Kontrolle der Studierenden abhängt (z.B. ob sie ihr Audio freischalten und sprechen), sollte eine vorherige, schriftliche Aufklärung über Art und Umfang derAufzeichnung und spätere Verwendung der Aufzeichnung (Art, Dauer)ausreichen, um eine konkludente

---

[11] Exemplarisch *Specht-Riemenschneider/Schneider,* WissR 2020, 233 (261), welche die Einwilligung (ohne Problematisierung der Freiwilligkeit) generell als Mögliche Rechtsgrundlage sehen, hierbei allerdings strengere Anforderungen an die Beweisbarkeit der Einwilligung stellen. Bei Zwischenfragen solle zur Vermeidung der Erhebung pers. Daten d. Studierenden die Chatfunktion genutzt od. die Aufzeichnung gestoppt werden.

[12] BeckOK-DS/*Stemmer,* DSGVO Art. 7, Rn. 38.

[13] Vgl. schon Art. 7 Abs. 1 DSGVO; eingehend zum Beweis der Einwilligung bei Videokonferenzen: *Specht-Riemenschneider/Schneider,* WissR 2020, 233 (261).

Einwilligung zu beweisen.[14] Soweit die Aufzeichnung nicht von der Kontrolle der Studierenden abhängt, sollte im Vorfeld eine schriftliche Einwilligung eingeholt werden.

Ein beachtenswerter, aber in der Praxis möglicherweise verschmerzbarer Nachteil von Einwilligungen ist deren jederzeitige Widerrufbarkeit mit Wirkung für die Zukunft.[15] Es kann daher passieren, dass ein:eine Student:in konkludent in die Aufzeichnung durch Einschalten seiner:ihrer Kamera und Beteiligung an der Veranstaltung einwilligt, sich im Nachgang mit seinem:ihrem Beitrag aber nicht mehr wohl fühlt und seine:ihre Einwilligung daher widerruft. Die Hochschule ist dann verpflichtet, den entsprechenden Abschnitt zu entfernen oder, sollte dies nicht möglich oder wegen zu hohen Aufwands nicht gewollt sein, die ganze Aufzeichnung löschen. Hier wird die Praxis zeigen müssen, wie häufig entsprechende Widerrufe erfolgen und ob Lösungen des nachträglichen Ausschneidens mit überschaubarem Aufwand möglich sind.[16]

Rechtfertigung auf Grundlage einer gesetzlichen Norm

Es besteht auf landesgesetzlicher bzw. Verordnungsebene nach unserer Auffassung keine gesetzliche Rechtsgrundlage.[17] Eine solche wurde auch nicht durch die Aktualisierung der Corona-Epidemie-Hochschulverordnung vom 31.12.20 geschaffen. Die Hochschulen selbst könnenindes mittels Satzungsrecht eine Rechtsgrundlage schaffen gem. § 8 Abs. 1 Nr. 2

---

[14] Ein praktikables Vorgehen inklusive für jede Veranstaltung anpassbares Musterdokument hat etwa die RWTH Aachen entwickelt: *Persike,* RWTH-Aachen: Rechtslupe: Aufzeichnungen von Online-Veranstaltungen, https://video.cls.rwth-aachen.de/aufzeichnen-von-online-veranstaltungen/ (abgerufen 26.3.2021).

[15] Vgl. Art. 7 Abs. 3 S. 1 , S. 2 DSGVO; BeckOK-DS/*Stemmer,* DSGVO, Art. 7, Rn. 94; *Kühling/Buchner,* DSGVO, Art. 7, Rn. 36; Paal/Pauly/*Frenzel,* DSGVO, Art. 7, Rn. 16; Sydow/*Peukert*, EU-DSGVO, Art. 17, Rn. 18.

[16] Pessimistische Prognose ("unbrauchbar") von *Schwartmann* in *Haake*, OdW 2020, 59 (62).

[17] Zum Teil a.A. *Roßnagel*, ZD 2020, 296 (299 f.).

CoEpHSVO i.d.F. v. 6.2.2021. Für diesen Weg sprechen diegewissen Unsicherheiten beim Rechtfertigungsweg über die Einwilligungen. Vor allem wenn man flächendeckend hinreichende und passende Informationen über die Datenverarbeitungen implementiert (nach Vorbild der RWTH Aachen), erscheint uns die Unsicherheit bei der Einwilligung aber nicht als ausnehmend groß.

Entscheidet man sich für eine Satzung, muss diese den Anforderungender Verhältnismäßigkeit genügen. Um sie möglichst rechtssicher auszugestalten, sollte ein Wahlrecht vorgesehen werden und auf die Aufzeichnung von Lehrveranstaltungen mit Videoteilnahmepflicht oder solchen, bei denen die mündliche Teilnahme Teil der Leistungsbewertung ist, verzichtet werden. Folgende Überlegungen führen zu diesem Schluss:

Die Förderung der Attraktivität des Lehrangebots für die Studierenden durch die zusätzliche Zurverfügungstellung der Aufzeichnung zugunsten größerer Flexibilität (Krankheits-, Pflegefälle u.Ä.) und didaktischer Vorteile (Nachbereitung in eigenem Tempo; Konzept des *inverted classrooms*) sind legitime Zwecke.[18] Ob auchEffizienzerwägungen legitim sind (weniger Aufwand in kommenden Semestern für die Lehrpersonen), ist noch zu klären (analog zur Prüfungsaufsicht).

Für das Verständnis der Veranstaltung ist eine Einbindung derTeilnehmerbeiträge auch erforderlich.[19]

In der Angemessenheit ist festzustellen, dass mit der Aufzeichnung und dem Zugänglichmachen des Videos erheblicheEingriffe erfolgen.[20] Der Eingriff ist umso intensiver, je weiter der Kreis an Empfängern ist, die das

---

[18] Ausführlich *Morgenroth/Wieczorek*, OdW 2021, 7 (9 f.); *Roßnagel*, ZD 2020, 296 (300).
[19] A.A. *Fehling*, OdW 2020, 138 (146).
[20] Ausführlich zu den Eingriffen bei Videoaufzeichnungen: Gutachten A. II. *Fischer/Albrecht,* Datenschutzrechtliche Zulässigkeit von Überwachungsfunktionen bei Online-Klausuren, A. III. 3.

Video zur Verfügung gestellt bekommen (nur der Kurs – auch nachfolgende Kurse – die Öffentlichkeit). Der zugrundeliegende Eingriff durch die „Basis“-Datenverarbeitung der Videokonferenz ist bereits erheblich aufgrund der Nahaufnahme im Kontext der Wohnung; er wird durch Aufzeichnung und Zugänglichmachung perpetuiert. Es entstehen etwa auch zusätzliche Missbrauchsmöglichkeiten (z.B. das Verspotten über einen:eine Kommilitonen:Kommilitonin, der:der einen unglücklichen Beitrag gebracht hat). Beachtenswert sind auch zu erwartende, gegenüber der bloßen live-Übertragung intensivierte *chilling effects* auf die Bereitschaft der Studierenden zur Beteiligung an der Lehrveranstaltung; die Beteiligungsmöglichkeiten der Studierenden, die nicht aufgezeichnet werden möchten, werden beschnitten.

Würden Vorlesungen aufgezeichnet, bei denen eine Videoteilnahme verpflichtend ist (in manchen Fällen wie z.B. dialogischen Kleinstveranstaltungen oder kleinen Veranstaltungen mit Präsenzpflicht zulässig[21]), entstünden besonders massive Eingriffe, auch weil die Individuen dort in noch kleinere Gruppen stärker wahrnehmbar sind. Es erscheint äußerst unwahrscheinlich, dass diese dargestellten Nachteile durch didaktische Vorteile aufgewogen werden; danach liegt eine Unangemessenheit dieser Konstellation nahe.

Ein geringeres Eingriffsniveau wird erreicht, wenn man in den Fällen der Veranstaltungen mit verpflichtender Videoteilnahme und der Veranstaltungen, bei denen die mündliche Beteiligung (auch ohne Bild) Teil der Leistungsbewertung ist, von der Aufzeichnungs- und Weiterverwendungsmöglichkeit absieht. Können die Studierenden immer informiert und ohne wesentliche Nachteile wählen, sich nicht mit Bild und/oder Ton hinzuzuschalten und damit nicht aufgezeichnet zu werden, scheint es wahrscheinlich,

[21] Vgl. A. IV. *Albrecht:* Rechtliche Ausgestaltung der Videokonferenz-Lehre und Zulässigkeit einer Videopflicht.

dass der Rahmen der Angemessenheit nicht verlassen wird, da mit den zusätzlichen Belastungen auch zusätzliche Nutzen korrelieren, von denen sie (je nach genauer Zielsetzung) auch profitieren.[22]

Publizierte Rechtsauffassungen zur Fragestellung soweit bekannt:

In einem Nebensatz und ohne auf zusätzliche Zwecke wie didaktische Konzepte des *Inverted Classroom* einzugehen, lehnt *Fehling* eine Aufzeichnung als nicht notwendig ab.[23] Ähnlich äußerte sich *Schwartmann* im Rahmen eines Webinars des Vereins zur Förderung des Wissenschaftsrechts im Dezember 2020; er verweist auf Einwilligungen als verbleibende, aber in seinen Augen unpraktikable Rechtfertigungsmöglichkeit.[24] *Sandberger* stellt die Zulässigkeit beiläufig unter den Vorbehalt schriftlicher Einwilligungen und der Beschränkung auf den Teilnehmerkreis der Veranstaltung.[25] *Morgenroth/Wieczorek*[26] und *Roßnagel*[27] halten die Aufzeichnungvon Lehrveranstaltungen unter Umständen auch gestützt auf gesetzliche Normen und teilweise sogar *de lege lata* für zulässig.

---

[22] So im Ergebnis unter Hinweis auf verschiedene Stufungen auch *Morgenroth/Wieczorek*, OdW 2021, 7 (10 f.);ähnlich *Roßnagel*, ZD 2020, 296 (299 f.).

[23] *Fehling*, OdW 2020, 138 (146).

[24] Zusammenfassung: *Haake*, OdW 2020, 59 (62); Entgegnung bei *Morgenroth/Wieczorek*, OdW 2021, 7 (11).

[25] *Sandberger*, OdW 2020, 155 (167); ähnlich wohl auch *Specht-Riemenschneider/Schneider,* WissR 2020, 233 (261), welche an einer möglichen Einwilligung (nach Einzelfallabwägung) wohl keine Zweifel haben.

[26] *Morgenroth/Wieczorek*, OdW 2021, 7 (9 f.).

[27] *Roßnagel*, ZD 2020, 296 (299 f.).

4. Ergebnis

Gänzlich rechtssicher ist die Aufzeichnung und Zugänglichmachung von Lehrveranstaltungen nur in dem seltenen Fall, dass keine personenbezogenen Daten der Studierenden aufgezeichnet werden und die Zustimmung der:des Lehrenden vorliegt.

Um auch in anderen Fällen ein Höchstmaß an Rechtssicherheit zu erlangen, empfiehlt sich eine Satzungsregelung unter Berücksichtigung der genannten Aspekte.

Auch ein Vorgehen mittels (in den meisten Fällen konkludent möglicher) Einwilligung (mit derBedingung eines guten Aufklärungsmanagements) ist unserer Einschätzung nach wahrscheinlich rechtmäßig. Diese Lösung muss sich aufgrund der Widerruflichkeit der Einwilligungen mit Wirkung für die Zukunft in der Praxis erst noch bewähren.

VI. Datenschutzrechtliche Zulässigkeit von Überwachungsfunktionen bei Online-Klausuren

Leitung: Prof. Dr. Thomas Hoeren

Autor:innen: Wissenschaftliche Mitarbeiter:innen Malin Fischer, Julian Albrecht

Veröffentlicht am 10. Juni 2020

1. Fragestellung und Grenzen des Gutachtens

Ist es für Hochschulen in NRW datenschutzrechtlich zulässig, bei der Durchführung von Online- Prüfungen gewisse digitale Überwachungsfunktionen qua Software (sog. Proctoring) zu nutzen?

Aus Kapazitätsgründen zugunsten einer schnelleren Verfügbarkeit des Gutachtens nicht *abschließend*geprüft wurden folgende prüfungsrechtliche und verfassungsrechtliche Fragen: Erfüllen die hier geprüften Überwachungsfunktionen der Stufe 2 das Untermaß, welches der prüfungsrechtliche Grundsatz der Chancengleichheit gebietet? Wie ist mit dem Problem unterschiedlicher technischer Ausstattung sowie technisch bedingter Unterbrechungen umzugehen? Genügt eine Satzung der Hochschulen als Rechtsgrundlage für die Datenverarbeitung den Anforderungen des verfassungsrechtlichen Gesetzesvorbehalts?

2. Executive summary

Online-Prüfungen werden als ein Element in der Organisation des Prüfungsbetriebes im Sommersemester 2020 diskutiert. Aufgrund der Hygienemaßnahmen können die Prüfungen kapazitätsbedingt nicht vollumfänglich auf klassische Art und Weise in Präsenz durchgeführt werden. Umwidmungen von zu erbringenden Prüfungsleistungen in Form von Aufsichtsarbeiten in Hausarbeiten sind aufgrund von § 7 CoEpHSV unabhängig der Prüfungsordnungen einfach möglich, aber möglicherweise pädagogisch nicht flächendeckend gewünscht.

Der in Art. 3 und Art. 12 GG verankerte prüfungsrechtliche Grundsatz der Chancengleichheit[1] gebietet, dass Täuschungsmöglichkeiten bei Prüfungen reduziert werden. Soweit klassische Aufsichtsarbeiten (keine Hausarbeit, keine OpenBook-Klausur) als Online-Prüfung durchgeführt werden sollen, müssen daher möglicherweise gewisse Überwachungsfunktionen eingesetzt werden qua verpflichtender Nutzung bestimmter Software durch die Prüflinge. Dies bedeutet aber zugleich umfassende automatisierte Datenverarbeitungen im Sinne der DSGVO. Im Hintergrund steht ein Eingriff in das Recht der informationellen Selbstbestimmung der Studierenden aus Art. 2 Abs. 1 i.V.m. Art. 1 Abs. 1 GG[2] bzw. in das Recht auf Privatsphäre und Schutz der personenbezogenen Daten aus Art. 7 und Art. 8 GRCh. Je nach Ausgestaltung der Überwachung ist der Eingriff erheblich und kann durch die Formulierung

„Videoüberwachung des WG-/Jugendzimmmers" verdeutlicht werden.

Ob und inwieweit eine Rechtfertigung möglich ist, ist Gegenstand des vorliegenden Gutachtens.

Da Überwachungen in verschiedener Intensität eingerichtet werden können, haben wir für einen klaren Bezugsgegenstand der Untersuchung zunächst eine Systematisierung von vier Überwachungsstufen vorgenommen.[3]

Wir kommen in der dann folgenden Untersuchung zu dem Ergebnis, dass der Einsatz von Überwachungsfunktionen bis zur *Stufe 2* im Zusammenhang mit Online-Prüfungen mit hoher Wahrscheinlichkeit *datenschutzrechtlich* zu rechtfertigen ist. Stufe 2 umfasst unter anderem die Live-Übertragung eines Video-Audio-Signals, z.B. über eine Videokonferenzsoftware, an eine Aufsichtsperson, die zugleich auch andere Prüflinge

---

[1] Vertiefend dazu: A. III. 2. Prüfungsrechtlicher Grundsatz der Chancengleichheit.
[2] Vertiefend dazu: A. III. 3. Recht auf informationelle Selbstbestimmung.
[3] Vertiefend dazu: A. IV. Systematisierung der Überwachungsstufen.

überwacht, *ohne die digitale Aufzeichnung* dieses Vorganges, sowie sog. 360°-Roomscans eingangs sowie *verdachtsbezogen* während der Prüfung (siehefür eine genaue Beschreibung Teil A. IV.).

Im Annex F erläutern wir unsere zunächst *vorläufige* Einschätzung, dass Überwachungsfunktionen der*Stufe 3 und 4* hingegen datenschutzrechtlich *nicht* gerechtfertigt werden können. Diese Stufen umfassen unter anderem die *Aufzeichnung und Speicherung* eines Video-Audio-Signals mit anschließend *automatisierter Auswertung* des Materials.

Zusammenfassung der Begründung:

Die rechtssichere Rechtfertigung per Einwilligung der Studierenden halten wir nicht für gänzlich ausgeschlossen. Es bestehen aber erhebliche Zweifel die Freiwilligkeit der Einwilligung betreffend.

Der Einsatz von Überwachungsfunktionen der Stufe 2 kann aus unserer Sicht mit hoher Wahrscheinlichkeit auf einer gesetzlichen Grundlage gerechtfertigt werden, die bestimmten Anforderungen genügt. Eine solche ist noch nicht in Kraft, kann aber zügig durch die Rektorate der Hochschulen jeweils für ihren Geltungsbereich auf der Grundlage von § 6 Abs. 3 CoEpHSV durch Erlassgeschaffen werden. Die Rechtfertigung für die Datenverarbeitung stützt sich dann auf folgende Rechtsgrundlage: Art. 6 UAbs. 1 lit. e, UAbs. 2 und 3 DSGVO i.V.m. §§ 64 Abs. 2 S. 2, 82a HSG NRW i.V.m. § 6 Abs. 1, 2 CoEpHSVO und § 6 Abs. 3 CoEpHSVO i.V.m. den entsprechenden, noch zu erlassenden Regelungen des jeweiligen Hochschul-Rektorats hinsichtlich der Art und Weise der Prüfungsabnahme bei Online-Prüfungen. *(Hinweis März 2021: Inzwischen haben viele Hochschulen entsprechende Satzungen erlassen. Sie werden jeweils in den Amtlichen Mitteilungen der Hochschulen veröffentlicht.)*

Die Rechtsgrundlage muss verschiedene datenschutzrechtliche Anforderungen reflektieren wie etwa Zweckbestimmung und Angemessenheit. In Teil C.I.3.haben wir einen Regelungsvorschlag erarbeitet, der die datenschutzrechtlichen Anforderungen unseres Erachtens erfüllt. Wir bitten indes darum, den Vorschlag nicht ungeprüft zu übernehmen, da er im Hinblick auf prüfungsrechtliche Fragestellungen nicht vollständig ist.

Die vorgeschlagene Regelung ist befristet auf die Zeit der Epidemie insbesondere angemessen, weil diese zumindest zum gegenwärtigen Zeitpunkt zu Online-Prüfungen als Teilement des Prüfungswesens zwingt. Dann zwingt aber ein gleichfalls verfassungsrechtlich verankerter Grundsatz (prüfungsrechtliche Chancengleichheit) zu gewissen Überwachungsmaßnahmen. Die Eingriffsintensität des Mittels kann durch frühe Aufklärung der Betroffenen und ein freiwilliges Alternativangebot an Prüfungskuben oder Computerräumen in der Hochschule abgemildert werden.

Soweit die Maßnahmen auf dieser Grundlage gerechtfertigt werden, sollte keineswegs zusätzlich die Einwilligung der Studierenden eingeholt werden. Die zusätzliche Einholung einer Einwilligung könnte zum einen gegen den Grundsatz von Treu und Glauben verstoßen. Zum anderen bedeutet die Einholung einer Einwilligung einen erheblichen Dokumentationsaufwand (siehe hierzu ausführlich E.I.2.). Hingegen sollten die Studierenden rechtzeitig über den Prüfungsablauf und auch die Rechtsgrundlage der Datenverarbeitungen aufgeklärt werden. Wenn möglich, sollte ihnen die Alternative einer Prüfungskube oder eines Platzes im Computerraum angeboten werden.

Schritte für eine praktische Umsetzung der Überwachungsfunktionen der Stufe 2 haben wir unter E.II. zusammengetragen. Darin enthalten ist auch die Prüfung spezieller prüfungsrechtlicher Fragen, die wir kapazitätsbedingt nicht abschließend untersuchen konnten.

Nach *unserer Einschätzung* geht es dabei aber eher um Fragen des *Wie* einer Online-Prüfung und darum, welche Regelungen in einen entsprechenden Beschluss noch mit aufgenommen werden müssen. Die Frage hingegen, ob als Rechtsgrundlage auch ein Erlass der Rektorate den Anforderungen des Gesetzesvorbehalts genügt, entscheidet darüber, ob zusätzlich ein Gesetz des Landtags nötig ist und damit womöglich über das *Ob* der

Online-Prüfungen in diesem Sommer. *(Hinweis im März 2021: Im Sommersemester 2020 und auch im Wintersemester 2020/21 wurden vielfach Online-Prüfungen mit Aufsicht durchgeführt, was natürlich noch keine Aussage über die Rechtmäßigkeit trifft.)* Unter D.I. haben wir das Problem aufbereitet und verweisen auf weiterführende Literatur. Nach vorläufiger, nicht abschließender Einschätzung sind wir hier optimistisch zugunsten der Hochschulen.

3. Einführung

a) Hintergrund

Die Corona-Krise erfordert ein in weiten Teilen „digitales Sommersemester", welches die Hochschulenin NRW ad hoc organisieren müssen, teilweise ohne sich zuvor stark mit der Digitalisierung der Lehre beschäftigt zu haben. Eine zentrale Herausforderung ist die Organisation des Prüfungsbetriebes.

Nach gegenwärtiger Verordnungs- und Erlasslage ist es unter Einhaltung strenger Hygienemaßnahmen in NRW möglich, auch Präsenzprüfungen durchzuführen. Allerdings sind hierzu viel mehr Ressourcen (Räume, Mitarbeiter, Organisationsaufwand) nötig als bisher.

Die Umwidmung von zu erbringenden Prüfungsleistungen in Form von Klausuren zu Hausarbeiten, Aufsätzen und OpenBook-Klausuren kann ein Element sein, um weitere Prüfungen mit weniger Ressourcenaufwand rechtssicher durchzuführen (je nach Prüfungsordnungen nötigenfalls auf der Grundlage von durch die Rektorate zu erlassenden Regeln auf Grund von § 7 Abs. 1 Corona-Epidemie-Hochschulverordnung (CorEpHSVO)).

Schließlich kommt als weiteres Element die Durchführung von Online-Prüfungen in Betracht. Hieruntersollen für die folgende Untersuchung Prüfungssituationen verstanden werden, bei denen viele Studierendenn zur gleichen Zeit Aufgaben bearbeiten müssen, hierfür einen begrenzten Zeitrahmen haben, sich dabei nicht austauschen und auch nicht auf Hilfsmittel wie eigene Aufzeichnungen oder Onlinequellen zurückgreifen dürfen (=

Äquivalent zur klassischen analogen Aufsichtsarbeit, abzugrenzen von der OpenBook-Klausur oben). Aus dem prüfungsrechtlichen Grundsatz der Chancengleichheit folgt, dass Maßnahmen ergriffen werden müssen, um Täuschungsmöglichkeiten zureduzieren.[4] Allerdings verarbeiten digitale Überwachungsmaßnahmen im Rahmen von Online- Prüfungen in ganz erheblichem Umfang automatisiert personenbezogene Daten. Daher stellt sich die Frage, welche Überwachungsfunktionen datenschutzrechtlich gerechtfertigt werden können.

b) Vorgehen und Methodik

Auslegung vorhandener Normen; Auswertung der bisher nur spärlich vorhandenen rechtswissenschaftlicheb Spezialliteratur[5] (welche sich hauptsächlich mit Prüfungsrecht, wenig mit Datenschutzrecht beschäftigt) und der Rechtsprechung zu den Stichwort-Kombinationen Proctoring, elektronisch, digital, Prüfungen, Klausuren; Berücksichtigung grauer Literatur; Diskussion mit Kolleginnen und Kollegen in Bayern, Hamburg und Nordrhein-Westfalen. Um uns ein Bild von automatisiert auswertenden Überwachungsfunktionen zu machen und den Sachverhalt aufzuklären, haben wir außerdem mit Kollegen IT-Abteilung der Universität Münster gesprochen, welche sich das Programm Proctorio haben vorführen lassen. Entsprechende Materialien wurden gesichtet.

Hinweise zum Zitierstil: Im Interesse einer zügigen Fertigstellung des Gutachtens haben wir anders alsin einer wissenschaftlichen Publikation nicht

---

[4] *So Fischer/Dieterich* in *Haake,* OdW 2020, 59 (60 f.); vertiefend: A. III. 2. Prüfungsrechtlicher Grundsatz der Chancengleichheit.

[5] *Fischer/Dietrich,* NVwZ 2020, 657; *Jeremias*, JM 2018, 25; *Haake,* OdW 2020, 59; *Sandberger,* OdW 2020, 155; *Roßnagel,* ZD 2020, 296; *Fehling,* OdW 2020, 137; *Botta,* Virtuelle Prüfungsaufsicht zwischen Chancengleichheit und Privatheitsschutz, Verfassungsblog, https://verfassungsblog.de/grundrechtseingriffe-durch-online-proctoring/ (abgerufen 23.03.2021); *Forgó/Graupe/Peiffenbring*, Rechtliche Aspekte von E-Assessments an Hochschulen, 2016, S. 49, abrufbar unter https://bit.ly/30X6QfF (abgerufen 19.3.2021).

erschöpfend zitiert, aber vor allem an Schlüsselstellen Belegstellen eingefügt zum Nachprüfen und Anknüpfen. In den Fußnoten wurden außerdem einige Urteile und Aufsätze aus Fachzeitschriften ergänzt, die seit der Veröffentlichung des Gutachtens erschienen sind.

c) Relevante Normen

aa) Einfaches Recht

Auf Ebene des einfachen Rechts sind in datenschutzrechtlicher Perspektive die Normen der europäischen Datenschutzgrundverordnung (DSGVO)[6] entscheidend.

Für das Prüfungsrecht ist das Hochschulgesetz NRW (HSG NRW)[7] relevant, insbesondere § 64 HSG NRW, sowie Prüfungsordnungen, die die Fachbereiche der einzelnen Hochschulen erlassen haben. Hier besteht also eine große Normenvielfalt. Jedenfalls gilt aber überall der Grundsatz der Chancengleichheit als allgemein geltender Grundsatz des Prüfungsrechts, welcher sich aus Grundrechten ableitet (s. dazu sogleich)[8]. Dieser Grundsatz erfordert aus Rechtsgründen, über Überwachungsmaßnahmen bei Online-Prüfungen zumindest nachzudenken.[9]

bb) Prüfungsrechtlicher Grundsatz der Chancengleichheit

Hochschulprüfungen sind in Deutschland grundrechtlich nicht etwa vorrangig am Grundrecht der Wissenschafts- und Lehrfreiheit gem. Art. 5 Abs. 3 Var. 2 Grundgesetz (GG) zu messen, sondern am Berufsgrundrecht aus Art. 12 Abs. 1, Abs. 2 GG sowie dem Gleichheitsgrundrecht aus Art. 3

---

[6] Verordnung (EU) 2016/679, Vom 27.4.2016 (ABl. L 119 vom 4.5.2016, S. 1–88), zuletzt geändert am 23.5.2018 (ABl. L 127, S. 2–8); 22.11.2016 (ABl. L 314, S. 72).
[7] Gesetz über die Hochschulen des Landes Nordrhein-Westfalen, GV. NRW. S. 547.
[8] BeckOK HochschulR NRW/*Birnbaum* HG § 64 Rn. 32.
[9] *Fischer/Dietrich,* NVwZ 2020, 657, 661.

GG.[10] Der Argumentationsgang ist folgender: Die Prüfungen sind eine Vorstufe zur beruflichen Betätigung und als Teil eines angestrebten formalen Abschlusses auch Voraussetzung zu solcher. Daher stehen die Prüflinge in einem Konkurrenzverhältnis, was das Bestehen und Abschneiden in Prüfungen angeht. Daraus folgt, dass Prüflinge weitgehend gleichbehandelt werden müssen, der sog. prüfungsrechtliche Grundsatz der Chancengleichheit.[11]

Dieser wirft im Zusammenhang mit Online-Prüfungen verschiedene Probleme auf:

1) Gefahr der Ungleichbehandlung durch verschieden leistungsfähige Hardware.[12]

2) Gefahr erhöhter Täuschungsanfälligkeit. Wer täuscht, verletzt nicht nur Rechte der Hochschule, vor allem verletzt er Rechte seiner Mitprüflinge, die mit ihm in Konkurrenz stehen,dies nicht nur langfristig, sondern auch kurzfristig bei der Prüfungsbewertung, die oft relativ zum durchschnittlichen Abschneiden erfolgt. Den grundrechtsgebundenen Prüfungssteller trifft eine Schutzpflicht, ein Mindestmaß an Maßnahmen zu treffen, um Täuschungsmöglichkeiten zu reduzieren; diese Pflicht kann verletzt werden.[13]

---

[10] *BVerwG*, Urt. v. 10.4.2019 – 6 C 19/18 = NJW 2019, 2871, Rn. 12; *Fischer/Dieterich,* NVwZ 2020, 657 (661); *Sandberger,* OdW 2020, 155 (159); *Uphues*, DFN-Infobrief Recht 7/2020, S. 2.
[11] *BVerfGE* 37, 342, (353 f.); BVerfGE 25, 236 (251 f.).
[12] *Fischer/Dieterich,* NVwZ 2020, 657 (661); *Forgó/Graupe/Peiffenbring*, Rechtliche Aspekte von E-Assessments an Hochschulen, 2016, S. 34 f., abrufbar unter https://bit.ly/30X6QfF (abgerufen 19.3.2021).
[13] So inzwischen auch *OVG Schleswig,* Beschl. v. 3.3.2021 – 3 MR 7/21, BeckRS 2021, 3354 Rn. 43; *Forgó/Graupe/Peiffenbring*, Rechtliche Aspekte von E-Assessments an Hochschulen, 2016, S. 33 f., abrufbar unter https://bit.ly/30X6QfF (abgerufen 19.3.2021)

3) Gefahr der Ungleichbehandlung aufgrund unterschiedlicher Prüfungsart, sofern die Wahl zwischen Online-Prüfung und analoger Prüfung besteht.[14]

cc) Recht auf informationelle Selbstbestimmung

Demgegenüber steht mit dem Recht auf informationelle Selbstbestimmung, vom Bundesverfassungsgericht bereits im Jahre 1983 hergeleitet aus dem allgemeinen Persönlichkeitsrecht aus Art. 2 Abs. 1 GG und Art. 1 GG[15], ebenfalls ein Wert von Verfassungsrang. Dieses Recht ist das verfassungsrechtliche Fundament des deutschen Datenschutzrechts, europäisches Pendant sind das Recht auf Privatsphäre gemäß Art. 7 und das Recht auf den Schutz personenbezogener Daten gemäß Art. 8 der Grundrechtecharta der Europäischen Union (GRCh).[16]

Hierin eingegriffen wird bei jeder automatisierten Verarbeitung personenbezogener Daten und auch bei nicht automatisierter Verarbeitung, soweit ein Dateisystem angelegt wird.[17]

Klar ist, dass praktisch bei jeder digitalen Überwachungsfunktion einer Software im Rahmen von Online-Prüfungen personenbezogene Daten verarbeitet werden.[18] Eine sofortige Pseudonymisierung, bei welcher der Personenbezug von Daten entkoppelt und eine Zuordnung der Daten zu einer Personnur noch unter Heranziehung von weiteren Informationen möglich

---

[14] Zur Relevanz persönlicher Prüfungsleistungen als Bewertungsgrundlage unter dem Aspekt der Gleichbehandlung: *Nieheus/Fischer/Jeremias,* Prüf.-R, Rn. 223 ff.

[15] *BVerfG,* Urt. v. 15.12.1983 – BvR 209/83 = NJW 1984, 418.

[16] Vgl. *EuGH,* Urt. v. 8.4.2014 – C-594-/12 = NJW 2014, 2169.

[17] Maunz/Düring/*Di Fabio,* GG Art. 2 Abs. 1, Rn. 176.

[18] *Roßnagel,* ZD 2020, 296 (299); *Schwartmann* in *Haake,* OdW 2020, 59 (62); *Faoud*, Privacy in Online Proctoring, S. 2, abrufbar unter https://www.onlineproctoring.eu/wp- content/uploads/2017/10/White-Paper_Privacy-in-Online-Proctoring.pdf (zuletzt abgerufen am 10.06.20).

ist, ändert daran nichts. Denn pseudonymisierte Daten stellen weiterhin Informationen über eine identifizierbare natürliche Person und damit personenbezogene Daten dar, auf welche die datenschutzrechtlichen Grundsätze Anwendung finden.[19]

Hingewiesen sei eingangs darauf, dass es keinen „allgemeinen Krisen-Vorbehalt" im Recht gibt, der etwa bei einer Epidemie aktiviert werden könnte. Auch in Krisenzeiten gelten Recht und Gesetz uneingeschränkt.[20] Speziell auch die DSGVO kennt keinen Ausnahmezustand.[21] Wenn der Landesdatenschutzbeauftragte Rheinland-Pfalz Aussagen tätigt wie: „Datenschutzrecht gilt, aber seine Anwendung in Zeiten der Pandemie ist mit Augenmaß und Fingerspitzengefühl zu gewährleisten"[22], ist dies unserer Auffassung nach so zu verstehen, dass die Pandemie natürlich neue und auch schwere Bedrohungen für andere Rechtsgüter mit sich bringt und diese in den vielen Abwägungsvorgängen im Datenschutzrecht berücksichtigt werden müssen. Dies ist Kern der Abwägungsdogmatik.

d) Systematisierung der Überwachungsstufen

Zur besseren Übersicht und Möglichkeit der Bezugnahme in der folgenden Untersuchung staffeln wir die unterschiedlichen denkbaren Überwachungsfunktionen im Rahmen von Online-Prüfungen in vier Stufen, wobei die datenschutzrechtliche Eingriffsintensität zunimmt. Die genannten Funktionen sind abstrahiert und finden sich in unterschiedlicher Ausprägung bei verschiedenen Anbietern von Proctoring-Software (wie z. B. Proctorio, ProctorExams) auf dem deutschen Markt, beziehungsweise können

---

[19] Paal/Pauly/*Ernst*, DSGVO Art. 4, Rn. 40; ErwGr. 78 DSGVO.

[20] *Fuhlrott/Fischer*, NZA 2020, 345 (350); *Fehling*, OdW 2020, 137 (144).

[21] Kugelmann, Gesundheitsnot kennt Datenschutzgebot v. 26.3.2020, https://verfassungsblog.de/gesundheitsnot-kennt-datenschutzgebot/ (zul. abgerufen am 10.6.2020).

[22] So etwa der LfDI Rheinland-Pfalz, zitiert nach *Kugelmann*, Gesundheitsnot kennt Datenschutzgebot v. 26.3.2020, https://verfassungsblog.de/gesundheitsnot-kennt-datenschutzgebot/ (abgerufen am 10.6.2020).

mit verschiedenen Videokonferenzdiensten (wie z. B. Zoom, Webex, JitsiMeet) eingerichtet werden.

Stufe 0: Kontrollierte Online-Klausurumgebung, d.h. Sachverhalt wird angeboten, Zeit beginnt zu laufen, Lösung muss rechtzeitig hochgeladen werden, Versicherung, dass Bearbeitung persönlich erfolgte und nicht getäuscht wurde (ähnlich Hausarbeiten in Vergangenheit).

Stufe 1: Identifikationskontrolle durch eine Aufsichtsperson via Videokonferenz; Einsatz folgender technischer Funktionen via einer Webanwendung auf dem Rechner der Teilnehmer: Verhindern eines zweiten Bildschirms, Schließen geöffneter Tabs und neue Tabs verhindern, Deaktivieren der Zwischenablage (Copy-Paste), Deaktivieren eines Rechtsklicks, Vollbildschirm erzwingen, Drucken deaktivieren, Löschen des Cache, Verhindern des Wiederaufnehmens der Prüfung.

Stufe 2: Wie Stufe 1 und zusätzlich: Live-Video- und Audioüberwachung durch Aufsichtspersonen (z. B.eine Aufsichtsperson für 6 Prüflinge) während der Prüfung *ohne Aufzeichnung*, entweder durch Übertragung des Video-Audio-Signals der Bildschirmkamera oder eines Smartphones; eingangs der Prüfung 360° Roomscan; verdachtsbezogene weitere Roomscans bei einzelnen Prüflinge während derPrüfung; handschriftliche Protokollierung der Prüfung inkl. auffälligen Verhaltens und Beobachtungenbeim Roomscan durch die Aufsichtsperson.

Stufe 3: Wie Stufe 4 mit Deaktivierung einzelner Funktionen, z.B. der automatisierten Auswertung vonKopf- und Augenbewegungen des Prüflings.

Stufe 4: Wie Stufe 1 und zusätzlich: *aufgezeichnete* Video- und Audioüberwachung durch ein Programm; zusätzlich *Aufzeichnung* des Web Traffics und Bildschirminhalts; 360° Raumscan eingangs und zusätzlicher zufällig angeforderte Roomscans während der Klausur; *automatisierte Auswertung bestimmter Parameter, um für den Prüfer einen Report anzufertigen, der auffälliges Verhalten einzelner Prüflinge meldet* - diese Reports dienen als „Wegweiser“/Vorauswahl für *eine nachträglichemenschliche*

Sichtung des aufgezeichneten Materials durch den Prüfer und seine Mitarbeiter anauffälligen Stellen. Automatisiert ausgewertete Parameter: Navigation (falls nicht unterbunden), Tastenschläge, Copy+Paste (falls nicht unterbunden), Änderungen der Fenstergröße (falls nicht Vollbilderzwungen), Geräuschlevel, Kopf- und Augenbewegungen des Prüflings, Verlassen des Raumes, Erscheinen weiterer Personen, Mausbewegungen, Mausrad usw., ungewöhnliche Prüfungsdauer,ungewöhnliche Prüfungszeiten, gleichzeitige Prüfungen.

Abschließend untersucht haben wir zunächst die Rechtfertigung des Einsatzes von Überwachungsfunktionen der Stufe 2 oder niedriger. Alle folgenden Ausführungen beziehen sich aufdiese Stufe. Gleichwohl treffen viele Ausführungen auch auf Stufe 4 zu mit der Maßgabe, dass die Eingriffsintensität dort wegen der Aufzeichnung der Überwachung viel stärker ist. Erwägungen zur Zulässigkeit der Stufe 4 finden sich am Ende der Ausarbeitung in Form einer vorläufigen Einschätzung als Annex.

4. Rechtfertigungsnotwendigkeit der Datenverarbeitung

Die Verarbeitung personenbezogener Daten steht unter einem sogenannten Verbot mit Erlaubnisvorbehalt.[23] Eine Datenverarbeitung ist also grundsätzlich verboten, es sei denn, es greift eineEinwilligung der betroffenen Person oder eine gesetzliche Grundlage ein.[24] Dieses Grundprinzip ist mitArt. 6 Abs. 1 DSGVO, welcher die Zulässigkeitstatbestände für eine Datenverarbeitung normiert, auch im europäischen Datenschutzrecht determiniert.[25]

---

[23] Paal/Pauly/*Ernst*, DSGVO Art. 6, Rn. 1; *Schröder,* 2. Kapitel, S. 15; *Sydow,* EU-DSGVO, Einleitung, Rn. 71.

[24] *Tinnefeld/Buchner*/BeckOK Datenschutzrecht, Syst. I, Rn. 67; *Sydow,* EU-DSGVO, Einleitung, Rn. 71.

[25] BeckOK-DS/*Albers/Veit*, DSGVO, Art. 4, Rn. 11 f., wobei sich die Autoren gegenüber derBezeichnung „Verbot mit Erlaubnisvorbehalt" kritisch positionieren.

Im Folgenden wird untersucht, ob Überwachungsfunktionen der Stufe 2 auf Grund einer Einwilligung gemäß Art. 6 Abs. 1 UAbs. 1 lit. a DSGVO oder aufgrund des Art. 6 Abs. 1 UAbs. 1 lit. e DSGVO gerechtfertigt werden können.

a) Rechtfertigung per Einwilligung

Gemäß Art. 6 Abs. 1 UAbs. 1 lit. a DSGVO ist eine Datenverarbeitung rechtmäßig, wenn die betroffenePerson ihre Einwilligung zur Verarbeitung für einen oder mehrere bestimmte Zwecke gegeben hat. Nach der Legaldefinition in Art. 4 Nr. 11 DSGVO muss die Einwilligung insbesondere freiwillig, in informierter Weise und unmissverständlich abgegeben werden.[26]

aa) Freiwilligkeit der Einwilligung

Dabei ist vor allem die Freiwilligkeit der Einwilligung für ihre Wirksamkeit von entscheidender Bedeutung.[27] Nach Erwägungsgrund 42 S. 5 DSGVO ist die Einwilligung dann freiwillig erteilt, wenn die betroffene Person „eine echte oder freie Wahl hat und somit in der Lage ist, die Einwilligung zu verweigern oder zurückzuziehen, ohne Nachteile zu erleiden".

(1) Machtgefälle verhindert Freiwilligkeit?

Problematisch im Hinblick auf das Merkmal der Freiwilligkeit ist zunächst das mögliche Machtgefälle zwischen Hochschule und Studierenden.[28] Die DSGVO geht in Erwägungsgrund 43 S. 1 davon aus, dass zwischen einer Behörde und einem Bürger ein solches Ungleichgewicht besteht, dass die Einwilligungin die Datenverarbeitung regelmäßig gar nicht freiwillig erteilt werden kann.[29] Die Studierenden stehenin vielerlei Hinsicht in einem

---

[26] Zur Einwilligung allgemein: *Fischer*, DFN-Infobrief Recht 3/2020 S. 8 ff.
[27] *Krohm*, ZD 2016, 368 (373); *Uphues*, DFN-Infobrief Recht 7/2020 S. 3 f.
[28] *Schwartmann* in *Haake,* OdW 2020, 59 (63); *Uphues*, DÖV 2020, 234 (239).
[29] *Kühling/Buchner,* DSGVO Art. 4 Nr. 11, Rn. 6; *Ernst,* ZD 2017, 110 (111 f.).

Abhängigkeitsverhältnis zur Hochschule[30], durch welches sich dieses Ungleichgewicht äußert. Dieses Abhängigkeitsverhältnis wird insbesondere auch im Zusammenhang mit Hochschulprüfungen deutlich, die die Studierenden regelmäßig absolvieren müssen, um das jeweilige Semester oder aber eine bestimmte Studienphase abschließen zu können. Es ist jedoch in Frage zu stellen, ob sich dieses Machtgefälle auch bei der Entscheidung der Studierenden über die Einwilligung in die Datenverarbeitung im Rahmen einer Online-Prüfung manifestiert. Denn diese Entscheidung betrifft nicht die Frage, ob die Prüfung überhaupt abgelegt wird oder nicht. Vielmehr entscheidet der jeweilige Prüfling nur darüber, in welcher Form und ggf. zu welchem Zeitpunkt er die Prüfung absolvieren möchte. Eine solche Wahl hat ein Prüfling unter „gewöhnlichen" Bedingungen jedoch gar nicht. Denn jedenfalls über die Form der abzulegenden Prüfung kann er regelmäßig nicht entscheiden.

Es ließe sich also argumentieren, dass dem Prüfling durch diese Entscheidungsmöglichkeit ein Mehr an Rechten von der Hochschule eingeräumt wird, was gegen ein Machtgefälle inder konkreten Situation spricht.[31] Dennoch bleibt es aber dabei, dass der Studierende die Prüfung absolvieren und aus diesem Grunde auch eine Entscheidung darüber treffen muss, wann und in welcher Form er diese ablegt. Dieser Entscheidung kann er sich nicht entziehen. Dadurch äußert sich im Ergebnis das Abhängigkeitsverhältnis der Studierenden zu ihrer Hochschule und damit auch das zwischen beiden bestehende Machtgefälle.

---

[30] Specht/Manz/*Golla,* HB-DS, § 23, Rn. 80; *Reimer,* Kap. III, Rn. 150.

[31] So inzwischen *OVG Schleswig,* Beschl. v. 3.3.2021 – 3 MR 7/21, BeckRS 2021, 3354 Rn. 59 („der Rechtskreis der Studierenden wird durch die Möglichkeit […] lediglich erweitert"); *Fehling,* OdW 2020, 137 (147).

Mit guten Gründen lässt sich also bestreiten, ob Studierende im Zusammenhang mit Prüfungen überhaupt freiwillige Einwilligungen erteilen können.[32]

(2) Angebot von Präsenzklausuren als Alternative

Für das Abhalten von Online-Prüfungen und den damit verbundenen Einsatz von Online-Proctoring bedeutet das Folgendes: Der Prüfling muss, um freiwillig in die Datenverarbeitung einwilligen zu können, die Wahl haben, an der Online-Prüfung teilzunehmen oder nicht.[33] Entscheidet er sich dagegen,an der Prüfung teilzunehmen, dürfen damit keine negativen Konsequenzen für ihn verbunden sein. Das wäre dann der Fall, wenn der Prüfling, sofern er sich gegen die Teilnahme an der Online-Prüfung entscheidet, die Prüfung gar nicht absolvieren kann. Das heißt, dass stets die Möglichkeit gegeben sein muss, auch eine Präsenzprüfung abzuleisten.[34]

(3) Präsenzalternative im gleichen Zeitpunkt

Soll eine Präsenzprüfung bereits zum jetzigen Zeitpunkt als Alternative zur Online-Prüfung angebotenwerden, so sind entsprechende Vorkehrungen zu treffen, um einen möglichst umfassenden Infektionsschutz zu gewährleisten. Dazu sind insbesondere die empfohlenen Abstände während der gesamten Dauer der Prüfung zu gewährleisten und einzuhalten. Zudem

---

[32] *Schwartmann* in *Haake,* OdW 2020, 59 (63).

[33] *Botta,* Virtuelle Prüfungsaufsicht zwischen Chancengleichheit und Privatheitsschutz, Verfassungsblog, https://verfassungsblog.de/grundrechtseingriffe-durch-online-proctoring/ (abgerufen 23.03.2021).

[34] *Krüger*, Online-Proctoring – Interview zur Beaufsichtigung von digitalen Prüfungsformaten, abrufbar unter https://hochschulforumdigitalisierung.de/de/blog/online-proctoring (zuletzt abgerufen am 22.05.20); *Sietses*,White Paper Online Proctoring, S. 12, abrufbar unter https://www.surf.nl/files/2019-04/whitepaper-online- proctoring_en.pdf (zuletzt abgerufen am 22.05.20); *Uphues*, DFN-Infobrief Recht 7/2020 S. 3.; a.A. *Schwartmann* in *Haake,* OdW 2020, 59 (63), demnach sei eine in einer Pandemie angebotene Präsenzklausur aufgrund des damit verbundenen Ansteckungsrisikos keine echte Alternative und reiche somit nicht aus.

müssen erhöhte Hygienestandards gelten.[35] Nur mit entsprechenden Vorkehrungen zum Infektionsschutz kann sichergestellt werden, dass die Studierenden, die sich gegen eine Einwilligung in die Datenverarbeitung im Rahmen einer Online-Prüfung und somit für eine Präsenzprüfung entscheiden, durch diese Entscheidung keine Nachteile erleiden. Das wiederum ist wie beschrieben zwingende Voraussetzung dafür, dass eine Einwilligung in die Datenverarbeitung freiwillig erfolgen kann.

Die weiterhin abstrakt bestehende Gesundheitsgefahr bei einer Präsenzprüfung dürfte in diesem Fall hingegen für die Studierenden keinen so wesentlichen Nachteil bedeuten, als dass dieser die Freiwilligkeit einer datenschutzrechtlichen Einwilligung ausschließen würde.[36] So hat das *VG Berlin* einen Eilantrag einer Schülerin auf Aussetzung der Abiturprüfung wegen der Ansteckungsgefahr mit dem Coronavirus abgelehnt, da keine Anhaltspunkte dafür ersichtlich gewesen wären, dass die Vorgaben der entsprechend einschlägigen seuchenrechtlichen Verordnung z.B. zu Mindestabständen nicht eingehalten worden seien.[37] Daraus könnte die Schlussfolgerung gezogen werden, dass eine bloß abstrakt bestehende Gesundheitsgefahr bei einer (Hochschul-) Präsenzprüfung keine derart negative Konsequenz für die Prüflinge darstellt, dass diese keine echte oder freie Wahl zwischen einer Online- Prüfung inklusive der damit verbundenen Datenverarbeitung und der Präsenzprüfung hätten und somit auch nicht freiwillig ihre Einwilligung erteilen könnten.[38] Für eine solche Bewertung spricht insbesondere das auch von dem *VG Berlin* angeführte Argument, dass bei Einhaltung der vorgeschriebenen Vorkehrungen zum Infektionsschutz im

---

[35] *Fischer/Dieterich*, NVwZ 2020, 657, (659 f.).

[36] Zur Hinnehmbarkeit von Präsenzklausuren in der Corona-Zeit: *VG Düsseldorf,* Beschl. v. 6.10.2020 – 10 L 1954/20 = COVuR 2020, 887 (Rn. 10); *OVG Lüneburg,* Beschl. v. 2.9.2020 – 2 ME 349/20 = NVwZ-RR 2021, 58 (Rn. 6, 7); a.A. *Schwartmann* in *Haake,* OdW 2020, 59 (63).

[37] *VG Berlin*, Beschl. v. 17.04.2020 – VG 14 L 59/20; VG Berlin, Beschl. v. 20.4.2020 – 3 L 155/20, Rn. 30 – juris.

[38] *Uphues*, DFN-Infobrief Recht 7/2020 S. 3.

Rahmen einer Prüfung die Gefahr derInfektion mit dem Coronavirus im Vergleich zu der für die Gesamtbevölkerung derzeit allgemein bestehenden Infektionsgefahr nicht nennenswert erhöht ist.[39]

(4) Probleme bei Präsenzalternative deutlich später

Kann die Präsenzprüfung erst zu einem deutlich späteren Termin, womöglich sogar erst zu einem noch unbestimmten Zeitpunkt angetreten werden, stellt sich wiederum die Frage, ob eine Einwilligungim Zuge der Teilnahme an der Online-Prüfung tatsächlich freiwillig erteilt wird. Dagegen ließe sich anführen, dass eine erst deutlich später stattfindende Präsenzprüfung den Nachteil für den Prüfling bedeuten würde, die bereits gelernten Inhalte bis zu diesem Zeitpunkt abrufbereit halten zu müssen.[40] Wird die Prüfung in das nächste Semester verschoben, hat dies für den Prüfling zudem eine Mehrbelastung zur Folge, da er neben der verschobenen Klausur regelmäßig weitere, für das jeweilige Semester anstehende Prüfungen ablegen muss.

Allerdings gilt es zu berücksichtigen, dass nicht jeder geringfügige Nachteil die Freiwilligkeit der Einwilligung ausschließt. Es bedarf vielmehr eines Nachteils von einigem Gewicht.[41] Ob die Tatsache, dass eine Präsenzprüfung erst zu einem späteren Zeitpunkt durchgeführt werden kann, für die Prüflinge einen solchen Nachteil von einigem Gewicht darstellt, ist allerdings fraglich. Das Argument, die Studierenden müssten den Lernstoff länger „im Kopf behalten", lässt sich genauso gut umdrehen: Die Studierenden haben, sofern sie sich für eine spätere Präsenzprüfung entscheiden, tatsächlich mehr Zeit, sich auf diese vorzubereiten. Einer etwaigen Mehrbelastung der Studierenden durch eine höhere Anzahl an Klausuren im

---

[39] *VG Berlin*, Beschl. v. 17.04.2020 – VG 14 L 59/20.
[40] *Pettinger*, Homeoffice, Klausuren und Videoüberwachung – Datenschutz: 0 Punkte, abrufbar unter https://www.datenschutzbeauftragter-info.de/homeoffice-klausuren-und-videoueberwachung-datenschutz-0- punkte/ (zuletzt abgerufen am 23.03.2020).
[41] BeckOK-DS/*Stemmer*, DSGVO, Art. 7, Rn. 38.

nächsten Semester kann zumindest teilweise entgegengewirkt werden, indemgenügend Abstand zwischen den einzelnen Klausuren eingeplant wird und die nachzuholende Prüfungbeispielsweise bereits früher im Semester angesetzt wird als andere Klausuren. Zudem haben die Studierenden, dadurch, dass die jeweilige Klausur in diesem Semester wegfällt, bereits jetzt Zeit, sich auf die Prüfungen im kommenden Semester vorzubereiten.

Es kann also mit guten Gründen auch davon ausgegangen werden, dass eine erst zu einem späteren Termin stattfindende Präsenzprüfung keinen Nachteil von einigem Gewicht für die Prüflinge darstellt und die Einwilligung in eine Datenverarbeitung deshalb auch freiwillig erteilt werden kann.

(5) Prüfungsrechtliche Implikationen bei der Durchführung zweier Alternativen

Hat die betroffene Person die Wahl, die Prüfung online oder in Präsenz zu absolvieren, kann sie zwar nach datenschutzrechtlichen Gesichtspunkten gegebenenfalls freiwillig in die Datenverarbeitung einwilligen. Aus dieser Wahlmöglichkeit kann sich aber wiederum ein Widerspruch zum prüfungsrechtlichen Grundsatz der Chancengleichheit ergeben. Danach müssen für die Prüflinge dieselben äußeren Prüfungsbedingungen geschaffen werden, um gleiche Erfolgschancen zu schaffen.[42]Das ist aber gerade nicht der Fall, wenn einige Teilnehmer eine Online-Prüfung ablegen, während andere Prüflinge analog, also mit Stift und Papier, die Prüfung ablegen, unabhängig davon, ob die Prüfungen denselben Inhalt aufweisen.[43] So können beispielsweise in Prüfungsarbeiten, diehandschriftlich angefertigt werden, einzelne Textbausteine, anders als bei Prüfungen, die digitalerfolgen,

[42] *BVerwG*, Urt. v. 13.10.1972 – VII C 17.71 = NJW 1973, 1147 (1147).

[43] *Sandberger,* OdW 2020, 155 (162); *Krüger*, Online-Proctoring – Interview zur Beaufsichtigung von digitalen Prüfungsformaten, abrufbar unterhttps://hochschulforumdigitalisierung.de/de/blog/online-proctoring (zuletzt abgerufen am 23.03.21).

nicht einfach ausgeschnitten und in einen anderen Abschnitt eingefügt werden.

Um möglichst vergleichbare Bedingungen zwischen den beiden Prüfungsarten zu schaffen, wäre es zunächst denkbar, die Präsenzprüfungen ebenfalls an einem digitalen Endgerät stattfinden zu lassen. Kann die Hochschule nicht die nötige Anzahl an Endgeräten für die Präsenzprüfung bereitstellen, besteht in einigen Online-Programmen zur Durchführung von digitalen Prüfungen die Möglichkeit, beispielsweise die Funktion des Ausschneidens und Einfügens von Inhalten zu deaktivieren, um die Vergleichbarkeit zu einer analogen Prüfungsarbeit zu schaffen.[44] So könnte dieses Problem möglicherweise beseitigt werden.

(6) Zwischenergebnis

Als Zwischenergebnis lässt sich festhalten, dass eine Rechtfertigung der Datenverarbeitung im Rahmender Überwachung von Online-Klausuren mit einigem Argumentationsaufwand möglicherweise auf eine Einwilligung im Sinne des Art. 6 Abs. 1 UAbs. 1 lit. a DSGVO gestützt werden könnte.[45] Die aufgezeigten Problemfelder verdeutlichen jedoch die erheblichen Bedenken, die in diesem Zusammenhang bestehen.

bb) Folgen des Widerrufs einer Einwilligung

Gemäß Art. 7 Abs. 3 S. 1 DSGVO hat die betroffene Person das Recht, ihre Einwilligung jederzeit zu widerrufen. Der Widerruf der Einwilligung führt jedoch nicht dazu, dass die bis dato erfolgte Datenverarbeitung

---

[44] Möglich z.B. über Proctorio, s. https://proctorio.com/platform/content-protection (zuletzt abgerufen am23.03.2021).
[45] Dahin tendierend wohl auch: *OVG Schleswig,* Beschl. v. 3.3.2021 – 3 MR 7/21, BeckRS 2021, 3354 Rn. 59.

rechtswidrig ist. Vielmehr kann erst die Datenverarbeitung ab dem Zeitpunkt des Widerrufs nicht mehr auf die Einwilligung gestützt werden.[46] Wurde also die Datenverarbeitung im Rahmen der Online-Überwachung während der Prüfung auf eine wirksame Einwilligung gestützt und widerruft der Prüfling diese Einwilligung später, führt dieser Widerruf nicht zur Rechtswidrigkeit der Datenverarbeitung im Zuge der bereits erfolgten Online-Überwachung. Es kann aber keine weitere Datenverarbeitung auf Grundlage der widerrufenen Einwilligung erfolgen.

Nach Art. 17 Abs. 1 lit. b DSGVO hat die betroffene Person allerdings das Recht, von dem Verantwortlichen zu verlangen, dass sie betreffende personenbezogene Daten gelöscht werden, wenn sie ihre Einwilligung in die Datenverarbeitung widerrufen hat und es an einer anderweitigen Rechtsgrundlage fehlt. Dieser Anspruch der betroffenen Person auf Löschung kollidiert mit den umfangreichen Dokumentationspflichten hinsichtlich Prüfungsleistungen in den jeweiligen Prüfungsordnungen der Hochschulen.[47] Zwar ist in den Prüfungsordnungen regelmäßig lediglich eine Aufbewahrungspflicht hinsichtlich schriftlich erbrachter Leistungen vorgesehen. Der sogenannte Grundsatz des effektiven Rechtsschutzes nach Art. 19 Abs. 4 GG gebietet es allerdings, dem Prüfling –im Rahmen jeder Prüfung – eine (gerichtliche) Überprüfung der Bewertung durch den jeweiligen Prüfer in gewissem Umfang zu ermöglichen.[48] Dies beinhaltet zwangsläufig auch die Dokumentation der Prüfungsleistung – auch in elektronischer

---

[46] BeckOK-DS/*Stemmer,* DSGVO, Art. 7, Rn. 94; *Kühling/Buchner,* DSGVO, Art. 7, Rn. 36; Paal/Pauly/*Frenzel,* DSGVO, Art. 7, Rn. 16; Sydow/*Peukert*, EU-DSGVO, Art. 17, Rn. 18; *Uphues*, DFN-Infobrief Recht 7/2020 S. 3 f.
[47] *Forgó/Graupe/Peiffenbring*, Rechtliche Aspekte von E-Assessments an Hochschulen, 2016, S. 49, abrufbar unter https://bit.ly/30X6QfF (abgerufen 23.3.2021)
[48] *BVerfG*, Urt. v. 17.4.1991 – 1 BvR 1529/84, 1 BvR 138/87 = NJW 1991, 2008 (2011).

Form – des jeweiligen Prüfungsteilnehmers.[49] Der Widerspruch zwischen diesen Dokumentationspflichten und dem Recht der betroffenen Person auf Löschung ihrer personenbezogenen Daten wird jedoch über Art. 17 Abs. 3 lit. b DSGVO aufgelöst. Danach gilt die Löschpflicht nach Abs. 1 für den Verantwortlichen nicht, soweit die Verarbeitung zur Erfüllung einer rechtlichen Verpflichtung erfolgt. Eine solche rechtliche Verpflichtung dürften auch diein den Prüfungsordnungen vorgesehenen Dokumentationspflichten darstellen.

b) Rechtfertigung mit gesetzlicher Rechtsgrundlage

Möglicherweise lassen sich die Überwachungsfunktionen der Stufe 2 in NRW auf der Grundlage des Erlaubnistatbestandes Art. 6 Abs. 1 UAbs. 1 lit. e DSGVO rechtfertigen, welcher Datenverarbeitungen erlaubt, die „für die Wahrnehmung einer Aufgabe erforderlich [sind], die im öffentlichen Interesse liegt“.[50]

Es ergeben sich aus Art. 6 Abs. 1 UAbs. 1 lit. e DSGVO zwei große Prüfungspunkte: Zum einen das Vorliegen einer Rechtsgrundlage, welche eine Aufgabenwahrnehmung im öffentlichen Interesse näherkonkretisiert und Anforderungen aus Abs. 3 genügen muss. Zum anderen die Erforderlichkeit bei jedereinzelnen, konkreten Datenverarbeitung auf Basis dieser Rechtsgrundlage.

---

[49] *Forgó/Graupe/Peiffenbring*, Rechtliche Aspekte von E-Assessments an Hochschulen, 2016, S. 49, abrufbar unter https://bit.ly/30X6QfF (abgerufen 19.3.2021).
[50] *Uphues*, DFN-Infobrief Recht 7/2020 S. 4.

aa) Rechtsgrundlage

(1) Gesetzliche Anforderungen

Art. 6 Absatz 2 DSGVO stellt klar, dass auch Mitgliedsstaaten Normen schaffen können und sollen, welche Absatz 1 Unterabsatz 1 lit. e konkretisieren.[51]

Absatz 3 stellt dann spezifische Anforderungen an entsprechende Rechtsgrundlagen, welche nötig sind, um die im öffentlichen Interesse liegende Aufgabe näher zu bestimmen und in Kombination mit Absatz 1 Unterabsatz 1 lit. e Rechtsgrundlage einer Datenverarbeitung sein können.

Nach Abs. 3 UAbs. 2 S. 1 muss der Zweck der Datenverarbeitung oder aber die Bestimmung der im öffentlichen Interesse liegenden Aufgabe, aus der die Zweckbestimmung mittelbar folgt, in der Rechtsgrundlage ausdrücklich festgelegt sein.[52]

Satz 3 statuiert, dass die Rechtsgrundlage ein im öffentlichen Interesse liegendes Ziel verfolgenmuss.

Nach S. 4 muss das in der gesetzlichen Regelung vorgesehene Mittel (die Datenverarbeitung) in einem angemessenen Verhältnis zum verfolgten Ziel stehen, was sich wegen der Betroffenheit von Art. 8 GRCh bereits aus Art. 52 Abs. 1 GrCH ergibt[53] und im Übrigen auch eine Erforderlichkeitsprüfung auf abstrakter Ebene mit einschließt. Aus der Systematik des Art.6 DSGVO ergibt sich demnach, dass die Erforderlichkeit doppelt geprüft werden muss: Auf Ebene der Rechtsgrundlage, und auf Ebene der Datenverarbeitung im Einzelfall, welche sich auf die Rechtsgrundlage stützt.

---

[51] BeckOK-DS/*Albers/Veit,* DSGVO, Art. 6, Rn. 55; Kühling/Buchner/*Frenzel,* DSGVO, Art. 6, Rn. 32.
[52] Paal/Pauly/*Frenzel*, DSGVO, Art. 6, Rn. 37, 41.
[53] Paal/Pauly/*Frenzel,* DSGVO, Art. 6, Rn. 45.

Absatz 2 des Art. 6 DSGVO enthält lediglich eine Kann-Regelung und damit keine zwingenden Vorgaben. Aus der Kommentarliteratur ergibt sich ferner, dass die Rechtsgrundlage nicht notwendig die Qualität eines formellen Gesetzes haben muss. Jedes materielle Recht ist tauglich, somit auch Satzungen juristischer Personen des öffentlichen Rechts wie z. B. Hochschulen.[54] Die Rechtsgrundlage muss gemäß Erwägungsgrund 41 S. 2 DSGVO hinreichend klar, präzise und vorhersehbar sein.[55]

(2) Bereits Rechtsgrundlage vorhanden, die den Anforderungen entsprechen?

(a) Art. 6 Abs. 1 UAbs. 1 lit. e, Abs. 2 u. 3 DSGVO i.V.m. § 63 Abs. 1 Hs. 1 HG NRW

Im niedersächsischen Hochschulgesetz (NHG) findet sich mit § 17 eine Vorschrift, die der Hochschule die Verarbeitung personenbezogener Daten der Studierenden, die u.a. für die Durchführung von Prüfungen erforderlich ist, explizit erlaubt, sofern die zu verarbeitenden Daten in einer Ordnung der Hochschule festgelegt sind (vgl. § 17 Abs. 1 S. 1 NHG). Der niedersächsischen Landesdatenschutzbeauftragten zufolge ist diese Vorschrift als konkretisierende Norm im Sinne des Art. 6 Abs. 1 UAbs.1 lit. e DSGVO einzuordnen.[56] Auch die mit der Durchführung von Online-Prüfungenund deren Überwachung verbundene Datenverarbeitung müsste sich dieser Ansicht zufolge konsequenterweise auf Art. 6 Abs. 1 UAbs. 1 lit. e DGSVO i.V.m. § 17 Abs. 1 S. 1 NHG stützen lassen.[57]

---

[54] BeckOK-DS/*Albers/Veit,* DSGVO, Art. 6, Rn. 58 a.E.; Paal/Pauly/Frenzel, DSGVO, Art. 6, Rn. 36.
[55] *Heberlein*/Ehmann/Selmayr, DS-GVO Art. 6 Rn. 20.
[56] Vgl. Die Landesbeauftragte für den Datenschutz Niedersachsen, https://lfd.niedersachsen.de/startseite/themen/hochschulen/hochschulen-56169.html (abgerufen 23.3.2021).
[57] Vgl. hierzu *Horn, Janine/Schmees, Markus:* E-Klausuren, S. 15, abrufbar unter https://elan-ev.de/dateien/E-Klausuren.pdf (abgerufen am 23.3.21).

Diese Grundsätze dürften sich, sofern man der Auffassung der niedersächsischen LDI folgt, auch auf die Datenverarbeitung durch Hochschulen in NRW übertragen lassen. Erforderlich wäre allerdings eine Regelung im Hochschulgesetz NRW (HG NRW), die eine Datenverarbeitung durch die Hochschule (u.a.im Rahmen von Prüfungen) ausdrücklich erlaubt.[58] Eine dementsprechende Regelung fehlt jedoch im HG NRW. In § 8 Abs. 5 HG NRW wird lediglich festgestellt, dass die Verarbeitung personenbezogener Daten nach Maßgabe der allgemeinen datenschutzrechtlichen Vorschriften erfolgt.

Teilweise wird allerdings vertreten, dass die Hochschulen eine Datenverarbeitung auch auf Art. 6 Abs. 1 UAbs. 1 lit. e DSGVO i.V.m. mit einer Norm zur allgemeinen Aufgabenzuweisung aus dem jeweiligen Hochschulgesetz stützen können (im HG NRW in den §§ 58 ff.).[59] Diesem Ansatz folgend könnte eine Datenverarbeitung im Rahmen der Überwachung von Online-Klausuren auf Grundlage von Art. 6 Abs. 1 UAbs. 1 lit. e DSGVO i.V.m. § 63 Abs. 1 S. 1 HG NRW erfolgen. Gemäß dieser Vorschrift wird der Studienerfolg durch Hochschulprüfungen festgestellt, die studienbegleitend abgelegt werden sollen.

Dieser Auffassung liegt allerdings eine sehr großzügige Auslegung der Anforderungen an eine Rechtsgrundlage iSd Art. 6 Abs. 1 UAbs. 1 lit. e, Abs. 2 u. 3 DSGVO (s.o.) zugrunde. Zwar fordert Art. 6 Abs. 3 S. UAbs. 2 DSGVO nicht, dass der Zweck der Datenverarbeitung ausdrücklich in der jeweiligen Regelung festgelegt wird. Es ist vielmehr auch ausreichend, dass er sich aus dem Kontext der jeweiligen Aufgabe ergibt, die zu erfüllen ist.[60]

---

[58] *Uphues*, DFN-Infobrief Recht 7/2020 S. 4.
[59] Specht/Mantz/*Golla*, HB-DS, § 23 Rn. 83.
[60] Kühling/*Buchner/Petri,* DSGVO Art. 6, Rn. 198; Paal/Pauly/*Frenzel*, DSGVO, Art. 6, Rn. 41.

Es ist jedoch kaum ersichtlich, wie sich der Zweck der Datenverarbeitung – die Wahrung des prüfungsrechtlichen Gleichheitsgrundsatzes durch Vorbeugung und Verhinderung von Täuschungen mittels Überwachungsmaßnahmen der Stufe 2 im Rahmen von Online-Klausuren – aus § 63 Abs. 1 S. 1 HG NRW ergeben soll. Zudem fordert Erwägungsgrund 41 S. 2, dass eine Rechtsgrundlage, auf die in der DSGVO Bezug genommen wird, klar und präzise und ihre Anwendung für die Rechtsunterworfenen vorhersehbar ist. Auch diese Voraussetzungen, insbesondere die Vorhersehbarkeit der Anwendung, sind hinsichtlich § 63 Abs. 1 S. 1 HG NRW und dessen generell gehaltener Formulierung ausdrücklich in Frage zu stellen.

Die generelle Aufgabenzuweisung aus § 63 Abs. 1 Hs. 1 HG NRW dürfte folglich keine ausreichende Rechtsgrundlage iSd Art. 6 Abs. 1 UAbs. 1 lit. e, Abs. 2 u. 3 DSGVO darstellen.

(b) Art. 6 Abs. 1 UAbs. 1 lit. e, Abs. 2 und 3 DSGVO i.V.m. §§ 64 Abs. 2 S. 2, 82a Hochschulgesetz NRW (HSG NRW) i.V.m. § 6 Abs. 1 und 2 CoEpHSVO

Hinweis im März 2021: Die folgenden Ausführungen beziehen sich auf die Corona-Epidemie-Hochschulverordnung (CoEpHSVO) mit Stand von Mai 2020. Mögliche Änderungen in der Verordnung in den neueren Fassungen der Verordnung wurden dementsprechend nicht berücksichtigt.

Möglicherweise stellen die folgenden bereits geltenden Normen eine Rechtsgrundlage dar, die den Anforderungen entspricht: Art. 6 UAbs. 1 lit. 2, UAbs. 2 und 3 DSGVO i.V.m. §§ 64 Abs. 2 S. 2, 82a Hochschulgesetz NRW (HG NRW) i.V.m. § 6 Abs. 1 und 2 Corona-Epidemie-Hochschulverordnung (CoEpHSVO).

(aa) Übersicht über die relevanten Regelungen

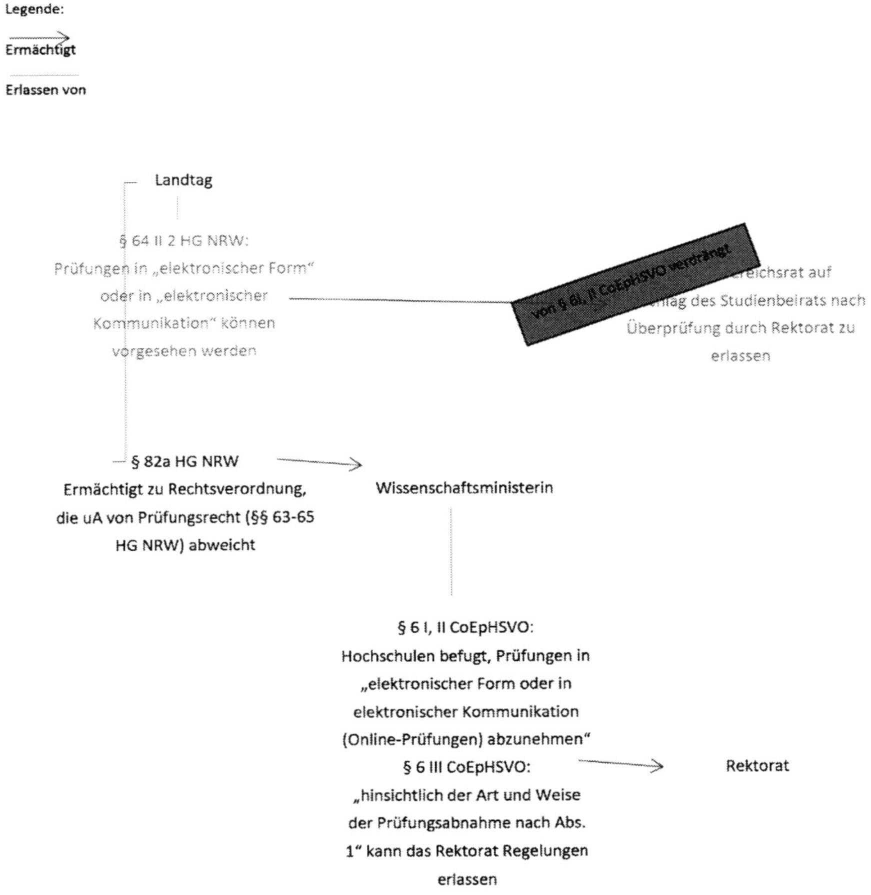

(bb) Normtexte

§ 64 Abs. 2 S. 2 HG NRW:

In der Prüfungsordnung kann geregelt werden, dass Hochschulprüfungen in elektronischer Form oderin elektronischer Kommunikation abgelegt werden können.

§ 82a HG NRW (Hervorhebungen **durch die Verf.**):

§ 82a Maßnahmen zur Bewältigung der SARS-CoV-2-Pandemie

(1) Im Rahmen der Bewältigung der SARS-CoV-2-Pandemie wird das für Wissenschaft zuständige Ministerium zur Sicherstellung der Lehre, zur Sicherstellung der Funktionsfähigkeit der Gremien der Hochschule und der Studierendenschaft und zum Schutz der Grundrechte der Hochschulmitglieder sowie der Studienbewerberinnen und -bewerber ermächtigt, durch Rechtsverordnung Regelungen betreffend **die Prüfungen**, die Anerkennung von Prüfungsleistungen und sonstigen Leistungen, die Regelstudienzeit, die Verfahrensgrundsätze hinsichtlich der Sitzungen und der Beschlüsse, die Amtszeitder Gremien der Hochschule und der Studierendenschaft sowie die Einschreibung zu erlassen und dabeivon den Regelungen der § 7 Absatz 1, § 12, § 13, § 48, § 50, § 53 Absatz 4 Satz 4 Nummer 2, § 54 Absatz3, § 61 und §§ 63 bis 65 sowie des § 28 Absatz 3 Satz 3, Absatz 4 Satz 1 des Juristenausbildungsgesetzes Nordrhein-Westfalen vom 11. März 2003 (**GV. NRW. S. 135 ber. S. 431**), zuletzt geändert durch Artikel 14 des Gesetzes vom 14. Juni 2016 (**GV. NRW. S. 310**), abzuweichen. Soweit von den Regelungen des §28 Absatz 3 Satz 3, Absatz 4 Satz 1 des Juristenausbildungsgesetzes Nordrhein-Westfalen abgewichen wird, bedarf die Rechtsverordnung des Einvernehmens des für die Justiz zuständigen Ministeriums.

(2) Das für Wissenschaft zuständige Ministerium berichtet dem Landtag hinsichtlich der Rechtsverordnung unverzüglich und umfassend über den jeweiligen Sachstand.

§ 6 Online-Prüfungen

(1) Die Hochschulen sind befugt, Hochschulprüfungen in elektronischer Form oder in elektronischer Kommunikation (Online-Prüfungen) abzunehmen. Der Grundsatz der prüfungsrechtlichen Gleichbehandlung gilt unter den Bedingungen der Epidemie und damit in Ansehung der Berufsgrundrechte derStudierenden und in Ansehung des Umstands, dass die Studierenden von der Epidemie sämtlich gleichermaßen betroffenen sind. Die Hochschulen tragen insofern dafür Sorge, dass dieser auf die Be-dingungen der Epidemie bezogene Grundsatz eingehalten wird.

(2) Die Hochschule kann Online-Prüfungen auch außerhalb ihres Sitzes oder ihres Standortes durchführen oder durchführen lassen und sich dabei der Hilfe Dritter, auch im Wege der Amtshilfe, bedienen.

(3) Hinsichtlich der Art und Weise der Prüfungsabnahme nach Absatz 1 und der Durchführung nach Absatz 2 kann das Rektorat Regelungen erlassen. Für diese Regelungen gilt Absatz 1 Satz 2 und 3 entsprechend.

(cc) entspricht Anforderungen?

Zunächst müssten die Normen den Regelungsinhalt haben, dass Überwachungsfunktionen der Stufe 2durchgeführt werden können. Unter anderem nach dem Erwägungsgrund 41 S. 2 DSGVO muss der Regelungsinhalt hinreichend klar und vorhersehbar sein.

Der Wortlaut von § 6 Abs. 1 CoEpHSVO ist denkbar weit, indem er Hochschulen generell befugt, Online-Prüfungen abzunehmen. Davon als umfasst könnte man auch Überwachungsfunktionen der Stufe 2 erachten.

Dagegen spricht indes, dass § 6 Abs. 1 S. 3 CoEpHSVO ausdrücklich den Hochschulen die Verantwortung für die Einhaltung des prüfungsrechtlichen Gleichbehandlungsgrundsatzes zugesprochen wird. Mit der Ermächtigung des Rektorats zum Erlass von Regelungen „hinsichtlich der Art und Weise der Prüfungsabnahme" in Abs. 3 ist diesen auch ein konkretes Mittel an die Hand gegeben. Dies spricht dafür, dass über die Notwendigkeit und die konkrete Ausgestaltung einer Überwachung das Rektorat der Hochschulen entscheiden soll.[61] Bei diesem Verständnis verbleibt S. 1 auch noch ein sinnvoller Anwendungsbereich, da die „Grundentscheidung" für Online-Prüfungen getroffen wird und überdies trotz prüfungsrechtlichem Gleichbehandlungsgrundsatzes Online- Prüfungen ohne Überwachungsfunktionen der Stufe 2 denkbar sind (z. B. OpenBook-Exams mit der bloß schriftlichen Versicherung, dass man die Arbeit persönlich angefertigt hat).

Diese Auslegung wird durch die Begründung der Verordnung bestätigt, welche auf Anfrage beim Landesministerium für Kultur und Wissenschaft NRW (MKW) oder bei uns zu erlangen ist. Darin heißtes: „Satz 3 gibt den Hochschulen auf, dem auf die Bedingungen der Epidemie bezogenen Grundsatz der prüfungsrechtlichen Gleichbehandlung Rechnung zu tragen. Dies kann beispielsweise über die Abgabe einer entsprechenden Erklärung der Prüflinge bei mündlichen Prüfungen via Videokonferenz-Technik oder anderen Online-Kommunikationsplattformen zu bewerkstelligen sein." Erst

---

[61] BeckOK HochschulR NRW/*Birnbaum,* HG, § 64 Rn. 52c.

recht müssen dann darüberhinausgehende Überwachungsfunktionen erst durch die Hochschulen vorgesehen werden.

Zwar werden als Rechtsgrundlagen iSd Art. 6 Abs. 1 UAbs. 1 lit. e, Abs. 3 DSGVO auch bloße Ermächtigungen für ausreichend erachtet.[62] Anders als in lit. c sei ja gerade keine Rechtspflicht nötig.[63] Gleichwohl müssen die Anforderungen an die Klarheit, Präzision und Vorhersehbarkeit der Norm aus Erwägungsgrund 41 S. 2 DSGVO gewahrt werden. Dies erscheint vor dem Hintergrund des eben Gesagten eher fernliegend.

Zudem gehen mit der Datenverarbeitung im Rahmen der Überwachungsstufe 2 zum Teil erhebliche Eingriffe in die Privatsphäre einher, insbesondere durch die Durchführung der Roomscans in den Privaträumen der Klausurteilnehmer. Ein solcher Eingriff erfordert umso mehr eine hinreichend spezifische und detaillierte Rechtsgrundlage.[64]

Damit enthalten die Normen nicht den nötigen Regelungsgehalt und entsprechen somit allein nicht den Anforderungen an eine Rechtsgrundlage iSd Art. 6 UAbs. 3 lit. e DSGVO.

(dd) Zwischenergebnis

Mithin besteht de lege lata noch keine gesetzliche Rechtsgrundlage, die den Einsatz der Überwachungsfunktionen rechtfertigen kann.

Hinweis im März 2021: Inzwischen haben verschiedene Hochschulen entsprechende Regelungen erlassen.

---

[62] Sydow/*Reimer*, EU-DSGVO, Art. 6, Rn. 46.
[63] Ehmann/Selmayr/*Heberlein*, DS-GVO, Art. 6, Rn. 20, 40.
[64] BeckOK-DS/*Albers/Veit,* DSGVO, Art. 6, Rn. 56; Ehmann/Selmayr/*Heberlein*, DS-GVO, Art. 6, Rn. 43 a.E.; *Artikel-29-Datenschutzgruppe,* Stellungnahme 06/2014, 844/14/EN, S. 34, abrufbar unter https://ec.europa.eu/justice/article-29/documentation/opinion-recommendation/files/2014/wp217_de.pdf (abgerufen am 23.03.21).

(c) Noch zu schaffende gesetzliche Rechtsgrundlage

Indes könnten die Rektorate von ihrer Ermächtigungsgrundlage in § 6 Abs. 3 CoEpHSVO Gebrauch machen und Regelungen „hinsichtlich der Art und Weise" der Abnahme von Online-Prüfungen erlassen. Aus unserer Sicht kann auf diese Weise unter Beachtung der im Folgenden zu entwickelnden Anforderungen recht zügig eine Rechtsgrundlage geschaffen werden, die den Einsatz von Überwachungsfunktionen der Stufe 2 rechtfertigen kann.

Die Datenverarbeitung würde dann auf der Grundlage von Art. 6 Abs. 1 UAbs. 1 lit. e, Abs. 3 DSGVO i.V.m § 82a HSG NRW i.V.m § 6 Abs. 1, 2 CoEpHSVO und § 6 Abs. 3 CoEpHSVO i.V.m. den entsprechenden, noch zu erlassenden Regelungen des jeweiligen Hochschulrektorats hinsichtlich der Art und Weise der Prüfungsabnahme bei Online-Prüfungen erfolgen.

Wir haben noch keine Kenntnis von einem entsprechenden Rektoratsbeschluss. *(Hinweis im März 2021: Inzwischen haben verschiedene Hochschulen entsprechende Regelungen erlassen.)* Im Folgenden werdendaher teilweise die DSGVO-Vorgaben abstrakt entwickelt, dann aber eine konkrete Regelung vorgeschlagen, welche auf die Übereinstimmung der bereits entwickelten und weiteren Vorgaben überprüft wird.

(aa) Übersicht der relevanten Regelungen

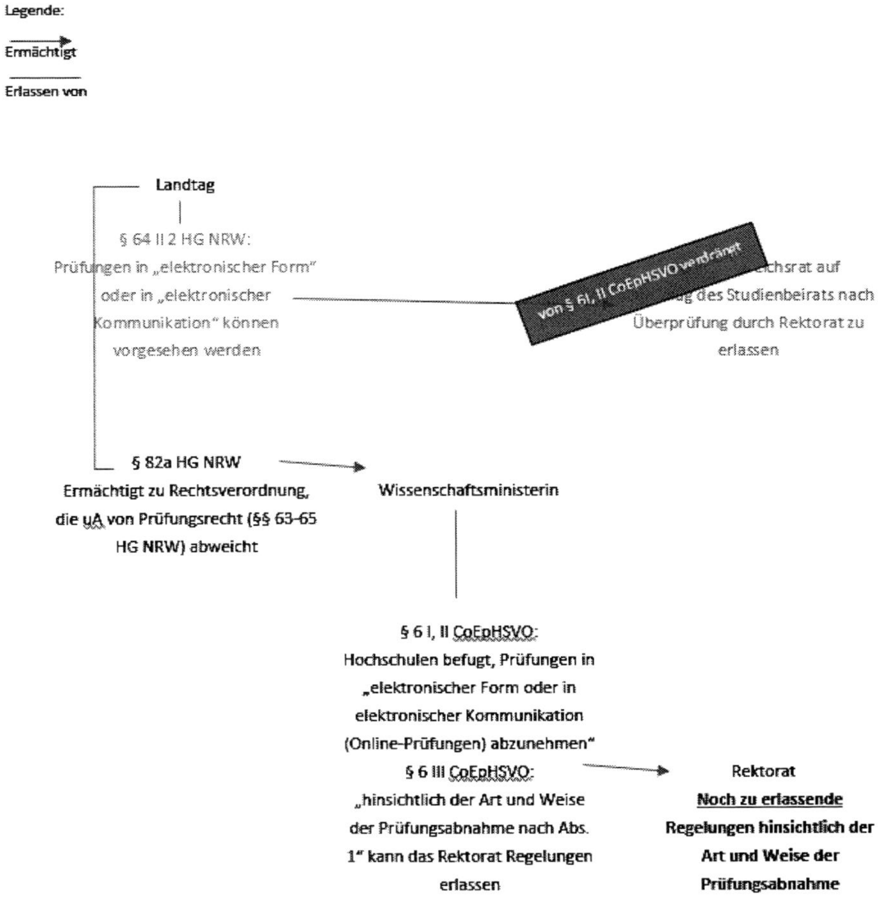

(bb) Anforderungen an die zu erlassende Regelung aus der DSGVO

Nachfolgend werden die bereits oben genannten Anforderungen von Art. 6 Abs. 3 DSGVO an die Rechtsgrundlage nochmals nacheinander aufgegriffen und auf die noch zu erlassende Regelung bezogen.

α) Zweckbestimmung

Nach Abs. 3 UAbs. 2 S. 1 muss der Zweck der Datenverarbeitung oder aber die Bestimmung der im öffentlichen Interesse liegenden Aufgabe, aus der die Zweckbestimmung mittelbar folgt, in der Rechtsgrundlage ausdrücklich festgelegt sein.[65]

Der auf den ersten Blick verwirrenden Formulierung wird entnommen, dass dieDatenverarbeitungszwecke nicht notwendig ausdrücklich festgelegt werden müssen, in dem Fall, dass die Rechtsgrundlage die im öffentlichen Interesse liegende Aufgabe hinreichend konkretisiert und die Datenverarbeitungszwecke diesem Kontext entnommen werden können.

Im Hinblick darauf, dass Erwägungsgrund 41 S. 2 DSGVO aber Normenklarheit, -präzision und Vorsehbarkeit auch in diesem Fall[66] verlangt, ist es unseres Erachtens vorzugswürdig, möglichst präzisezu arbeiten. Soweit eine Rechtsgrundlage erst noch geschaffen wird, ist dies mit wenig Mehraufwandmöglich. Dies mag die Flexibilität der Prüfenden einschränken, erhöht indes die Rechtssicherheit. Im Übrigen bestehen für die Durchführung herkömmlicher Prüfungen in den Fachbereichen ebenfalls genaue Vorgaben. Wegen der neuen Situation, dass das Rektorat die Regeln erlässt und nicht mehr die Fachbereiche, wird angeregt, die Bedürfnisse verschiedener Fachbereiche bereits im Rechtssetzungsprozess zu berücksichtigen, auch, um eine hohe Rechtskonformität zu fördern, für welche die Hochschule verantwortlich i.S.d DSGVO ist.[67]

---

[65] BeckOK-DS/*Albers/Veit,* DSGVO Art. 6, Rn. 56; Ehmann/Selmayr/*Heberlein*, DS-GVO Art. 6, Rn. 43 Paal/Pauly/*Frenzel*, DSGVO Art. 6, Rn. 37, 41.

[66] Ehmann/Selmayr/*Heberlein*, DS-GVO Art. 6., Rn. 20, 40.

[67] Die Hochschule als Institution legt Zwecke und Mittel der Verarbeitung fest und ist damit datenschutzrechtlich verantwortlich i.S.v. Art. 4 Nr. 7 DSGVO – gleichwohl welche Beteiligten (Fachbereich, Rektorat etc.) den genauen Ablauf bestimmten; Sydow/*Raschauer,* EU-DSGVO Art. 4, Rn. 114; Simitis/Hornung/Spieker gen. Döhmann/*Petri*, DSGVO Art. 4, Rn. 20; BeckOK-DS/*Schild,* DSGVO Art. 4, Rn. 87.

β) Regelungsvorschlag

Wir schlagen vor, in den zu erlassenden Regelungen ausgehend von der im öffentlichen Interesse liegenden Aufgabe die Zwecke einzelner Datenverarbeitungsvorgänge im Zusammenhang mit Überwachungsfunktionen bei Onlineprüfungen *differenziert aufzufächern.* Dies könnte etwa gemäß dem folgenden Beispiel geschehen. Zu berücksichtigen ist, dass diese Formulierung nur die *datenschutzrechtlichen* Anforderungen berücksichtigt, nicht auch vollumfänglich prüfungsrechtliche Aspekte (vgl. zu diesen Teil D); die Formulierung daher bitte nicht ungeprüft übernehmen:

„Zur Gewährleistung eines funktionsfähigen Prüfungswesens während der Sondersituation einer Epidemie (ähnlich in der Begründung des Epidemie-Gesetzes des LT NRW[68]) – und daher mit befristeter Geltung zunächst bis zum 30.09.20[69] – und genauer zur Sorgetragung für die Einhaltung des auf die Bedingungen der Epidemie bezogenen Grundsatzes der prüfungsrechtlichen Gleichbehandlung im Zusammenhang mit Online-Prüfungen (§ 6 Abs. 1 S. 3 CoEpHSV und zugehörige Begründung[70]) sind angesichts der erhöhten Täuschungsanfälligkeit verglichen mit der klassischen Präsenzprüfung auch nach Berücksichtigung des Grundrechts auf informationelle Selbstbestimmung gewisse digitale, datenverarbeitende Aufsichtsfunktionen erforderlich, um die Täuschungsmöglichkeiten bei Online-Prüfungen auf ein vernünftiges Maß zu reduzieren.

---

[68] LT NRW Drucks. 17/8920, S. 40 f.

[69] Da das Gutachten während des Sommersemesters 2020 veröffentlicht wurde, wird in dem Formulierungsvorschlag dementsprechend auf das Ende des Sommersemesters 2020 Bezug genommen.

[70] Auf Nachfrage beim Ministerium zu erlangen.

Die Prüfer sind daher entsprechend dem Prüfungsszenario nach sorgfältiger Abwägung im Einzelfall, welche die Täuschungsanfälligkeit der individuellen Prüfung berücksichtigt, befugt, die verpflichtende Nutzung folgender, datenverarbeitender Software-Funktionen mittels der von der Hochschule bereitgestellten Software X [Anm.: genau benennen, z.B. ExamWeb] sowie derSoftware Y [Anm.: genau benennen, z.B. Zoom] [sowie ggfs. weiterer Software] im Rahmen folgender Zwecke nach Genehmigung der in der Hochschule eingerichteten zentralen Datenschutz-Online-Prüfungskommission XY anzuordnen:

- *Obligatorische Video-Audio-Konferenz mit dem Prüfling zu dem Zweck der Durchführung einer Identifikationskontrolle durch eine Aufsichtsperson durch Abgleich eines Ausweisdokuments und dem Gesicht des Prüflings;*

- *Verhindern eines zweiten Bildschirms, Schließen geöffneter Tabs, neue Tabs verhindern, Deaktivieren der Zwischenablage, Deaktivieren des Rechtsklicks, Vollbildschirm erzwingen, Drucken deaktivieren, Löschen des Cache, Verhindern der Wiederaufnahme der Prüfung zu dem Zweck, dass die Täuschungsmöglichkeiten durch die Zuhilfenahme unzulässigerHilfsmittel auf dem Prüfungsgerät selbst reduziert werden (z. B. per Google-Recherche, Austausch in Foren, Austausch per Chat);*

- *Deaktivieren der Zwischenablage zu dem Zweck, dass eine Vergleichbarkeit der Prüfung zu alternativen analogen Präsenzprüfungen mit Stift und Papier der gleichen Klausur hergestellt wird;*

- *Video-Audio-Übertragung des Prüfungsgerätes, welches im Regelfall das Gesicht des Prüflings zeigt, an eine Aufsichtsperson kurz vor und nach sowie während der Dauer der Prüfung, ausdrücklich ohne die Befugnis, diese Übertragung aufzuzeichnen, zu dem Zweck, dass Täuschungsmöglichkeiten durch Kommunikation mit einer anderen Person vor Ort, durch Hilfsmittel wie Übersichten, Notizen („Spickzettel") und ähnliches, und durch weitere, nicht mit dem Prüfungsgerät verbundene elektronische Geräte (z. B. ein mit einem weiteren Smartphone oder einem mp3-Player verbundenes Audiokabel) reduziert werden;*

- *Je nach Prüfungsszenario kumulativ oder alternativ zu der vorgehenden Programmfunktion die Video-Audio-Übertragung eines Smartphones, welches so ausgerichtet ist, dass es im Regelfall den gesamten Oberkörper des Prüflings sowie seinen PC-Bildschirm zeigt, an eine Aufsichtsperson kurz vor und nach sowie während der Dauer der Prüfung, ausdrücklich ohne die Befugnis diese Übertragung aufzuzeichnen, zu dem Zweck, dass Täuschungsmöglichkeiten durch Kommunikation mit einer anderen Person vor Ort, durch Hilfsmittel wie Übersichten, Notizen („Spickzettel") undähnliches, und durch weitere, nicht mit dem Prüfungsgerät verbundene elektronische Geräte (z. B. ein mit einem weiteren Smartphone oder einem mp3-Player verbundenesAudiokabel) reduziert werden; ggü. der vorgehenden Programmfunktion insbesondere zu dem Zweck, dass unzulässige Interaktionen im unmittelbaren Umfeld desPrüfungsgerätes („tote Winkel der Bildschirmkamera") aufgedeckt werden;*

- *Video-Audio-Übertragung , welche im Regelfall das Gesicht des Prüflings zeigt, an eineAufsichtsperson kurz vor und nach sowie während der Dauer der Prüfung, ausdrücklich ohne die Befugnis, diese Übertragung aufzuzeichnen, zu dem Zweck, dass Täuschungsmöglichkeiten durch Kommunikation mit einer anderen Person vor Ort, durch Hilfsmittel wie Übersichten, Notizen („Spickzettel") undähnliches, und durch weitere, nicht mit dem Prüfungsgerät verbundene elektronische Geräte (z. B. ein mit einem weiteren Smartphone oder einem mp3-Player verbundenesAudiokabel) reduziert werden;*

- *Sog. Roomscans eingangs der Prüfung, d.h. das langsame Schwenken des Bildschirms durch das gesamte Zimmer (°360) und insbesondere über den gesamten Arbeitsplatz unter den Anweisungen der Aufsichtsperson, welche sich nicht abgedeckte oder auffällige Stellen zeigen lassen darf („nachsteuern"), zu dem Zweck, dass Täuschungsmöglichkeiten durch einen präparierten Arbeitsplatz (z. B. Verstecken einer Person unter dem Tisch oder das Verstecken einer Notiz unter der Tastatur) reduziert werden;*

- *Weitere verdachtsbezogene sog. Roomscans während der Prüfung, d.h. das langsameSchwenken des Bildschirms durch das gesamte Zimmer (°360) und insbesondere über den gesamten Arbeitsplatz unter den Anweisungen der Aufsichtsperson, welche sich nicht abgedeckte oder auffällige Stellen zeigen lassen darf („nachsteuern"), zu dem Zweck, dass Täuschungsmöglichkeiten durch einen präparierten Arbeitsplatz (z. B. Verstecken einer Person unter dem Tisch oder das Verstecken einer Notiz unter der Tastatur) reduziert werden und bei tatsächlichen Täuschungsversuchen Beobachtungen dokumentiert werden können; die Aufsichtsperson trifft die Pflicht die Verdachtsmomente, die sie zu Anforderung veranlasst haben, zu dokumentieren;*

- *Schriftliche, auch elektronische Dokumentation der Prüfung und insbesondere von Auffälligkeiten durch die Aufsichtspersonen, zu dem Zweck, dass Täuschungsversuche rechtssicher dokumentiert werden können."*

Die folgende Untersuchung bezieht sich auf die eben vorgeschlagene Regelung.

γ) im öffentlichen Interesse liegendes Ziel

Art. 6 Abs. 3 S. 4 statuiert, dass die Rechtsgrundlage ein im öffentlichen Interesse liegendes Ziel verfolgen muss.

Die vorgeschlagene Regelung würde die Ziele verfolgen, das Prüfungswesen auch in Zeiten der Epidemie aufrecht zu erhalten und, soweit dazu Online-Prüfungen nötig sind, dem Grundsatz prüfungsrechtlicher Gleichbehandlung ausreichend Rechnung zu tragen.[71] Dieser ergibt sich jedenfalls aus dem nationalen Verfassungsrecht (Art. 3, 12 GG), womöglich aber auch aus Art. 14 (Recht auf Bildung) und Art. 16 (Berufsfreiheit) GRCh und liegt damit zweifellos im öffentlichen Interesse. Auch die Aufrechterhaltung des Prüfungswesens lässt sich in diesen Rechten verankern.

δ) Verhältnismäßigkeit

Nach Art. 6 Abs. 3 S. 4 DSGVO muss das in der gesetzlichen Regelung vorgesehene Mittel (die verschiedenen Datenverarbeitungen) in einem angemessenen Verhältnis zum verfolgten Ziel stehen.[72] Dies ergibt sich wegen der Betroffenheit von Art. 8 GRCh bereits aus Art. 52 Abs. 1 GrCH[73] bzw. aus dem Verhältnismäßigkeitsgrundsatz des dt. Verfassungsrechts, hergeleitet aus Art. 20 Abs. 3 GG, und wird in Art. 6 Abs. 3 S. 4 DSGVO daher lediglich deklaratorisch wiederholt.[74] Die Verhältnismäßigkeit indiesem Sinne umfasst die Prüfung eines legitimen Zwecks, der Eignung, der Erforderlichkeit und der Angemessenheit im engeren Sinne. Anders als gleich noch unter II. ist hier nicht die Erforderlichkeit der konkreten Datenverarbeitung eines Verantwortlichen zu prüfen („für die Wahrnehmung einer Aufgabe erforderlich", Art. 6 Abs. 1 lit. e DSGVO), sondern auf abstrakter Ebene die Erforderlichkeit der in der Rechtsgrundlage vorgesehenen Möglichkeit zur Datenverarbeitung (Art. 6 Abs. 3 S. 4 DSGVO) – im Blick

---

[71] So inzwischen auch *OVG Schleswig,* Beschl. v. 3.3.2021 – 3 MR 7/21, BeckRS 2021, 3354 Rn. 60 i.V.m. 42.
[72] *McGrath,* DFN-Infobrief Recht 9/2020 S. 3.
[73] Paal/Pauly/*Frenzel*, DSGVO Art. 6, Rn. 45.
[74] Kühling/*Buchner*/*Petri,* DSGVO Art. 6, Rn. 94; Sydow/*Reimer,* EU-DSGVO Art. 6, Rn. 24.

sind also die abstrakte Gruppe der möglichen, zukünftigen Datenverarbeitungen, welche am Maßstab des europäischen Primärrechts bzw. deutschen Verfassungsrechts zu messen sind.

Je spezifischer die Regelung vorgenommen wird, desto stärker wird die Prüfung der Erforderlichkeit von der konkreten (Abs. 1) auf die abstrakte Ebene (Abs. 3) vorverlagert.[75] Dies ist aber auch wünschenswert, da dem Rektorat im Vergleich zu einzelnen Prüfungsstellern mehr demokratische Legitimation zukommt sowie mehr Zeit, die komplizierte Grundrechtsabwägung vorzunehmen; der Erforderlichkeit auf der konkreten Ebene verbleibt, die grundsätzlich durch die Regelung ermöglichtenÜberwachungsfunktionen angepasst auf das Prüfungsszenario nur soweit erforderlich anzuordnen.

αα) Prüfungsmaßstab

Bundesverfassungsgericht (BVerfG) und der *Europäische Gerichtshof* (EuGH) sind sich nicht ganz einigin der Frage, wann deutsches Verfassungsrecht und wann ausschließlich oder auch europäisches Primärrecht den Überprüfungsmaßstab nationalstaatlicher Regelungen bildet.[76] Zugunsten einer schnelleren Bearbeitung der hier behandelten Fragen wird im Folgenden mit dem *BVerfG* seit Recht auf Vergessen I davon ausgegangen, dass mit der Prüfung der deutschen Grundrechte in der Regel auch das Schutzniveau der GRCh erreicht ist.[77] Vorweggenommen werden kann, dass konkrete Anhaltspunkte dafür, dass das Schutzniveau der Unionsgrundrechte ausnahmsweise auch bei Vereinbarkeit mit den Grundrechten nicht gewährleistet wird, unseres Erachtens nicht vorliegen. Da das *BVerfG* nunmehr die GRCh auch als Auslegungshilfe heranzieht,[78] wird vereinzelt auch Kommentarliteratur zu Art. 6 DSGVO zitiert, welche bzgl.

---

[75] BeckOK-DS/*Albers/Veit,* DSGVO Art. 6, Rn. 58.
[76] *Neumann/Eichberger*, JuS 2020, 502, (503 ff.).
[77] *BVerfG*, Beschl. v. 6.11.2019 – 1 BvR 16/13 = NJW 2020, 300, Rn. 55 ff.
[78] *BVerfG*, Beschl. v. 6.11.2019 – 1 BvR 16/13 = NJW 2020, 300, Rn. 60 ff.

Art. 6 Abs. 3 DSGVO so zu verstehen ist, dasssie sich auf eine Spezialprüfung der GRCh-Verhältnismäßigkeit bezieht.

Jedenfalls die Prüfungsprogramme gleichen sich auch. Das bestätigt auch die Kommentarliteratur speziell zu Art. 6 Abs. 1 UAbs. 1 lit. e, UAbs. 3 DSGVO.[79]

Verhältnismäßig ist ein Mittel, wenn es einen legitimen Zweck verfolgt (bb)), zur Zweckerreichung geeignet (cc)), erforderlich (dd)) und angemessen im engeren Sinne (dd)) ist.

ββ) Wiederholung: legitimer Zweck

Die vorgeschlagene Regelung würde die Ziele verfolgen, das Prüfungswesen auch in Zeiten der Epidemie aufrecht zu erhalten und dabei dem Grundsatz prüfungsrechtlicher Gleichbehandlung ausreichend Rechnung zu tragen. Diese Zwecke finden im Wesentlichen in Art. 12 Abs. 1, 2 GG und Art.3 Abs. 1 i.V.m. 12 Abs. 1, 2 GG ihre verfassungsrechtliche Verankerung (s.o.).

γγ) Eignung

Ein Mittel ist geeignet, wenn es die Zweckerreichung zumindest fördert. Teilweise wird in Zweifel gezogen, ob Video-Audio-Übertragungen allein überhaupt geeignet sind, Täuschungen durch Prüflinge vorzubeugen oder diese aufzudecken.[80] Mit der genannten Funktion alleinkönne nicht genau überprüft werden, ob ein Prüfling sich mittels eines zweiten Gerätes mit anderen Klausurteilnehmern beispielsweise per Messenger-Dienst o.ä.

---

[79] BeckOK-DS/*Albers/Veit*, DSGVO Art. 6 Rn. 44; Sydow/*Reimer*, EU-DSGVO Art. 6, Rn. 47; Simitis/Hornung/Spieker gen. Döhmann/*Roßnage,* DSGVO Art. 6 Rn. 81; Paal/Pauly/*Frenzel*, DSGVO Art. 6, Rn. 119; *Taeger*/Gabel, DSGVO Art. 6, Rn. 79.

[80] Hierzu auch: *McGrath*, DFN-Infobrief Recht 9/2020 S. 3.

austauschte,[81] oder Informationen überdas Internet oder andere Quellen erlangte.[82]

Zunächst ist zu berücksichtigen, dass die hier unter Stufe 2 zusammengefassten und in der vorgeschlagenen Regelung vorgesehenen Überwachungsfunktionen mehr umfassen als eine bloße Videoüberwachung und damit gerade die genannten Täuschungsszenarien erschweren.

Zudem erfordert das Merkmal der Geeignetheit nicht, dass das verfolgte Ziel stets und vollumfänglicherreicht wird. Vielmehr ist ausreichend, dass das eingesetzte Mittel die Wahrscheinlichkeit erhöht, dass das verfolgte Ziel zumindest teilweise erreicht wird.[83]

Dies kann unseres Erachtens sogar schon für die bloße Videoüberwachung von Online-Klausuren angenommen werden. Diese ermöglicht nämlich die Überprüfung, ob sich der Prüfling physisch (Mundbewegungen, Audio) mit anderenPersonen austauscht, Telefonate führt oder – zumindest auffällige – nicht erlaubte Hilfsmittel wie Bücher verwendet. Zudem kann überprüft werden, ob Prüfungsteilnehmer:innen die vorgegebene Prüfungszeit einhalten. Die Videoüberwachung erhöht folglich die Wahrscheinlichkeit, dass *gewisse* Täuschungen vorgebeugt oder dokumentiert werden. Damit wird die prüfungsrechtliche Chancengleichheit zumindest gefördert. Sie stellt insofern ein geeignetes Mittel zur Wahrnehmung dieser Aufgabe dar.[84]

---

[81] So geschehen während einer Online-Prüfung an der Bucerius Law School, s. *Schneider*, Jura-Klausuren ausdem Home-Office, LTO, https://www.lto.de/recht/studium-referendariat/s/corona-virus- jurastudium-klausuren-homeoffice-bucerius-law-school-debatte-taeuschung/ (abgerufen am 24.3.2021).

[82] *Fehling,* OdW 2020, 137 (148).

[83] BVerfGE 30, 292 (316); Maunz/Dürig/*Grzeszick/*, GG Art. 20 Kap. VII., Rn. 112; *Fehling,* OdW 2020, 137 (148).

[84] So inzwischen auch *OVG Schleswig*, Beschl. v. 3.3.2021 – 3 MR 7/21, BeckRS 2021, 3354 Rn. 43.

Das Mittel ist mithin geeignet.

δδ) Erforderlichkeit

Erforderlich ist ein Mittel, soweit kein milderes, gleich geeignetes Mittel zur Verfügung steht.[85]

Als möglicherweise gleich geeignetes Mittel kommt die Durchführung von Präsenzprüfungen in Betracht. Denn bei Präsenzprüfungen ist es für die Aufsichtspersonen regelmäßig deutlich einfacher, zu erkennen, wenn ein Prüfling nicht erlaubte Hilfsmittel verwendet oder sich mit anderen Klausurteilnehmern austauscht. Gleichzeitig werden im Rahmen einer Präsenzprüfung im Vergleich zur Überwachung von Online-Prüfungen viel weniger personenbezogene Daten automatisch oder im Rahmen eines Dateisystems verarbeitet.[86] Daher würden sie ein milderes Mittel darstellen.

Allerdings steht dieses Mittel vielen Hochschulen vor dem Hintergrund der derzeitigen, durchdas Coronavirus bedingten, Umstände, die rechtsverbindlich Hygienemaßnahmen und vor allem räumliche Abstände erfordern, nur in beschränktem, nicht ausreichendem Umfang zur Verfügung. **Jedenfalls soweit die dennoch vorhandenen Kapazitäten für Präsenzprüfungen genutzt werden, entfällt dieses Mittel im Übrigen als milderes Mittel. In die Untersuchung beziehen wir an dieser Stelle aus Gründen der Effizienz das Szenario nicht ein, in dem sich eine Hochschule dazu entscheiden möchte, aus organisatorischen Gründen eine einheitlicheLösung zu wählen und vollständig auf Online-Prüfungen zu setzen.** Dafür, dass dies möglicherweise auch gerechtfertigt werden kann, spricht, dass teilweise vertreten wird, dass in der Definition des verfolgten legitimen Zwecks/Ziels auch das vorgesehene Maß an Effizienzder

---

[85] Paal/Pauly/*Frenzel*, DSGVO Art. 6, Rn. 119; *Taeger*/Gabel, DSGVO Art. 6, Rn. 79.
[86] *Schwartmann* in *Haake,* OdW 2020, 59 (64).

Aufgabenerfüllung enthalten ist.[87] Zugrundgelegt wird im Folgenden aber das aus unserer Sicht wahrscheinlichere und verbreitetere Szenario, dass Online-Prüfungen nur einen Teil der Lösung darstellen sollen.

Das Verschieben von Präsenzprüfungen würde das Prüfungswesen nicht in gleicher Weise erhalten und schon gar nicht „in Zeiten der Epidemie" (vgl. Wortlaut und Begründungen des Epidemie-Gesetzes des LT NRW und der CoEpHSV der Wissenschaftsministerin[88]) und scheidet somit mangels gleicher Eignung aus.

Ähnliches gilt für das zeitliche „Auseinanderziehen" der Prüfungen verschiedener Fachbereiche, sodass nicht wie sonst üblich, alle Klausuren der Hochschule in einem Zeitraumvon wenigen Wochen geschrieben werden, sondern in einem längeren Zeitraum. Dadurch würden Raumkapazitäten für die Durchführung von Präsenzklausuren frei. Auch hier würde das „Prüfungswesen" aber nicht im gleichen Maße erhalten. Zudem würde die Lehrfreiheit beschränkt, da diese Lösung erfordert, dass der Stoff bereits früher als sonst üblich abgeprüft würde und somit etwa nicht ganz abgedeckt werden könnte.[89]

Auch das Umwidmen von Prüfungsleistungen, die bisher als Aufsichtsarbeit zu erbringen waren, in Hausarbeiten oder OpenBook-Arbeiten wäre ein milderes Mittel. Schon mit Blick aufdie Zweckdefinition, welche an das „Prüfungswesen" und somit die Gesamtheit der Prüfungsformen anknüpft, entfällt jedoch die Gleichrangigkeit der Eignung – aus unserer Sicht wäre

---

[87] Sydow/*Reimer*, EU-DSGVO Art. 6, Rn. 47; Ehmann/Selmayr/*Heberlein*, DS-GVO Art. 6, Rn. 23; Täuschungsmöglichkeiten müssten durch Hochschulen „im Rahmen des technisch, finanziell und zeitlich Machbaren und Zumutbaren" verhindert werden, *Fischer/Dieterich,* NVwZ 2020, 657 (661); so inzwischen auch *OVG Schleswig*, Beschl. v. 3.3.2021 – 3 MR 7/21, BeckRS 2021, 3354 Rn. 43.

[88] Erhältlich auf Anfrage beim Ministerium.

[89] So inzwischen auch: *OVG Schleswig*, Beschl. v. 3.3.2021 – 3 MR 7/21, BeckRS 2021, 3354 Rn. 46;

hier auch die Wissenschaftsfreiheit der Lehrenden aus Art. 5 Abs. 3 Var. 2 GG zu berücksichtigen.[90]

Es erklärt sich von selbst, dass Überwachungsfunktionen der Stufe 0 und 1 (siehe oben) mildere, aber nicht gleich geeignete Mittel wären.

Man könnte zudem noch einmal zwischen den einzelnen vorgeschlagenen Funktionen differenzieren und diese jeweilsauf ihre Erforderlichkeit hin überprüfen. Durch die in der Regelung vorgenommene, aufgefächerte Differenzierung und Konkretisierung des Zweckes jeder einzelnen Programmfunktion wurde jedoch bereits gezeigt, dass jede dieser Funktionen für die legitimenZwecke erforderlich ist. Jede der Funktionen deckt weitere Täuschungsszenarien ab und ist mithin grundsätzlich erforderlich zur Zweckerreichung.

Ob der Einsatz all dieser Funktionen kumulativ in jeder spezifischen Prüfung erforderlich ist oder etwa einzelne Funktionen nicht genutzt werden müssen, bleibt der Prüfung der Erforderlichkeit auf zweiter Stufe, nämlich bei der konkreten Datenverarbeitung (unten II.) vorbehalten. Jedenfalls sind Prüfungsszenarien denkbar, in denen alle Funktionen kumulativ erforderlich sind, was an dieser Stelle zählt.

Soweit Raumkapazitäten zur Durchführung von Präsenzprüfungen ausgenutzt werden, steht aus unserer Sicht kein milderes, gleich geeignetes Mittel zur Erreichung der legitimen Zwecke zur Verfügung. Mithin ist die vorgeschlagene Regelung erforderlich.

εε) Angemessenheit im engeren Sinne

Ein Mittel ist angemessen im engeren Sinne, wenn die Belastungen des Einzelnen nicht außer Verhältnis zu den Gemeinwohlgewinnen durch die

---

[90] So inzwischen auch: *OVG Schleswig*, Beschl. v. 3.3.2021 – 3 MR 7/21, BeckRS 2021, 3354 Rn. 47; a.A.: *Schwartmann* in *Haake,* OdW 2020, 59 (64), welcher eine Erforderlichkeit von Überwachungsmaßnahmen pauschal aufgrund möglicher Open-Book-Alternativen ablehnt.

Erreichung der legitimen Zwecke stehen und diesem daher zumutbar sind.[91]

Abstrakte Rechtswerte

Die legitimen Zwecke sind in der Berufsfreiheit gem. Art. 12 Abs. 1, 2 GG (Prüfungswesen allgemein) sowie dem prüfungsrechtlichen Grundsatz der Chancengleichheit verankert, welcher auch der Berufsfreiheit in Verbindung mit den Gleichheitsrechten entspringt, Art. 3 Abs. 1, 12 Abs. 1, 2 GG.[92]

Eingegriffen wird durch das Mittel in das Recht auf informationelle Selbstbestimmung aus Art. 2 Abs. 1 i.V.m Art. 1 Abs. 1 GG, indem die Prüflinge gezwungenermaßen einer automatisierten Verarbeitung personenbezogener Daten ausgesetzt werden.[93]

Die Rechte auf beiden Seiten sind Verfassungswerte und zudem beide von besonderer Bedeutung (Berufswahl, in welche die Hochschulbildung mündet, als echte Lebensentscheidung einerseits – andererseits die Nähe der informationellen Selbstbestimmung zur Persönlichkeit), sodass auf einer abstrakten Ebene kein Gefälle zwischen den Rechtswerten besteht.

Intensität der Rechtsgutsgefährdung auf beiden Seiten

In das Recht auf informationelle Selbstbestimmung wird in erheblichem Maße eingegriffen, vor allemdurch die Übertragung des Video-Audio-Signals, insbesondere in den Situationen der 360°-Roomscans,und verbunden mit dem Zwangscharakter. Schon die bildliche Übertragung des Oberkörpers bedeuteteinen erheblichen Eingriff; immerhin entzieht es sich durch die automatisierte Verarbeitung (elektronische Übertragung des Signals

---

[91] *BVerfGE* 13, 230 ff. (236); 93, 213 ff. (237 f.); Maunz/Dürig/*Grzeszick*, GG Art. 20 Kap. VII., Rn. 117.
[92] Vertiefend dazu oben A. III. 2. Prüfungsrechtlicher Grundsatz der Chancengleichheit.
[93] Vertiefend dazu oben A. III. 3. Recht auf informationelle Selbstbestimmung.

über das Internet, Verarbeitung auf den Servern von Zoom oder anderen Videokonferenzdiensten) der Kontrolle des Übertragenden, wann und wie genau die Aufsichtsperson ihn und ggfs. auch vergrößerteBildausschnitte seiner selbst mustert.

Eine besondere Intensität entsteht dadurch, dass diese Musterung nicht im Kontext – wie sonst ja auch zumindest in geringerer Intensität möglich – von Prüfungsräumen der Hochschule geschieht, sondernim Kontext eines persönlich gewählten Zimmers des Prüflings.[94] Dies wird häufig sein privater Lebensbereich sein. Dies intensiviert den Eingriff nicht unbeträchtlich. Ob dies Corona bedingt das Jugendzimmer bei den Eltern oder das WG-Zimmer in Münster ist: Durch die Videoübertragung gerät der Prüfling damit in die Gefahr, Informationen über seine Persönlichkeitssphäre und eben nicht mehrnur seine Sozialsphäre (in den Prüfungsräumen z. B. durch Kleidung, Rucksack, Stifte etc.) an die Aufsichtsperson preiszugeben.[95] Plakativ verdeutlicht werden kann die Eingriffstiefe mit der Umschreibung: „Videoüberwachung im Jugendzimmer".

Letzterem Aspekt kann teilweise entgegengewirkt und damit die Eingriffstiefe deutlich abgemildert werden durch frühzeitige Aufklärung des Vorgehens bei Online-Prüfungen auch bezüglich dieses Aspektes und der damit verbundenen Aufforderung an die Prüflinge, sich Gedanken über den Prüfungsraum zu machen. Rechtzeitig vor der Videoübertragung können sie den Raum dann je nach persönlicher Entscheidung „depersonalisieren", z. B. Fotos von der Wand nehmen, Plakate oder Ähnliches, in dem Wissen, dass eine Videoüberwachung stattfinden wird.

---

94 *Uphues*, DFN-Infobrief 7/2020 S. 2 f.

95 *Botta,* Virtuelle Prüfungsaufsicht zwischen Chancengleichheit und Privatheitsschutz, Verfassungsblog, https://verfassungsblog.de/grundrechtseingriffe-durch-online-proctoring/ (abgerufen 23.03.2021).

Soweit Kapazitäten bestehen, könnte man *auch* aus diesem Grund (nicht nur aus dem Grund fehlender techn. Ausstattung, siehe noch unten) sogar alternativ eine (nach gleichem Verfahren) videoüberwachte Prüfungskube oder ein Computer-Prüfungsraum an der Hochschule mit analoger Aufsicht zur Verfügung stellen.[96] Soweit die Hochschule die Aufsicht wie hier empfohlen nicht auf der Grundlage einer datenschutzrechtlichen Einwilligung, sondern einer gesetzlichen Grundlage durchführt, wäre sie nicht zum Angebot dieser Alternative verpflichtet. Dieses Angebot würde auch nicht automatisch das Umschwenken auf Einwilligungsrechtfertigung bedeuten. Es wäre ein freiwillig von der Hochschule angebotenes Alternativmittel, um die Eingriffstiefe abzusenken, da der Zwangscharakter entfiele. Natürlich müsste man sich über Kapazitäten Gedanken machen und darüber, wie eine Vergabe der Plätze bei „Überbuchung" zu erfolgen hätte.

Allgemein ist darauf hinzuweisen, dass die vorgeschlagene Regelung so angelegt ist, dass die Eingriffstiefe minimiert ist. Zwar schlagen wir die Möglichkeit weiterer Roomscans auch während der Klausur vor, dies aber anders etwa als Stufe 4 nicht zufällig und absolut, sondern streng an das Kriterium der *Anlassbezogenheit* geknüpft. Die Aufsichtsperson kann danach nur bei zu dokumentierenden Verdachtsmomenten bzgl. eines Täuschungsversuches einen weiteren Roomscan bei einem individuellen Prüfling verlangen. Anlassbezogenheit ist ein bekannter Topos etwa aus der Diskussion um die Zulässigkeit der Vorratsdatenspeicherung oder auch der Schleierfahndung und ist als entlastendes Element anerkannt.[97]

Auf der anderen Seite ist die Zweckerreichung durch das Mittel ebenfalls erheblich. Deutlicher wird dies, wenn man es andersherum wendet: Was

---

[96] Dafür plädierend auch *Sandberger,* OdW 2020, 155 (162) zur Gewährleistung gleichwertiger technischer und tatsächlicher Bedingungen.

[97] Auch im Datenschutzrecht ist anerkannt, dass eine anlassbezogene Datenverarbeitung zur Verringerung der Eingriffsintensität führt, vgl. etwa Simitis/Hornung/Spieker gen. Döhmann/*Scholz*, DSGVO Anhang 1 zu Art. 6 Videoüberwachung, Rn. 108 f.; bzgl. erhöhter Eingriffsintensität bei anlassloser Verarbeitung vgl. BVerfG NVwZ 2007, 688 (690, 691).

passiert, wenn das geprüfte Mittel nicht ergriffen wird,dennoch auf Online Prüfungen teilweise zurückgegriffen werden muss und diese dann mit Überwachungsfunktionen der Stufe 1 durchgeführt werden?

Es erscheint plausibel, dass es sowohl quantitativ als auch qualitativ zu erheblichen Täuschungen käme. Es wäre sehr leicht zu täuschen. Womöglich würden zudem psychologische Dynamiken die Vielzahl der Täuschungen erhöhen nach der Maßgabe, dass man nicht derjenige sein möchte, der sich als einziger an die Regeln hält. Sobald es indes zu Täuschungen kommt, wären diese mit gewisser Wahrscheinlichkeit auch qualitativ erheblicher im Vergleich zu herkömmlichen Täuschungen mit „Spickzetteln" während einer Aufsichtsklausur. Immerhin bietet das Internet die Möglichkeit, in kurzerZeit, auch zu speziellen Fragen Quellen zu finden, die dann auch noch als Arbeitsgrundlage einfach kopiert werden können.

Da Arbeiten immer zumindest auch relativ zu den Leistungen der Mitprüflinge bewertet werden, würden ehrliche Prüflinge erheblich schlechter abschneiden als es ihrer eigentlichen Leistung entspricht. Dies würde sich zumindest in Bachelor- und Master-Studiengängen unmittelbar auch im Gesamtergebnis der Bachelornote auswirken. Mit diesen Noten konkurrieren die Prüflinge aber um begrenzte Masterstudien- bzw. Arbeitsplätze. Schon die Klausuren eines Semesters können hier z. B. in den Grenzbereichen der NCs den Ausschlag geben. Soweit ein Prüfling deshalb zu einem Masterstudiengang nicht zugelassen wird, ist er erheblich belastet.[98]

Vor diesem Hintergrund erscheint es fast zwingend, dass ein Gericht den Grundsatz der prüfungsrechtlichen Chancengleichheit verletzt sehen würde. Das würde darin münden, dass Klausuren nicht gewertet werden könnten und Studierende ein Semester verlören. Auch das wäre eine erhebliche Belastung für die Betroffenen.

---

[98] Mittels Täuschungen gelöste Klausuren sind zum Nachweis über die Berufsqualifikation ungeeignet, *Fischer/Dieterich* in *Haake,* OdW 2020, 59 (61);

Zusammengefasst stehen daher auf beiden Seiten der Gleichung eine erhebliche Eingriffsintensität bzw. drohende Rechtsgutsgefährdung.

Abwägung

Mit diesen Vorarbeiten kann in die abschließende Abwägung eingestiegen werden. Ein Mittel ist angemessen im engeren Sinne, wenn die Belastungen des Einzelnen nicht außer Verhältnis zu den Gemeinwohlgewinnen durch die Erreichung der legitimen Zwecke stehen und diesem daher zumutbar sind.[99]

Dabei gibt es nicht eine korrekte Lösung. Vielmehr besteht ein Rahmen an Möglichkeiten angemessener Mittel in Bezug auf die Zweckerreichung. Die grundrechtliche Verhältnismäßigkeitsprüfung kontrolliert nur die Einhaltung der *äußeren Grenzen* dieses Rahmens.[100] Eine Grenze dabei ist das sog. Untermaßgebot. Das bedeutet, dass ein bestimmtes Maß an Grundrechtsverwirklichung nicht unterschritten werden darf.[101] Eine Verletzung von Art. 2 Abs. 1 i.V.m.Art. 1 Abs. 1 GG scheidet daher jedenfalls dann aus, wenn durch das Mittel *allenfalls* das Untermaß erfüllt wird, welches der prüfungsrechtliche Gleichbehandlungsgrundsatz aus Art. 3 Abs. 1, 12 Abs. 1, 2 GG gebietet.

Nach unserer Auffassung ist es entscheidend, dass durch das Mittel (Regelungen des Rektorats, welche Überwachungsfunktionen der Stufe 2 ermöglichen) lediglich das Überwachungsniveau analoger Aufsichtsklausursituationen in etwa erreicht wird. Es geht aber (anders als Überwachungsfunktionen der Stufe 3 und 4, vgl. dazu noch Ausführungen weiter unten) eben nichtdarüber hinaus.

---

[99] *BVerfGE* 13, 230 ff. (236); 93, 213 ff. (237 f.); Maunz/Dürig/*Grzeszick*, GG Art. 20 Kap. VII., Rn. 117.

[100] Maunz/Dürig/*Grzeszick*, GG Art. 20 Kap. VII., Rn. 117.

[101] *BVerfGE* 88, 203, 254; Dreier/*Schulze-Fielitz*, Band I, GG Art. 20, Rn. 198; Maunz/Dürig/*Grzeszick*, GG Art. 20 Kap. VII., Rn. 126.

Auch in klassischen Präsenzprüfungen findet eine erhebliche Überwachung statt: Identifikation, Platzzuweisung, Jacken und Rucksäcke müssen an zentraler Stelle abgelegt werden, teilweise physische Kontrolle der Hilfsmittel (z.B. Durchblättern des Gesetzes), Sicht- und Audiokontrolle durch mehrere Aufsichtspersonen während der ganzen Klausur, teilweise mit Vorbeischreiten in der Reihe vor oder hinter dem Prüfling, Dokumentation der Toilettenpausen. Das hier geprüfte Mittel ermöglicht Maßnahmen, die auf andere Weise (weil durch elektronische Kommunikation vermittelt)in der Sache die gleiche Funktion erfüllen (man könnte dies mit dem Begriff der funktionalen Äquivalenz griffig kennzeichnen).[102] Die Ausdifferenzierung der Zwecke jeder einzelnen Programmfunktion gewährleistet, dass jede davon mindestens einen neuen Teilbereich eines Täuschungsszenarios abdeckt und keine Doppelung oder ein Mehr an Überwachung entsteht. In einigen Bereichen besteht eine größere Lücke der Überwachung (z. B. bzgl. des vollen Umfelds des Prüflings); dies wird ausgeglichen durch ein geringes Mehr an Überwachungsmöglichkeiten in anderen Bereichen (Nähe des Bildausschnitts).

Wenn davon ausgegangen werden kann, dass das beschriebene herkömmliche Überwachungsniveau bei Präsenz-Aufsichtsklausuren das Untermaß ist, welches der prüfungsrechtliche Gleichbehandlungsgrundsatz gebietet, dann folgt aus der eben begründeten Feststellung der (allenfalls) funktionalen Äquivalenz, dass der Eingriff in die informationelle Selbstbestimmung gerechtfertigt ist.

Teilweise scheint man sogar davon auszugehen, dass das Untermaß im Rahmen von Online- Klausuren nicht erreicht werden kann.[103] Das

---

[102] So inzwischen auch *OVG Schleswig*, Beschl. v. 3.3.2021 – 3 MR 7/21, BeckRS 2021, 3354 Rn. 54.

[103] „Nach derzeitigem Stand der Technik [kann] ein hinreichender Schutz vor Täuschungsversuchen durch die Prüfungsbehörde nicht gewährleistet werden“,

wäre in prüfungsrechtlicher Hinsicht problematisch und ein eigenes Gutachten wert; dieser Frage kann hier nicht abschließend nachgegangen werden (vgl. Überlegungen dazu unten). Für die Vereinbarkeit mit dem Recht auf informationelle Selbstbestimmung bedeutet das aber, dass der Eingriff erst recht gerechtfertigt wäre.

Soweit man davon ausgeht, dass das Überwachungsniveau bei Präsenzklausuren *über* dem Untermaßliegt, kann der Eingriff nicht schon mit der Feststellung funktionaler Äquivalenz gerechtfertigt werden. Auch in diesem Fall beurteilen wir es aber als überwiegend wahrscheinlich, dass das Mittel dem Einzelnen angesichts der Gemeinwohlgewinne noch zumutbar ist. Entscheidend ist, dass nicht irgendwelche legitimen Zwecke verfolgt werden, sondern verfassungsrechtlich fundierte Zwecke und die Eingriffstiefe auf Seiten der informationellen Selbstbestimmung zugleich durch frühe Information und Möglichkeiten der Depersonalisierung abgesenkt wird.

Der Eingriff in das Grundrecht auf informationelle Selbstbestimmung wird außerdem dadurch abgemildert, dass die von dem Eingriff betroffenen Klausurteilnehmer selbst wiederum – und sogar in erster Linie – Profiteure des mit dem Eingriff bezweckten Schutzes der Berufsfreiheit bzw. dem prüfungsrechtlichen Grundsatz der Chancengleichheit sind. Denn gerade sie haben ein Interesse daran,dass für jeden von ihnen auch bei einer Online-Klausur die gleichen Erfolgschancen gelten. Dies kann aber nur dann ge-

---

Forgó/Graupe/Peiffenbring, Rechtliche Aspekte von E-Assessments an Hochschulen, 2016, S. 35 f., abrufbar unter https://bit.ly/30X6QfF (abgerufen 19.3.2021);
a.A. *Fischer/Dieterich*, NVwZ 2020, 657, 661, wonach „wirksame Vorkehrungen gegen Täuschungshandlungen" getroffen werden können, mit Verweis auf die IUBH Internationale Hochschule; Möglichkeiten zur Täuschungsprävention müssten „im Rahmen des technisch, finanziell und zeitlich Machbaren und Zumutbaren" genutzt werden; kritisch auch: *McGrath*, DFN-Infobrief Recht 9/2020, S. 3.

währleistet werden, wenn Täuschungsmöglichkeiten soweit es geht eingedämmt werden. Anders als bei anderen Grundrechtseingriffen, die regelmäßig vornehmlich dem Schutz oder den Interessen der Allgemeinheit „im Ganzen" dienen sollen, geht es hier also gerade und insbesondere auch um die Interessen der von dem Eingriff Betroffenen selbst.[104]

Im Ergebnis halten wir das Mittel daher für angemessen im engeren Sinne.

Zwischenergebnis

Die Regelung wäre also verhältnismäßig im Sinne des Art. 6 Abs. 3 S. 4 DSGVO.

ζζ) Zwischenergebnis

Die Regelung würde somit den Anforderungen der DSGVO genügen.

(cc) Zwischenergebnis

Mithin besteht in NRW noch keine Rechtsgrundlage für die Rechtfertigung der untersuchten Überwachungsfunktionen im Zusammenhang mit Online-Prüfungen – eine solche könnte aber zügig durch die Rektorate der Hochschulen jeweils für den Geltungsbereich ihrer Hochschulen geschaffen werden, weil die entsprechenden Ermächtigungsgrundlagen bereits vorhanden sind.

Hinweis im März 2021: Inzwischen haben verschiedene Hochschulen entsprechende Regelungen erlassen. Zudem hat sich das HSG und insbesondere die CoEpHSVO maßgeblich verändert.

---

[104] So inzwischen auch *OVG Schleswig,* Beschl. v. 3.3.2021 – 3 MR 7/21, BeckRS 2021, 3354 Rn. 46, 54, 59.

bb) Erforderlichkeit der konkreten Datenverarbeitung gem. Art. 6 Abs. 1 UAbs. 1lit. e DSGVO

Gemäß Art. 6 Abs. 1 UAbs. 1 lit. e DSGVO muss die *konkrete* Datenverarbeitung erforderlich zur Wahrnehmung der öffentlichen Aufgabe sein.

Die Prüfung der Erforderlichkeit wird hier wiederum – weiter als in der herkömmlichen deutschen Dogmatik – als Verhältnismäßigkeitsprüfung verstanden, die als *Bestandteil* die Erforderlichkeit im klassischen Sinne enthält, das heißt die Prüfung, ob nicht mildere, gleich geeignete Mittel zur Erfüllung der Aufgabe zurVerfügung stehen.[105] Nicht gleich geeignet ist ein Mittel etwa dann, wenn die Aufgabe ansonsten gar nicht, nicht vollumfänglich oder nicht in rechtmäßiger Weise wahrgenommen werden kann.[106]

Zum Verhältnis zur Verhältnismäßigkeitsprüfung im Rahmen der Rechtsgrundlage ist folgendes zu beachten: Je spezifischer die Rechtsgrundlage formuliert wird, desto stärker wird die Prüfung der Erforderlichkeit von der konkreten (Abs. 1 UAbs. 1 lit. e) auf die abstrakte Ebene (Abs. 3) vorverlagert.Neben dem Erfordernis der Zwecksetzung (Abs. 3, siehe oben) ist ein höherer Grad an Spezifizierung bereits auf Ebene der Rechtsgrundlage aus unserer Sicht auch aus Legitimationsgründen und Gründender Arbeitsteilung vorzugswürdig. Nicht jede:r Prüfer:in hat die Ressourcen, die komplizierten Abwägungen vorzunehmen.[107]

Nach dieser Konzeption verlangt die Prüfung der Erforderlichkeit auf konkreter Ebene dann vom Prüfendennoch, die *grundsätzlich* durch die Regelung ermöglichten Überwachungsfunktionen angepasst an das jeweilige Prüfungsszenario *nur soweit wie erforderlich* einzusetzen. Vor jeder

---

[105] BeckOK-DS/*Albers/Veit*, DSGVO Art. 6, Rn. 44; Paal/Pauly/*Frenzel*, DSGVO Art. 6, Rn. 119; *Taeger/Gabel*, DSGVO Art. 6, Rn. 79; Sydow/*Reimer*, EU-DSGVO Art. 6, Rn. 47.

[106] BeckOK-DS/*Albers/Veit*, DSGVO Art. 6, Rn. 44 Sydow/*Reimer*, EU-DSGVO Art. 6, Rn. 47; Simitis/Hornung/Spieker gen. Döhmann/*Roßnagel,* DSGVO Art. 6 Abs. 1, Rn. 81.

[107] Siehe hierzu vertiefend oben: C. I. 3. b) dd. Verhältnismäßigkeitsprüfung.

Durchführung einer Klausur muss der:die Prüfer:in also eine Erforderlichkeitsprüfung hinsichtlich der geplanten Überwachungsmaßnahmen vornehmen, bei der insbesondere auch nach dem jeweiligen Klausurtyp zu differenzieren ist. So dürften beispielsweise im Rahmen von (randomisierten) Multiple-Choice- Klausuren, die jeweils nur eine korrekte Antwort zulassen, strengere Überwachungsmaßnahmen erforderlich sein als im Rahmen von Klausuren, in denen die Prüflinge Gutachten, Analysen o.ä. erstellen müssen und dabei unterschiedliche Ergebnisse und Begründungswege in der Aufgabenstellung angelegt sind. Aufgrund unserer nur auf einen Fachbereich beschränkten Prüfungserfahrung fehlt uns an dieser Stelle gewissermaßen die „Sachverhaltsgrundlage", um weitere Differenzierungsmöglichkeiten zu identifizieren.

Wichtig ist jedenfalls, dass sich der/die Prüfende überhaupt noch einmal Gedanken darüber macht, welche Überwachungsfunktionen speziell für seine Prüfung erforderlich sind.

Sinnvoll in diesem Zusammenhang könnte die Einsetzung eines zentralen Gremiums innerhalb der Hochschule sein, welches die jeweilig geplanten Überwachungsmaßnahmen im Rahmen von anstehenden Online-Prüfungen genehmigt und durch die zentrale Befassung Leitlinien finden könnte, welche Differenzierungen nach Prüfungsszenarien vorsehen. Dies würde zu mehr Rechtskonformität führen, damit für Prüfer:innen und Prüfungsteilnehmer:innen Rechtssicherheit bedeuten und überdies eine einheitliche Anwendung der Maßnahmen innerhalb einer Hochschule führen.

5. Sonstige Einwände gegen die Zulässigkeit

Die folgenden Einwände gegen die Zulässigkeit der Überwachungsfunktionen müssen zusätzlich zu dem bereits Dargelegten bedacht werden. Ob diese durchgreifen, konnte von uns bisher nicht abschließend geprüft werden.

a) Gesetzesvorbehalt[108]

aa) Grundproblem

Der Gesetzesvorbehalt ist im deutschen Verfassungsrecht als Ausprägung des Demokratie- und Rechtsstaatsprinzips anerkannt.[109] Er besagt, dass staatliches Handeln grundsätzlich einer gesetzlichen Grundlage bedarf. Mit der sog. Wesentlichkeitslehre hat das Bundesverfassungsgericht das Prinzip hinsichtlich der Qualität der demokratischen Legitimation dahingehend konkretisiert, dass Fragen, welche die Grundrechte wesentlich berühren, vom parlamentarischen Gesetzgeber mit einem formellen Gesetz geregelt werden müssen.[110]

Oben wurde bereits herausgearbeitet, dass hier mit dem Recht auf informationelle Selbstbestimmung und dem prüfungsrechtlichen Gleichbehandlungsgrundsatz gleich zwei Güter von Verfassungsrang betroffen sind und sogar miteinander kollidieren. Diese Grundrechtssensibilität der Frage spricht dafür, dass die Grundentscheidung vom parlamentarischen Gesetzgeber getroffen werden muss. Dass eine solche Grundsatzentscheidung bereits den Gesetzen des Landtages (§ 64 Abs. 2 S. 2 oder § 82a HG NRW) entnommen werden kann, ist zweifelhaft (vgl. unten, 2.). Nach dem Wortlaut und der Begründung ist diese Grundentscheidung auch nicht in der CoEpHSV getroffen worden.

Indes wird eine Verfassungswidrigkeit wegen Verletzung des Gesetzesvorbehalts eher zurückhaltend angenommen. In der Literatur wird zudem speziell im Fall von Hochschulen noch einmal auf eine großzügige Linie der Rechtsprechung hingewiesen, die sich mit Blick auf die ebenfalls grundrechtlich verankerte Satzungsautonomie von Hochschulen gem. Art. 5

---

[108] Zur Frage des Gesetzesvorbehalts im Kontext von Prüfungsrecht ausführlich *Jeremias*, JM 2018, 25 (25 f.); zur Bedeutung des Gesetzesvorbehalts bei Online-Klausuren vgl. zudem *Sandberger,* OdW 2020, 155 (161).

[109] *BVerwG*, Urt. v. 27.2.2019 - BVerwG 6 C 3.18, Rn. 15; BVerfGE 84, 34, 45.

[110] Zur Relevanz des Gesetzesvorbehaltes und Wesentlichkeitslehre im Hochschulbereich siehe u.a. BVerfGE 147, 253 ff., Rn. 116 ff.

Abs. 3 GG erklärt.[111] In einem Webinar erklärte ein Mitarbeiter des Bundesbeauftragten für Datenschutz beim Thema Online-Prüfungen sinngemäß, dass ein Rechtssatz jeder Art, also auch eine Hochschulsatzung für Art. 6 Abs. 1 UAbs. 1 lit.e genüge.[112] Auf die Anforderungen des Gesetzesvorbehalts wurde an der Stelle indes nicht explizit hingewiesen. Möglicherweise kommt auch er daher aus einer rein datenschutzrechtlichen Perspektive.

bb) Grundentscheidung durch Gesetzgeber?

Für sich alleingenommen stellt § 64 Abs. 2 S. 2 HG NRW keine taugliche Rechtsgrundlage für Überwachungsfunktionen der Stufe 2 dar, da es lediglich eine Ermächtigungsgrundlage zum Erlass vonPrüfungsordnungen ist. Gleichwohl kann argumentiert werden, dass bereits bei Einfügen dieses Paragrafen Anfang 2019 die Grundentscheidung für Online-Prüfungen durch den parlamentarischen Gesetzgeber gefallen ist und damit automatisch verbunden auch die Billigung gewisser Überwachungsfunktionen.

Schon aus dem Nebeneinander aus elektronischer Form und elektronischer Kommunikation ergibt sich, dass mit der Vorschrift nicht nur das Ermöglichen sog. E-Klausuren in „Testcentern" der Universität vor Ort inkl. klassisch-analoger Überwachung gemeint ist. Dies wird durch dieGesetzesbegründung bestätigt, welche von „online gestützten Prüfungen"[113] spricht, welche durch diePrüfungsordnungen entwickelbar sein sollen. Auch die CoEpHSVO legt dieses Begriffsverständnis zugrunde, da sie dieselbe Terminologie verwendet und diese unter dem Oberbegriff „Online-Prüfungen" zusammenfasst. Der Gesetzgeber sah für die neuen Prüfformate in der

[111] *Jeremias*, JM 2018, 25 (26).
[112] Referatsleiter *Sven Hermerschmidt* (Referat 11: Nationale Umsetzung DSGVO, BfDI) im Webinar „Rechtsfragen und Datenschutz für digitale Lehr- und Prüfungsformate", https://bit.ly/3tWnCIp (zuletzt abgerufen am 24.3.2021).
[113] LT NRW-Drucksache 17/4668, S. 178.

Gesetzesbegründung dann auch jedenfalls Identifikationsfeststellungen als erforderlich an.

„Über den Begriff der elektronischen Kommunikation soll klargestellt werden, dass es bei Online- Prüfungen nicht nur um die Ersetzung der Schriftform, sondern auch um die Ersetzung weiterer Kommunikationsformen insbesondere unter Anwesenden geht." Dieser letzte Satz deutet auf die Zulässigkeit von mündlichen Prüfungen via Videokonferenzen.[114] Als „weitere Kommunikationsformen" könnten auch Überwachungskommunikation wie etwa die Übertragung von Video- und Audiospur auch während einer eigentlich schriftlichen Klausur verstanden werden. Das „insbesondere" stellt klar,dass der Anwendungsbereich nicht auf mündliche Prüfungen („unter Anwesenden") beschränkt ist. Außerdem könnte für eine Billigung von Überwachungsfunktionen durch den Gesetzgeber argumentiert werden, dass er ausweislich der Begründung („verfassungsrechtlich fundiert[er] Grundsatz der prüfungsrechtlichen Gleichbehandlung" sei intensiv zu prüfen[115]) den prüfungsrechtlichen Grundsatz der Chancengleichheit gesehen hat und ebenso die erhöhteTäuschungsanfälligkeit bei dezentralen Online-Prüfungen. Daraus folgt zwingend der Schluss, dass gewisse digitale Überwachungsfunktionen eingesetzt werden. Verkürzt: Ohne Überwachung keine Online-Prüfungen. Dies muss auch der Gesetzgeber gesehen haben, könnte man argumentieren.

Allerdings irritiert, dass der Gesetzgeber in der Begründung Überwachungsfunktionen trotz der Eingriffsintensität nicht nennt, sondern nach Nennung der Durchführung von Identitätsfeststellungen sofort verfassungsrechtlichen Zweifel anmeldet, soweit Zweifel an der selbstständigen Leistung bestehen. Hier hätten Überwachungsfunktionen genannt werden müssen. Immerhin ist auch auf dieser Seite ein Grundrecht betroffen. Aus diesem Grund ist die Auslegung, dass der parlamentarische Gesetzgeber noch keine Grundentscheidung getroffen hat, mit ebenso guten Gründen

---

[114] BeckOK HochschulR NRW/*Birnbaum,* HG, § 64 Rn. 51 – 52.1.
[115] LT NRW-Drucksache 17/4668, S. 179.

vertretbar. In diesem Fall würde daran auch die Verordnungsermächtigung in § 82a HG NRW nichts ändern, da hier gerade keine Entscheidung durch den Gesetzgeber selbst getroffen, sondern diese auf die Wissenschaftsministerin ausgelagert wird.[116] Dies gilt ungeachtet der Tatsache, dass die Abweichungsmöglichkeiten vom Prüfungsrecht an erster Stelle, obwohl chronologisch im HG NRW nicht zuerst kommend, zeigt, dass der Gesetzgeber sich der Notwendigkeit, das Prüfungsrecht anzupassen wohl bewusst war. Ebenso wenig ändert daran etwas die Begründung[117], die erklärt, dass es den Hochschulen ermöglicht werden kann „zügig und flexibel im Bereich des Prüfungswesens auf die Herausforderungen der Pandemie“ zu reagieren. Immerhin kann hierdurch auch die Umwidmung von Aufsichtsarbeiten in Hausarbeiten gemeint sein, nicht zwingend das Vorsehen von Aufsichtsfunktionen bei Online-Prüfungen vom eigenen Rechner aus.

cc) Zwischenergebnis

Weiterer Prüfung bedarf mithin a) ob es überhaupt einer Grundentscheidung durch den Gesetzgeber bedarf oder es hier wegen Art. 5 Abs. 3 Var. 2 GG verfassungsgemäß ist, den Hochschulen die Entscheidung zu überlassen, und b) soweit es einer Grundentscheidung des Gesetzgebers bedarf, ob diese bereits gegeben ist. Jedenfalls lassen sich in beiden Fragen Argumente in beide Richtungen anführen.

---

[116] A.A. wohl inzwischen *OVG Schleswig*, Beschl. v. 3.3.2021 – 3 MR 7/21, BeckRS 2021, 3354 Rn. 57, wonach die reine Ermächtigung des Ministeriums zum Erlass ergänzender Regelungen für elektronische Prüfungen durch ein mit § 82a HG NRW vergleichbarer Regelung dem Gesetzesvorbehalt und Rechtsstaatsprinzip ausreichend Rechnung trägt, obwohl das Gesetz an sich keine Grundsatzentscheidung trifft. Auch, dass das Ministerium wiederum die Hochschulen ermächtigt, die genauen Umstände der Prüfung (und Datenverarbeitungen) festzulegen, sei zulässig.

[117] LT NRW Drucks. 17/8920, S. 40 f.

b) Grundrechtsverstoß gegen Art. 2 Abs. 1 i.V.m. Art. 1 Abs.

Überwachungsfunktionen der Stufe 2 könnten das Grundrecht auf informationelle Selbstbestimmungverletzen. Mit Art. 12 und Art. 3 GG besteht indes kollidierendes Verfassungsrecht. Mit ähnlichenEinschränkungen und Differenzierungen, die ohnehin zwingend aus den DSGVO-Vorgaben (legitimer Zweck, Zweckbindungsgrundsatz, Geeignetheit, Erforderlichkeit, Angemessenheit) folgen, wirdunseres Erachtens zugleich eine verfassungskonforme Lösung erreicht.

6. Prüfungsrechtliche Fragen

Zu berücksichtigen sind mindestens noch folgende prüfungsrechtliche Fragen:

a) Untermaß des prüfungsrechtlichen Grundsatzes der Chancengleichheit

Erfüllen die hier geprüften Überwachungsfunktionen der Stufe 2 das Untermaß, welches der prüfungsrechtliche Grundsatz der Chancengleichheit gebietet?

Zumindest 2016 wurde teilweise davon ausgegangen, dass das Untermaß im Rahmen von Online- Klausuren nicht erreicht werden kann.[118] Aus-

---

[118] „Nach derzeitigem Stand der Technik [kann] ein hinreichender Schutz vor Täuschungsversuchen durch die Prüfungsbehörde nicht gewährleistet werden", *Forgó/Graupe/Peiffenbring*, Rechtliche Aspekte von E-Assessments an Hochschulen, 2016, S. 35 f., abrufbar unter https://bit.ly/30X6QfF (abgerufen 19.3.2021);
a.A. *Fischer/Dieterich*, NVwZ 2020, 657, 661, wonach „wirksame Vorkehrungen gegen Täuschungshandlungen" getroffen werden können, mit Verweis auf die IUBH Internationale Hochschule; Möglichkeiten zur Täuschungsprävention müssten „im Rahmen des technisch, finanziell und zeitlich Machbaren und Zumutbaren" genutzt werden; auch das *OVG Schleswig* hält die digitale Überwachung von Aufsichtsklausuren für geeignet und äußert keine Zweifel bzgl. des

weislich der Begründungen scheinen Gesetzgeber und Verordnungsgeberin auch eher skeptisch zu sein. Die Verordnungsgeberin versucht sich damit zu behelfen, dass § 6 Abs. 1 S. 2 CoEpHSVO den grundsätzlich kontextlos verstandenen Grundsatz prüfungsrechtlicher Chancengleichheit auf die „Bedingungen der Epidemie“ bezieht. Sie scheint die Anforderungen dieses Grundsatzes damit absenken zu wollen. Da ein Landesministerium natürlich nicht den Inhalt eines verfassungsrechtlich abgeleiteten Grundsatzes ändern kann, ist dies als ein Verweis auf die Verhältnismäßigkeitsprüfung zu deuten, in der sich natürlich die besonderen Umstände der Epidemie auswirken. In der Prüfung bzgl. des Datenschutzrechts oben kommt dies vor allem in der Frage der Erforderlichkeit zum Ausdruck. Ein allgemeiner „Epidemie-Vorbehalt“ besteht im Recht nicht, etwa auch nicht im Datenschutzrecht.[119] Ein verfassungsrechtlich gebotenes Untermaß bzgl. gewisser Schutzpflichten hingegen kann aus unserer Sicht nicht verändert werden und gilt auch in der Krise. Fraglich ist aber, wie dieses Untermaß zu definieren ist und ob es nicht auch mit den geprüften Überwachungsfunktionen der Stufe 2 erreicht wird.

b) Problem verschiedener technischer Ausstattung

Möglicherweise ist dieses Problem beherrschbar, da für die hier vorgeschlagene Lösung nur überschaubare Systemmindestanforderungen gelten, die viele Studierenden mit ihren privaten Geräten erfüllen. Im Übrigen

---

Untermaßgebots, vgl. OVG Schleswig, Beschl. v. 3.3.2021 – 3 MR 7/21, BeckRS 2021, 3354 Rn. 43, 60; kritisch auch: *McGrath*, DFN-Infobrief Recht 9/2020, S. 3.

[119] *Fuhlrott/Fischer*, NZA 2020, 345 (350); Fehling, OdW 2020, 137 (144); *Kugelmann*, Gesundheitsnot kennt Datenschutzgebot, Verfassungsblog, https://bit.ly/3sl4uDg (abgerufen am 24.3.2021).

könnte man auf dieses Problem möglicherweise mit dem Angebot von Prüfungskuben/Computerräumen oder der Leihe von entsprechender Ausstattung ausreichend reagieren.[120]

c) Problem technisch bedingter Unterbrechungen

Prof. Forgó hat in einem Webinar[121] zum Thema den aktuellen Stand an der Universität Wien (26.03.20) mitgeteilt. Danach würde es ins Ermessen der Prüfer:innen gestellt würde, wie bei einer (technisch bedingten) Unterbrechung einer mündlichen Prüfung über Videokonferenz weiter zu verfahren ist. Der:die Prüfer:in kann die Unterbrechung zum einen vergleichbar mit einem plötzlichen Krankheitsfall werten. Dann würde die Prüfung gleich im Anschluss oder zu einem anderen Termin wiederholt. Zum anderen könnte der:die Prüfer:in auch entscheiden, dass die Prüfung fortgeführt wird.[122]

d) Problem der Neuheit

Es stellt sich zudem die Frage, wie damit umzugehen ist, dass die Software für alle Seiten neu sein wird und dass insbesondere Prüflinge im Umgang noch nicht geschult sind. Zur Lösung dieser Frage wird zum Teil vorgeschlagen, dass jeder Prüfling vor Durchführung der Prüfung einen Testlauf mit der eingesetzten Software durchführen können müssen..[123]

---

[120] *Fischer, Dieterich,* NVwZ 2020, 657 (661); *Sandberger,* OdW 2020, 155 (162); Forgó/Graupe/Peiffenbring, Rechtliche Aspekte von E-Assessments an Hochschulen, 2016, S. 34, abrufbar unter https://bit.ly/30X6QfF (abgerufen 19.3.2021)

[121] *Nils Forgó* (Prof. für Technologie- und Immaterialgüterrecht, Uni Wien) im Webinar „Rechtsfragen und Datenschutz für digitale Lehr- und Prüfungsformate“, https://bit.ly/3tWnCIp (zuletzt abgerufen am 24.3.2021).

[122] A.A. aber *Fischer/Dieterich* in *Haake,* OdW 2020, 59 (61) wonach technische Probleme nicht allein der Verantwortung des Prüflings zugewiesen werden dürfen – dem Prüfling obliege jedoch die Rügeobliegenheit.

[123] Dies fordern zumindest *Forgó/Graupe/Peiffenbring*, Rechtliche Aspekte von E-Assessments an Hochschulen, 2016, S. 37 m.w.N., abrufbar unter https://bit.ly/30X6QfF (abgerufen 19.3.2021); *Fischer/Dieterich* in *Haake,* OdW

7. Sonstiges

Wir sehen keine Anhaltspunkte dafür, dass das Hochschulrahmengesetz (HRG) der Nutzung von Überwachungsfunktionen der Stufe 2 im Rahmen von Online-Prüfungen entgegensteht, etwa § 15 HRG.

8. Praktische Schritte

a) Verhältnis der Erlaubnistatbestände zueinander

In welchem Verhältnis stehen die aufgezeigten Wege, den Einsatz von Überwachungsfunktionen rechtfertigen zu können? Sollten beide gewählt werden oder nur einer?

aa) Einwilligung „sicherer"?

Häufig besteht die größere Rechtsunsicherheit bezüglich des Vorliegens anderer Erlaubnistatbeständegegenüber der Einwilligung. Dann kann die Einwilligung die eindeutigere Lösung bieten.[124] Ergibt eine sorgfältige Prüfung jedoch, dass die Voraussetzungen des einschlägigen Erlaubnistatbestandes erfüllt sind, ist es ratsam, die Datenverarbeitung auf diesen zu stützen, statt eine Einwilligung einzuholen. Diese Lösung bietet deshalb mehr Planungssicherheit, da eine Einwilligung jederzeit widerrufen werden (s. noch unten, E.II.) kann. Daneben bedeutet die Einholung einer Einwilligung beispielsweise aufgrund der Nachweispflicht aus Art. 7 Abs. 1 DSGVO einen deutlichen größeren Dokumentationsaufwand.[125] Deshalb kann schon generell nicht von einer Vorzugswürdigkeit der Einwilligung gesprochen werden.

2020, 59 (61) empfehlen Funktionstest ebenfalls um Rügen vorbeugen zu können.

[124] BeckOK-DS/*Albers/Veit,* DSGVO Art. 6, Rn. 27; *Kühling/Buchner*, DSGVO Art. 7, Rn. 17; Specht/Manz/*Golla,* HB-DS § 23, Rn. 21.

[125] *Baur*, Wunderwaffe oder Notnagel, DFN-Infobrief 12/2018, S. 122 f., https://bit.ly/3d1u3D8 (zuletzt abgerufen am 24.3.2021).

Im Fall hier kommt hinzu, dass die Wirksamkeit der Einwilligung wegen des Erfordernisses der Freiwilligkeit sehr fraglich ist.[126] Im Vergleich zur Rechtfertigung auf einer gesetzlichen Grundlage ist dieser Erlaubnistatbestand in diesem Fall mit größerer Rechtsunsicherheit behaftet.[127]

bb) Einwilligung „zur Sicherheit" zusätzlich einholen?

Möglicherweise bietet es sich an, auch bei grundsätzlicher Rechtfertigung über Art. 6 Abs. 1 UAbs. 1 lit. e DSGVO *zusätzlich* eine Einwilligung einzuholen. Das wäre dann von Vorteil, wenn der Verantwortliche auf diese zurückgreifen könnte, in dem Fall, dass der primäre Weg durch ein Gericht als rechtswidrig beurteilt würde.

Die einzelnen Zulässigkeitstatbestände des Art. 6 DSGVO stehen nebeneinander, sodass der für die Verarbeitung Verantwortliche grundsätzlich frei darüber entscheiden kann, auf welchenZulässigkeitstatbestand er sich bei der Datenverarbeitung beruft.[128] Nach dem Wortlaut des Art. 6 Abs.1 DSGVO („mindestens eine der nachstehenden Bedingungen") kann die Verarbeitung außerdem auf mehrere Erlaubnistatbestände gestützt werden.[129] Der Verantwortliche kann folglich auch dann eine Einwilligung einholen, wenn bereits ein anderer Zulässigkeitstatbestand eingreift.[130]

Ob der Verantwortliche sich, sofern er sich zur Einholung einer Einwilligung entscheidet, trotzdem alternativ auf einen gesetzlichen Erlaubnistatbestand berufen kann, ist jedoch zweifelhaft. Denn mit der Einholung der

---

[126] Vgl. dazu oben, B. I. 1. Machtgefälle verhindert Freiwilligkeit?.
[127] *Uphues*, DFN-Infobrief Recht 7/2020, S. 3.
[128] BeckOK-DS/*Albers/Veit,* DSGVO, Art. 6, Rn. 27; *Kühling/Buchner*, DSGVO Art. 7, Rn. 16; einschränkend hierzu aber Paal/Pauly/*Frenzel*, DSGVO Art. 6, Rn. 8, wonach die alternative Anwendung nicht immer in Frage kommt.
[129] BeckOK-DS/*Albers/Veit,* DSGVO, Art. 6, Rn. 27; *Kühling/Buchner*, DSGVO Art. 7, Rn. 16; Kühling/*Buchner/Petri*, DSGVO Art. 6, Rn. 22.
[130] BeckOK-DS/*Albers/Veit,* DSGVO, Art. 6, Rn. 27; *Kühling/Buchner*, DSGVO Art. 7, Rn. 17; Gola/*Schulz*, DSGVO Art. 6, Rn. 12; *Uecker,* ZD 2019, 248 (249).

Einwilligung entsteht bei der betroffenen Person der Eindruck, sie hätte die Entscheidungsmacht darüber, ob ihre Daten verarbeitet werden oder nicht. Wird allerdings dann, wenn die betroffene Person die Einwilligung verweigert oder die Einwilligung unwirksam ist, einfach auf einen anderen Erlaubnistatbestand zurückgegriffen, so stellt dies widersprüchliches und somit nach dem Grundsatz von Treu und Glauben unzulässiges Verhalten dar. Denn die Entscheidungsmacht,die der betroffenen Person suggeriert wurde, existiert letztlich gar nicht.[131]

Eine Einwilligung kann in einem solchen Fall daher *nur dann* zur Rechtfertigung der Datenverarbeitung herangezogen werden, wenn die betroffene Person im Voraus über das zusätzliche und alternative Eingreifen eines gesetzlichen Erlaubnistatbestandes informiert wurde, Art. 13 Abs. 1 lit. c DS-GVO.[132]

Im Ergebnis ist ein Nebeneinander der Erlaubnistatbestände daher möglich, ebenso wie ein „Zurückgreifen" auf die Einwilligung, sofern darüber explizit im Vorfeld informiert wird.

cc) Praktische Schlussfolgerungen im Fall

Da wir im Fall hier die Wirksamkeit einer Einwilligung als eher unwahrscheinlich beurteilen, hingegen die Rechtmäßigkeit der Datenverarbeitung gestützt auf einer gesetzlichen Grundlage als wahrscheinlich, empfehlen wir schon aus diesem Grund, sich ausschließlich qua gesetzlicher Grundlagezu stützen.

Hinzu kommt der aufwändige Dokumentationsaufwand bei Einwilligungen.

---

[131] *Kühling/Buchner*, DSGVO Art. 7, Rn. 18; Kühling/*Buchner/Petri*, DSGVO Art. 6, Rn. 23; Gola/*Schulz*, DSGVO Art. 6, Rn. 12; Simitis/Hornung/Spieker gen. Döhmann/*Schantz,* DSGVO Art. 6 Abs. 1, Rn. 12.
[132] BeckOK-DS/*Albers/Veit,* DSGVO, Art. 6, Rn. 27; *Kühling/Buchner*, DSGVO Art. 7, Rn. 18; Paal/Pauly/*Frenzel*, DSGVO Art. 6, Rn. 8 f.

b) Praktische Schritte vor dem Einsatz von Überwachungsfunktionen

Folgende praktische Schritte sollten die Hochschulen vor dem Einsatz von Überwachungsfunktionen bei Online-Klausuren unternehmen:

Zunächst sollten verbleibende Rechtsfragen im Zusammenhang mit Online-Prüfungen (vgl. D.) geklärt werden.

Online-Prüfungen sollten zudem nur als Teilelement des Prüfungsbetriebes verstanden werden: Präsenzklausuren sindnach den Prämissen dieses Gutachtens zwingend vorrangig. Nur soweit Kapazitäten nicht ausreichen, werden Online-Prüfungen mit Überwachung erforderlich. Möglicherweise könnensie auch ohne Ausschöpfung der Präsenzkapazitäten gerechtfertigt werden; diese Frage wurdeim Gutachten hier indes ausgeklammert.

Außerdem sollte erwogen werden, ob teilweise Umwidmungen von Prüfungsleistungen in Hausarbeiten oder OpenBook-Klausuren in Betracht kommen. Hier müssen die Möglichkeiten unseres Erachtens zumindest aus rechtlicher Sicht nicht zwingend ausgeschöpft werden.[133]

Es bedarf zudem eines Erlasses von Regelungen durch das Rektorat auf Grundlage des § 6 Abs. 3 CoEpHSV. Nach unsererAuffassung würde etwa die oben vorgeschlagene Regelung den *datenschutzrechtlichen* Anforderungen genügen. Losgelöst davon erhöht die Berücksichtigung folgender Hinweise dieWahrscheinlichkeit, dass eine Regelung datenschutzrechtskonform ist:

Es sollte eine möglichst differenzierte Zwecksetzung einzelner Programmfunktionen unter ausdrücklicher Nennung des Zweckes erfolgen.

Die Regelungen sollten außerdem (vorläufig) auf die Zeit der Epidemie (mit konkretem Datum) befristet und ggf. anschließend verlängert werden.

---

[133] So inzwischen auch *OVG Schleswig*, Beschl. v. 3.3.2021 – 3 MR 7/21, BeckRS 2021, 3354 Rn. 47; a.A. aber *Schwartmann* in *Haake,* OdW 2020, 59 (64), welcher Open-Book-Klausuren pauschal als vorrangig bezeichnet und deshalb die Erforderlichkeit von Überwachungsfunktionen in Frage stellt.

Es sollten nur solche Programmfunktionen zugelassen werden, die funktional der Überwachung in einer klassisch-analogen Klausuraufsichtssituation entsprechen

Zudem sollten Maßnahmen vorgesehen werden, welche die Eingriffsintensität abschwächen. Diese können in einer ausführlichen und rechtzeitigen Aufklärung über den Ablauf der Prüfung bestehen, inklusive eines expliziten Hinweises auf die Videoüberwachung des Arbeitsraums. So wird die Möglichkeit gegeben, den Raum auszuwählen und wenn gewünscht zu „depersonalisieren“. Außerdem kann den Studierenden alternativ zur Online-Prüfung zuhause die Möglichkeit eröffnet werden, eine videoüberwachte Prüfungskube in der Uni oder einen analog überwachten Computerraum zu nutzen.

Bei Unsicherheiten über die genannten Punkte muss gegebenenfalls Rücksprache mit der Landesdatenschutzbeauftragten NRW gehalten werden.

Der Anschaffungsprozess von Programmen sollte in Abstimmung mit der IT-Abteilung und dem/der Datenschutzbeauftragten stattfinden.[134] Insbesondere sollte eine ausgewogene Auswahlentscheidung unter Berücksichtigung verschiedenerAlternativen v.a. unter Einbeziehung des gewährleisteten Datenschutzniveaus der Programme getroffen werden.

Es sollten zudem Standarddatenschutzklauseln (SCCs) und ein DSGVO-konformer Auftragsdatenverarbeitungsvertrag (AVV) mit dem jeweiligen Anbieter abgeschlossen werden. Zuletzt sollte, da die Hochschule Verantwortlicher der Datenverarbeitung ist, eine Datenschutzerklärung formuliert werden.

Die Studierenden sollten über den Prüfungsablauf und die Rechtsgrundlagen der Datenverarbeitung rechtzeitig im Vorfeld der Klausuren informiert

---

[134] Vgl. hierzu Gutachten A. I. Datenschutzrechtliche Zulässigkeit von Zoom im Hochschulbetrieb.

werden. Gegebenenfalls sollten Testläufe und andere Schritte unternommen werden, die aus einer dezidiert prüfungsrechtlichen Perspektive der Online-Prüfungen mit Überwachungsfunktionen folgt.

9. Annex: rechtliche Zulässigkeit von Überwachungsfunktionen der Stufen 3 und 4

Die ausführliche Prüfung oben bezieht sich auf die Stufe 2. Bezüglich der Stufen 3 und 4 konnten wir keine *abschließende* Prüfung vornehmen. Aus unseren bisherigen Erkenntnissen ergibt sich aber unsere vorläufige Einschätzung, dass der Einsatz der Überwachungsfunktionen der Stufen 3 und 4, diesich vor allem durch eine Aufzeichnung des Video-Audio-Signals und eine anschließende automatisierte Auswertung auszeichnen, datenschutzrechtlich nicht gerechtfertigt werden kann.

Ansatzpunkte, die einer vertieften Recherche bedürften, und Überlegungen, die zu dieser vorläufigen Einschätzung geführt haben, finden Sie im Folgenden skizziert

Überwachungsfunktionen der Stufen 3 und 4 sind vor allem durch die *Aufzeichnung* von Video- Audio-Signalenund *automatisierte Auswertung* bestimmter Parameter, die zu Verdachtsfällen führen und dienachträgliche menschliche Kontrolle ermöglichen, gekennzeichnet.

Unseres Erachtens liegt keine Verhältnismäßigkeit i.S.d. Art. 6 Abs. 3 S. 4 DSGVO vor [135]

Zwar dürften ein legitimer Zweck und die Geeignetheit gegeben sein. Allerdings scheitert die Verhältnismäßigkeit aus folgenden Gründen an der Erforderlichkeit der Überwachungsfunktionen.

Verkürzt lässt sich die Erforderlichkeit bejahen, wenn kein anderes gleich geeignetes, aber milderes Mittel verfügbar ist. Durch die Speicherung der

---

[135] Ausführlich zu den Voraussetzungen der Verhältnismäßigkeit siehe: C. I. 3. b) dd. Verhältnismäßigkeit.

1:1 Video-Audio-Aufzeichnung liegt gegenüber der Stufe 2 eine eingriffsintensivere Maßnahme vor. Stufe 2 wäre also ein milderes Mittel. Nach unserer Auffassung ist **Stufe 2 auch mindestens gleich geeignet** hinsichtlichdes legitimen Zwecks, Täuschungen zu verringern und Täuschungsversuche rechtssicher zu dokumentieren; **damit wäre Stufe 4 nicht erforderlich.**

Als Ausgestaltung der Stufe 2 wird für die folgenden Aussagen ein „Beobachtungsschlüssel" von 1:6 zugrunde gelegt, d.h. eine studentische oder wissenschaftliche (dann ist der Betreuungsschlüssel bei gleichem Aufwand größer) MitarbeiterIn der Uni überwacht sechs Prüflinge. Nach den Gebühren einer Beispielssoftware, die wir im Rahmen dieser Ausarbeitung geprüft haben (Proctorio), ist dies das ungefähre Kostenäquivalent unter Zugrundelegung folgender Annahmen: Die Gesamtkosten einer studentischen Hilfskraft betragen je Stunde ca. 20 €. Zweistündige Aufsichtsarbeiten erfordern klassischerweise einen Aufwand von 3 Stunden. Beim Einsatz von Proctorio betragen die Kosten pro Prüfung 10 €. Durch diese Äquivalenz entfallen Effizienzerwägungen, die wohl auch zulässigerweise in die Zieldefinition mit einbezogen werden können.[136]

Wesentlicher Vorteil von Stufe 2 gegenüber Stufe 4 ist, dass die 360° Roomscans individuell „nachgesteuert" werden können. Bei dem Roomscan eingangs der Prüfung können Ecken, die noch nicht „ausgeleuchtet" wurden, individuell von der Aufsichtsperson nachgefordert werden. Demgegenüber steht es nach unserem Verständnis bei Stufe 4 mehr oder weniger im Ermessen des Prüflings, wiesorgfältig er den Roomscan durchführt. Hierbei kann er leicht bestimmte Ecken absichtlich übergehen. Dies kann nach außen auch als „Schludrigkeit" verkauft werden. Wir bezweifeln, ob dies allein die Wertung als Täuschungsversuch rechtfertigen würde, zumal der Umgang mit der Technik für alle Seiten neu ist.

---

[136] Sydow/*Reimer*, EU-DSGVO Art. 6, Rn. 47; Ehmann/Selmayr/*Heberlein*, DS-GVO, Art. 6, Rn. 23.

Ähnlich stellt es sich bei den Roomscans während der Prüfung dar. Hier können bei Programmen der Stufe 4 in zufälligen Intervallen Roomscans angefordert werden. Bei verdachtsbezogenen manuell angeordneten Roomscans auf Stufe 2 können diese wiederum zielführender angefordert und gesteuert werden.

Wir stehen bisher außerdem auf dem Standpunkt, dass Täuschungsversuche mit Stufe 4 weniger gut nachgewiesen werden können. Das bisherige Verfahren bei Präsenzklausuren sieht – soweit wir Prüfungserfahrung im Fachbereich Jura gesammelt haben – lediglich einehandschriftliche Dokumentation von auffälligem Verhalten und etwaigen Durchsuchungsergebnissen der zugelassenen Hilfsmittel etc. durch eine der Aufsichtspersonen vor. Diese Dokumentation dient in einem etwaigen Gerichtsverfahren in Kombination mit der Zeugenaussage der Aufsichtsperson als einziges Beweismittel, um die Annahme eines Täuschungsversuches zu bestätigen o-der eben nicht. Das gleiche Verfahren ist auf Stufe 2 ohne weiteres möglich. Hierfür ist nicht die Aufzeichnung der Video-Audio-Sequenz nötig, stattdessen nur die Aufmerksamkeit der Aufsichtsperson und eine schriftliche Dokumentation beobachteten auffälligen Verhaltens.[137] Anders hingegen auf Stufe 4. Hier hat keine Aufsichtsperson persönliche Beobachtungen dokumentiert und daraufhin weitere Erforschungsmaßnahmen ergriffen. Hingegen steht als Beweismittel die Video-Audio-Aufzeichnung und die algorithmische Auswertung verschiedener Parameter wie die Augenbewegungen, Tastaturanschläge etc. zur Verfügung. Offensichtliche Täuschungsversuche wie etwa ein hörbares Gespräch oder das Erscheinen weiterer Personen im Hintergrundsind teilweise gut zu erkennen. Für diese Fälle lässt sich vorstellen, dass die entsprechenden Parameter für den Beweis ausreichen.

---

[137] A.A. wohl *OVG Münster*, Beschl. v. 4.3.2021 – 14 B 278/21, BeckRS 2021, 3495, Rn. 11, wonach eine Aufzeichnung (nicht automatisierte Auswertung) notwendig sei, um fehlende Zeugenaussagen, welche in einer Präsenzprüfung durch andere Anwesende vorliegen, ersetzen zu können.

Für das Szenario eines „Abspickens“ z.B. von einem Handy/Zettel zwischenBildschirm und Laptop etwa hegen wir aber erhebliche Zweifel, ob einem Gericht die Auswertung der genannten Parameter, die dann Auffälligkeiten im Vergleich mit dem Durchschnitt der Prüflinge ergibt, alsBeweismittel reicht. Hier sehen wir die Möglichkeit der Stufe 2,*anlassbezogen konkrete Erforschungsmaßnahmen (weiterer Roomscan)* zu ergreifen, als geeigneter an. Es lassen sich keine veröffentlichten Entscheidungen zu prüfungsrechtlichen Fragen rund um den Einsatz der Programme finden. Nach Aussage von Proctorio in einem Marketing-Meeting gäbe es auch noch keine Erfahrung mit deutschen Gerichten hinsichtlich der Rechtssicherheit ihrer Programmfunktionen (Stufe 3 und 4). Im Übrigen können bestimmte Parameter des Überwachungsprogrammes auch durch Menschen verfolgt werden, z. B. auffällige Augenbewegungen in eine bestimmte Ecke des Raumes.

Aus diesen Erwägungen ergibt sich unsere Überzeugung, dass Stufe 2 mindestensgleich geeignet ist wie Stufe 4, wenn nicht geeigneter. Damit entfällt die Erforderlichkeit für Stufe 4.

Auch die Angemessenheit im engeren Sinne ist unseres Erachtens nicht gegeben. Die Überwachungsfunktionen der Stufe 4 sind aus folgenden Gründen wesentlich eingriffsintensiver:

Die Video-Audio-Sequenzen werden gespeichert. In Täuschungsfällen müssten mit Blick auf ein prüfungsrechtliches Verfahren die Aufzeichnungen zu Beweiszwecken auch auf unbestimmte Zeit aufgehoben werden. Hier ergibt sich ein hohes Missbrauchspotential, welches sich der Kontrolle der Datensubjekte entzöge.

Es findet außerdem eine 1:1-Überwachung statt. Bei einem Human-Proctoring (Stufe 2) würde ein gewisser Verteilungsschlüssel gelten, der wohl nicht geringer ausfallen würde als 1:6. Die Aufsichtsperson kann aber nicht durchgehend jeden der sechs Prüflinge beobachten, sondern müsste den Blick schweifen lassen. Anders bei Stufe 4. Zwar kann argumentiert werden, dass sich manches Video-Audio-Material wegen der automatisierten

Auswertung gar nicht angeschaut wird. Allerdings lässt sich dies nicht kontrollieren und die Möglichkeit dazu bestünde jedenfalls. Außerdem liegt für den Fall der Nachprüfung eine 1 zu 1 Überwachungsaufzeichnung jeder Person vor. Das Äquivalent in der analogen Welt wäre für Stufe 2 ein kleiner Raummit einer Aufsichtsperson für mehrere Prüflinge. Für Stufe 4 hingegenwäre das Äquivalent, dass vor jedem Prüfling eine Aufsichtsperson sitzen und sie die ganze Zeit anschauen würde.

Selbst unter der Prämisse (Einschätzung aber anders, s.o.) geringfügig höhererWirksamkeit könnte daher eine Unzumutbarkeit angenommen werden und also die Angemessenheit im engeren Sinne verneint werden.

Hinzu kommt, dass sich bezüglich des Gesetzesvorbehalt die schon oben für Stufe 2 aufgeworfenen Fragen hier wegen der stärkeren Eingriffstiefe noch dringlicher stellen.[138]

In prüfungsrechtlicher Hinsicht ist unter der Prämisse, dass von einer erhöhten technischen Fehleranfälligkeit auszugehen ist (komplexere Software; für alle Beteiligten eine weitere neue Anwendungsumgebung, daher auch Anwendungsfehler? Performanz des Systems bei mehreren Hundert Teilnehmern?) zu überlegen, wie mit technisch bedingten Unterbrechungen prüfungsrechtlich umzugehen ist.

---

[138] So hat auch das OVG Münster Zweifel an der Bestimmtheit verschiedener Proctoring-Regelungen einer Hochschule geäußert, wodurch eine Verletzung des Gesetzesvorbehaltes nahe liegt: *OVG Münster*, Beschl. v. 4.3.2021 – 14 B 278/21, BeckRS 2021, 3495, Rn. 12.

B. URHEBERRECHT

Wie eng die wissenschaftliche Arbeit mit dem Urheberrecht verknüpft ist, geht bereits aus § 1 UrhG hervor, der ausdrücklich die Urheber wissenschaftlicher Werke unter Schutz stellt. Durch seinen immer größer werdenden Anwendungsbereich, besonders im digitalen Raum, wächst zugleich die Bedeutung dieses Rechtsgebiets. Es ist immer dann betroffen, wenn persönliche geistige Schöpfungen, wie z.B. Texte, Vorlesungen, Vorträge und Präsentationen vervielfältigt, verbreitet oder im Internet öffentlich zugänglich gemacht werden. Für eine solche Nutzung urheberrechtlich geschützter Werke ist in der Regel die Erlaubnis des:der Rechtsinhaber:in erforderlich. Für bestimmte Zwecke sieht das Gesetz allerdings Ausnahmen von dem Erlaubnisvorbehalt vor. Solche sogenannten gesetzlichen Schranken bestehen auch für Nutzungen in der Wissenschaft. Sie tragen dem Umstand Rechnung, dass Wissenschaftler:innen, Lehrende und Studierende nicht nur Urheber:innen geschützter Werke, sondern eben zugleich auch Nutzer:innen solcher Werke sind. Die Rezeption der Werke dient dabei nicht nur dem eigenen Informationsinteresse und dem Interesse an kultureller Teilhabe, sondern sie ist elementare Voraussetzung eines funktionierenden Wissenschaftssystems. Die nachfolgenden Gutachten beschäftigen sich gleichsam mit beiden Seiten des Urheberrechts: dem Schutz des:der Urheber:in und dem Recht auf Nutzung.

Das erste Gutachten behandelt die für die digitale Lehre relevante Frage, wie urheberrechtlich geschützte Inhalte in Online-Vorlesungen urheberrechtskonform genutzt werden. Der darauffolgende Leitfaden geht im Detail auf die Schranke des Zitatrechts gemäß § 51 UrhG und deren Voraussetzungen ein. Im Anschluss beantwortet das dritte Gutachten, wem die Rechte an Vorlesungsunterlagen zustehen – dem:der Hochschullehrer:in oder der Hochschule. Das vierte Gutachten wirft einen Blick auf das europäische Urheberrecht und arbeitet heraus, welche Änderungen für die deutschen Wissenschaftsschranken durch die Reform des europäischen Urheberrechts zu erwarten sind. Das fünfte Gutachten widmet sich abschließend dem Gesetzesentwurf für eine neue Schranke, welche die Vervielfältigung, die Verbreitung und die öffentliche Wiedergabe eines veröffentlichten Werkes zum Zweck der Karikatur, Parodie und Pastiche erlaubt.

I. Urheberrechtliche Aspekte bei der Verwendung von Lehrmaterialien in digitalen Vorlesungen

Leitung: Prof. Dr. Thomas Hoeren

Autor:innen: Julian Albrecht, Malin Fischer (RiDH am ITM) Owen Mc Grath, Nicolas John, Maximilian Wellmann (Forschungsstelle Recht im DFN)

Veröffentlicht am 20. Mai 2020

1. Hintergrund

In der Corona-Krise greifen viele Hochschulen für den Lehrbetrieb auf die Nutzung des Videokonferenzsystems Zoom zurück. Dabei werden in Vorlesungen oder Seminaren, die über Zoom abgehalten werden, zur Veranschaulichung des Unterrichts auch immer wieder fremde Abbildungen, Filmausschnitte oder Texte verwendet. Regelmäßig stellen diese fremden Abbildungen, Filme oder Texte urheberrechtlich geschützte Werke dar.[1] Es stellt sich deshalb die Frage, wie das Verwenden dieser fremden Inhalte in einer Zoom-Konferenz überhaupt urheberrechtlich zu bewerten ist.[2]

2. Urheberrechtlicher Schutz von Werken

Das Urheberrecht dient dem Schutz von Werken. Werke werden vom Urheberrechtsgesetz (UrhG) in § 2 Abs. 2 UrhG als persönlich geistige Schöpfung definiert. Voraussetzung dafür, dass ein Erzeugnis als persönlich geistige Schöpfung eingeordnet wird, ist ein Mindestmaß an individueller Schöpfungshöhe. Die Anforderungen, die an dieses Merkmal gestellt

---

[1] *Sandberger,* OdW 2020, 155 (159).
[2] *Wellmann,* DFN-Infobrief Recht Sonderausgabe COVID-19, S. 2.

werden, sind aber vergleichsweise gering, damit ein möglichst weitgehender Schutz durch das Urheberrecht gewährleistet wird.[3] Zwar hängt die Beurteilung, ob ein Werk im Sinne des Urheberrechts vorliegt, letztlich vom Einzelfall ab. Allerdings sollte berücksichtigt werden, dass der weitreichende Schutz des Urheberrechts auch relativ simple Schöpfungen umfasst. Im Zweifel sollte bei der Verwendung fremder Inhalte deshalb davon ausgegangen werden, dass diese dem Schutz des Urheberrechts unterliegen. Liegt ein Werk im Sinne des Urheberrechts vor, entsteht das Urheberrecht im Unterschied bspw. zum Patentrecht „automatisch", eine Anmeldung o.ä. ist also nicht erforderlich.[4]

3. Eingriff in die Verwertungsrechte des Urhebers

Dem Urheber werden durch das UrhG unter anderem die Verwertungsrechte an seinem Werk, geregelt in den §§ 15 UrhG, vorbehalten. Sie sollen dem Schutz der materiellen Interessen des Urhebers dienen.[5] Das Verwenden fremder urheberrechtlich geschützter Inhalte in der Videokonferenz stellt einen potentiellen Eingriff in diese Verwertungsrechte dar.

Je nach Art der Verwendung der Inhalte bei Zoom kommen jedenfalls Eingriffe in das Vervielfältigungsrecht (§ 16 UrhG) – durch Anfertigen von analogen oder digitalen Kopien – oder in das Recht der öffentlichen Wiedergabe (§ 15 Abs. 2 S. 1 UrhG) – durch das Zeigen bzw. Verwenden der Inhalte in der Zoomkonferenz – in Betracht.

Wird die Zoom-Konferenz mitsamt den dort dargestellten fremden Inhalten aufgezeichnet und anschließend im Inter- oder Intranet veröffentlicht,

---

[3] Schricker/*Loewenheim/Leistner*, UrhG § 2, Rn. 51; Spindler/Schuster/*Wiebe*, UrhG § 2, Rn. 2; Wandtke/*Bullinger*, UrhG § 2, Rn. 21.
[4] Schricker/*Loewenheim/Peifer*, UrhG § 7, Rn. 5; Wandtke/Bullinger/*Thum*, UrhG § 7, Rn. 5, 6.
[5] Spindler/Schuster/*Wiebe*, UrhG § 15, Rn. 1; Schricker/Loewenheim/*v. Ungern-Sternberg*, UrhG § 15, Rn. 6 ff.

wird außerdem in das Recht der öffentlichen Zugänglichmachung (§ 19a UrhG) eingegriffen.

§ 15 Abs. 2 S. 1 UrhG und § 19a UrhG fordern jedoch, dass das Werk gegenüber einer Öffentlichkeit wiedergegeben bzw. dieser zugänglich gemacht wird. Ob das Merkmal der Öffentlichkeit bei einer Videokonferenz über Zoom erfüllt ist, lässt sich nicht pauschal beantworten, sondern obliegt vielmehr einer Beurteilung im Einzelfall und hängt u.a. von der Teilnehmerzahl und davon ab, ob die Konferenz passwortgeschützt ist oder nicht.[6]

Im Zweifelsfall sollte von einer Wiedergabe gegenüber der Öffentlichkeit ausgegangen werden.

4. Lizenzen zur Nutzung und Schranken des Urheberrechts

Greift die Verwendung fremder Inhalte in die Nutzungsrechte des Urhebers ein, führt dies nicht zwangsläufig zu einer Haftung. Um urheberrechtlich geschützte Werke nutzen zu dürfen, sollte zunächst geprüft werden, ob die Hochschule von den jeweiligen Rechteinhabern Lizenzen zur Nutzung eingeholt hat.

Eine Nutzung geschützter Inhalte ist auch mittels freier Lizenzen (z.B. Creative-Commons-Lizenzen) möglich. Mit einer freien Lizenz erlaubt der Urheber in standardisierter Form die Benutzung seines Werkes, ggf. unter Einhaltung bestimmter Lizenzbedingungen.[7] Urheber und Nutzer müssen also nicht mehr persönlich miteinander in Kontakt treten.

Liegen keine (freien) Lizenzen zur Nutzung vor, bedarf es einer gesetzlichen Beschränkung des Urheberrechts, die eine Nutzung des Werkes zu bestimmten Zwecken auch ohne Zustimmung des Urhebers erlaubt.

---

[6] Zur Differenzierung des Merkmals: Schricker/Loewenheim/*v. Ungern-Sternberg*, UrhG § 19a, Rn. 69 f.; Wandtke/*Bullinger*, UrhG § 19a, Rn. 6.
[7] Schricker/Loewenheim/*Peukert*, UrhG § 19a, Rn. 33.

a) Das Zitatrecht, § 51 UrhG

Eine relevante gesetzliche Schranke im Zusammenhang mit der Verwendung fremder Inhalte bei Zoom ist das Zitatrecht gemäß § 51 UrhG.[8] Diese Vorschrift soll jedermann die geistige Auseinandersetzung mit fremden, bereits veröffentlichten Werken ermöglichen[9] und erlaubt dazu das Zitieren von Ausschnitten aus urheberrechtlich geschützten Werken in einem eigenen Werk.[10] Sie kann beispielsweise dann einschlägig sein, wenn in einer Zoom-Konferenz eine PowerPoint-Präsentation geteilt wird, die fremde, urheberrechtlich geschützte Inhalte enthält.

Nach Abs. 1 der Regelung ist die Vervielfältigung, Verbreitung oder öffentliche Wiedergabe eines veröffentlichen Werkes zum Zwecke des Zitats zulässig, sofern die Nutzung in ihrem Umfang durch den besonderen Zweck gerechtfertigt ist. Voraussetzung ist zunächst, dass das verwendete Werk bereits veröffentlicht ist. Das Werk muss also mit Zustimmung des Urhebers bereits der Öffentlichkeit zugänglich gemacht worden sein, § 6 Abs. 1 UrhG.[11]

Nach dem sogenannten Zitatzweck ist außerdem eine geistige, also z.B. kritische Auseinandersetzung mit dem verwendeten Werk erforderlich. Zwischen dem fremden und dem eigenen Werk muss ein innerer Zusammenhang bestehen. Das fremde Werk muss also als Hilfsmittel für eigene Erörterung, beispielsweise als deren Beleg oder Grundlage dienen.[12] Die

---

[8] Detailliert hierzu: B. III. *Fischer,* das Zitatrecht nach § 51 UrhG.

[9] BeckOK UrhR/*Schulz*, UrhG § 51, Rn. 1; Spindler/Schuster/*Wiebe*, UrhG § 51, Rn. 1; Schricker/Loewenheim/*Spindler*, UrhG § 51, Rn. 10.

[10] *Kreutzer/Hirche*, Rechtsfragen zur Digitalisierung in der Lehre, S. 48, https://bit.ly/3deAnY3, Stand 10/2017.

[11] Detailliert hierzu: BeckOK UrhR/*Ahlberg*, UrhG § 6 Rn. 14 ff.; Schricker/Loewenheim/*Katzenberger/Metzger*, UrhG § 6, Rn. 15 ff.; Wandtke/Bullinger/*Marquardt*, UrhG § 6, Rn. 3.

[12] BeckOK UrhR/*Schulz*, UrhG § 51, Rn. 13; Spindler/Schuster/*Wiebe*, UrhG § 51, Rn. 4; Schricker/Loewenheim/*Spindler*, UrhG § 51, Rn. 31; Wandtke/Bullinger/*Lüft*, UrhG § 51, Rn. 3.

Verwendung fremder Inhalte zur bloßen Illustration hingegen ist nicht von § 51 UrhG abgedeckt.[13] Auch die Verwendung eines fremden Werkes, nur um dem Publikum den Zugang zu diesem Werk zu erleichtern, ist nicht von der Schranke erfasst.[14]

Der Umfang, in dem das fremde Werk verwendet werden darf, ist grundsätzlich auf das für die geistige Auseinandersetzung erforderliche Maß begrenzt.[15] Der Umfang des Zitates darf also nicht außer Verhältnis zum Umfang des eigenen Werkes stehen. Einen konkreten Maßstab zur Beurteilung dieses Verhältnisses gibt es jedoch nicht. Die Beurteilung erfolgt also wiederum anhand des Einzelfalls.[16]

Grundsätzlich gilt aber, dass das eigene Werk im Mittelpunkt stehen muss und das zitierte Werk lediglich als Hilfsmittel ergänzend bzw. unterstützend genutzt werden darf.[17]

Nach § 51 S. 2 Nr. 1 UrhG dürfen einzelne Werke sogar vollständig zur Erläuterung des Inhaltes in ein wissenschaftliches Werk aufgenommen werden. Ein Werk hat dann wissenschaftlichen Charakter, wenn es die Darstellung von Erkenntnissen zur Förderung der Wissenschaft beinhaltet.[18]

---

[13] Schricker/Loewenheim/*Spindler*, UrhG § 51, Rn. 35; Wandtke/Bullinger/*Lüft*, UrhG § 51, Rn. 3.
[14] BeckOK UrhR/*Schulz*, UrhG § 51, Rn. 13; Spindler/Schuster/*Wiebe*, UrhG § 51, Rn. 5.
[15] BeckOK UrhR/*Schulz*, UrhG § 51, Rn. 14; Hoeren/Sieber/Holznagel/*Hegemann/Nadolny,* Teil 7.3, Rn. 53; Schricker/Loewenheim/*Spindler*, UrhG § 51, Rn. 41.
[16] *Dreier*/Schulze, UrhG § 51, Rn. 5; Hoeren/Sieber/Holznagel/*Hegemann/Nadolny,* Teil 7.3, Rn. 53; Schricker/Loewenheim/*Spindler*, UrhG § 51, Rn. 41.
[17] OLG München ZUM-RD 2012, 479 (480); Spindler/Schuster/*Wiebe*, UrhG § 51, Rn. 3; Schricker/Loewenheim/*Spindler*, UrhG § 51, Rn. 31.
[18] Schricker/Loewenheim/*Spindler*, UrhG § 51, Rn. 41; Wandtke/Bullinger/*Lüft*, UrhG § 51, Rn. 13.

Bei diesem sogenannten wissenschaftlichen Großzitat ist wiederum der beschriebene Zitatzweck zu beachten. Das verwendete Werk muss also eine Beleg- und Erörterungsfunktion aufweisen, beispielsweise zur Unterstützung der eigenen Gedanken dienen.[19]

§ 51 S. 3 UrhG stellt außerdem klar, dass auch die Nutzung einer Abbildung oder sonstigen Veröffentlichung des zitierten Werkes, auch wenn diese selbst durch ein Urheberrecht oder ein verwandtes Schutzrecht geschützt ist, erlaubt ist. Das bedeutet, dass beispielsweise für das Zitat eines Gemäldes nicht nur das Werk selbst, sondern auch ein Foto davon genutzt werden darf.[20]

Gemäß § 63 Abs. 1 UrhG muss außerdem die Quelle angeben werden, aus der das fremde Werk stammt, also zumindest die Fundstelle und der Name des Autors.[21]

b) Schranken für Unterricht und Lehre, § 60a UrhG

Für die Verwendung fremder Inhalte bei Zoom zur Veranschaulichung des Unterrichts kommt außerdem die Schranke des § 60a UrhG für Unterricht und Lehre in Betracht.[22]

Nach Abs. 1 der Vorschrift dürfen zu nicht kommerziellen Zwecken bis zu 15 % eines veröffentlichen Werkes zur Veranschaulichung des Unterrichts und der Lehre an Bildungseinrichtungen vervielfältigt, verbreitet, öffentlich zugänglich gemacht oder in sonstiger Weise öffentlich wiedergegeben

---

[19] BeckOK UrhR/*Schulz*, UrhG § 51, Rn. 17; Spindler/Schuster/*Wiebe*, UrhG § 51, Rn. 7; Wandtke/Bullinger/*Lüft*, UrhG § 51, Rn. 11.
[20] BeckOK UrhR/*Schulz*, UrhG § 51, Rn. 26.
[21] *BGH*, Urt. v. 10.1.2019 – I ZR 267/15 = GRUR 2019, 813 (Rn. 67); *OLG Hamburg,* GRUR 1974, 165 (167); BeckOK UrhR/*Engels*, UrhG § 63, Rn. 16.
[22] Zur Erwartenden Änderungen durch die DSM-RL vgl.: B. V. *Fischer/Rombach,* Änderungsbedarf und Chancen durch die DSM-RL für das Wissenschaftsurheberrecht, II. Einfluss der DSM-RL auf da UrhWissG.

werden. Nach der Gesetzesbegründung umfasst die Schranke ausdrücklich auch den Fernunterricht über das Internet und das E-Learning.[23]

Voraussetzung, um sich auf die Schranke berufen zu können, ist zunächst wie auch bei § 51 UrhG, dass das verwendete Werk bereits veröffentlicht ist. Die Verwendung des Werkes muss außerdem der Veranschaulichung des Unterrichts dienen. Sie muss den Lernstoff also zumindest ergänzen oder vertiefen.[24]

Weiterhin darf das Werk nach Abs. 1 nur zur Veranschaulichung für Lehrende, Prüfer und Teilnehmer der jeweiligen Veranstaltung (also z.B. der jeweiligen Vorlesung oder des jeweiligen Seminars) genutzt werden. Diese Voraussetzung wird insbesondere dann relevant, wenn eine Zoomkonferenz mitsamt den fremden Inhalten aufgezeichnet und ins Inter- oder Intranet eingestellt wird. Dann muss sichergestellt werden, dass die Aufzeichnung nur den Teilnehmern der jeweiligen Veranstaltung zugänglich gemacht wird.[25] Der Abruf muss also von einer Zugangsbeschränkung (z.B. einem Passwort) abhängig gemacht werden, welche eine Nutzung nur durch die jeweiligen Veranstaltungsteilnehmer ermöglicht. Eine frei zugängliche Bereitstellung der Inhalte im Internet ist hingegen nicht von der Vorschrift umfasst.[26]

Die Grenze der erlaubten Nutzung von 15 % des Umfangs eines Werkes berechnet sich beispielsweise bei einem Druckwerk nach der Gesamtzahl

---

[23] BT-Drs. 18/12329, S. 36.

[24] BeckOK UrhR/*Grübler*, UrhG § 60a Rn. 5, 6; Schricker/Loewenheim/*Stieper*, UrhG § 60a, Rn. 9; Wandtke/Bullinger/*Lüft*, UrhG § 60a, Rn. 10.

[25] BeckOK UrhR/*Grübler*, UrhG § 60a Rn. 17; *Dreier*/Schulze, UrhG 60a, Rn. 10; Spindler/Schuster/*Anton*, UrhG § 60a, Rn. 21 f.; Wandtke/Bullinger/*Lüft*, UrhG § 60a, Rn. 11.

[26] *Dreier*/Schulze, UrhG 60a, Rn. 10; Wandtke/Bullinger/*Lüft*, UrhG § 60a, Rn. 11.

an nummerierten Seiten inklusive der Einleitung, des Inhalts- sowie Literaturverzeichnis (ausgenommen Leerseiten) und bei Film- oder Musikwerken nach den Gesamtspielminuten.[27]

Nach Abs. 2 der Vorschrift dürfen Abbildungen, einzelne Beiträge aus derselben wissenschaftlichen Zeitschrift, sonstige Werke geringen Umfangs und vergriffene Werke auch vollständig genutzt werden. Als Beispiele für Abbildungen führt die Gesetzesbegründung Fotografien an.[28] Aus derselben Zeitschrift dürfen nur einzelne Beiträge genutzt werden, um die Erstverwertung der Zeitschrift nicht zu gefährden. Werke geringen Umfangs sind z.B. Druckwerke mit bis zu 25 Seiten Umfang oder Musikstücke oder Filme mit einer Länge von bis zu 5 Minuten sowie Noten mit bis zu 6 Seiten Umfang.[29] Vergriffene Werke sind solche, die im Handel nicht mehr erhältlich bzw. nicht mehr lieferbar sind.

Liegen die Voraussetzungen des § 60a UrhG vor, können fremde Werke erlaubnisfrei genutzt werden. Gemäß § 60h UrhG ist eine Nutzung nach Maßgabe des § 60a UrhG grundsätzlich zu vergüten. Hierfür werden regelmäßig Gesamtverträge zwischen den Universitäten und den Verwertungsgesellschaften abgeschlossen.

5. Zusammenfassung

Die Verwendung fremder, urheberrechtlich geschützter Inhalte bei Zoom, die zur Veranschaulichung des Unterrichts dienen sollen, stellt regelmäßig einen Eingriff in die Verwertungsrechte des Urhebers dar.

---

[27] BeckOK UrhR/*Grübler*, UrhG § 60a Rn. 11; Spindler/Schuster/*Anton*, UrhG § 60a, Rn. 25; Schricker/Loewenheim/*Stieper*, UrhG § 60a, Rn. 13 f.; Wandtke/Bullinger/*Lüft*, UrhG § 60a, Rn. 13.

[28] BT-Drs. 18/12329, S. 35.

[29] Schricker/Loewenheim/*Stieper*, UrhG § 60a, Rn. 18, 19; BT-Drs. 18/12329, S. 35.

Um die Inhalte trotzdem nutzen zu können, bedarf es entweder einer (freien) Lizenz zur Nutzung oder aber einer gesetzlichen Schranke des Urheberrechts.

In diesem Zusammenhang ist zum einen das Zitatrecht gem. § 51 UrhG von Bedeutung, welches das Zitieren von Teilen eines fremden Werkes in einem eigenen Werk erlaubt. Dabei ist insbesondere der sogenannte Zitatzweck zu berücksichtigen, wonach eine geistige Auseinandersetzung mit dem zitierten Werk erfolgen muss.

Als gesetzliche Schranke kommt zum anderen § 60a UrhG in Betracht, der die Nutzung urheberrechtlich geschützter Werke zur Veranschaulichung des Unterrichts oder der Lehre an Bildungseinrichtungen erlaubt.[30] Der Umfang, in dem ein Werk genutzt werden darf, beschränkt sich nach Abs. 1 der Vorschrift auf 15 %. In Abs. 2 werden hiervon Ausnahmen für bestimmte Werkarten gemacht, die auch vollumfänglich genutzt werden dürfen.

---

[30] Zur Erwartenden Änderungen durch die DSM-RL vgl.: B. V. *Fischer/Rombach,* Änderungsbedarf und Chancen durch die DSM-RL für das Wissenschaftsurheberrecht, II. 2. Umfang erlaubnisfreier Nutzung.

II. Das Zitatrecht nach § 51 Urheberrechtsgesetz

Leitung: Prof. Dr. Thomas Hoeren

Autorin: Wissenschaftliche Mitarbeiterin Malin Fischer

Veröffentlicht: 26. November 2020

§ 51 Urheberrechtsgesetz (UrhG)

„Zulässig ist die Vervielfältigung, Verbreitung und öffentliche Wiedergabe eines veröffentlichten Werkes zum Zwecke des Zitats, sofern die Nutzung in ihrem Umfang durch den besonderen Zweck gerechtfertigt ist.

Zulässig ist dies insbesondere, wenn

1. einzelne Werke nach der Veröffentlichung in ein selbstständiges wissenschaftliches Werk zur Erläuterung des Inhalts aufgenommen werden,
2. Stellen eines Werkes nach der Veröffentlichung in einem selbstständigen Sprachwerk angeführt werden,
3. einzelne Stellen eines erschienenen Werkes der Musik in einem selbstständen Werk der Musik angeführt werden.

Von der Zitierbefugnis gemäß Satz 1 und 2 umfasst ist die Nutzung einer Abbildung oder sonstigen Vervielfältigung des zitierten Werkes, auch wenn diese selbst durch ein Urheberrecht oder ein verwandtes Schutzrecht geschützt ist.“

1. Überblick über das Zitatrecht

Das Zitatrecht spielt bei der Verwendung urheberrechtlich geschützter Inhalte in der (digitalen) Lehre eine wichtige Rolle.[1] Es ermöglicht die Nutzung fremder geschützter Werke oder Teile davon in einem eigenen Werk zum Zwecke der geistigen Auseinandersetzung.[2] Hierzu kann das fremde Werk vervielfältigt, also z.B. kopiert, oder auch verbreitet oder öffentlich wiedergegeben, also insbesondere ins Internet eingestellt werden. Eigene Werke, die fremde Werke in zulässiger Weise zitieren, können daher im Prinzip auf alle erdenklichen Arten verwerten werden.[3]

Anders als viele andere Schrankenbestimmungen im Urheberrecht ersetzt das Zitatrecht nicht nur das Gebot der Zustimmung zur Nutzung durch den Urheber, sondern befreit auch von der Vergütungspflicht für die Nutzung.[4]

Insbesondere im Zusammenhang mit der frei zugänglichen Veröffentlichung von Open Education Resources (OER) im Internet ist das Zitatrecht von großer Bedeutung. Denn die für die Hochschullehre durchaus wichtige Schranke des § 60a UrhG, welche die Nutzung fremder geschützter Inhalte für den Unterricht und die Lehre erlaubt, greift in der Regel bei der Veröffentlichung von OER-Inhalten im Internet nicht ein. Grund dafür ist, dass die Vorschrift nur eine Zugänglichmachung von Inhalten für die Teilneh-

---

[1] Zu urheberrechtlichen Aspekten in der digitalen Lehre s. auch: B. IV. *Albrecht/Fischer/McGrath/John/Wellmann,* Urheberrechtliche Aspekte bei der Verwendung von Lehrmaterialien in digitalen Vorlesungen.
[2] BeckOK UrhR/*Schulz*, UrhG § 51, Rn. 1; Spindler/Schuster/*Wiebe*, UrhG § 51, Rn. 1; Schricker/Loewenheim/*Spindler*, UrhG § 51, Rn. 10.
[3] *Kreutzer/Hirche*, Rechtsfragen zur Digitalisierung in der Lehre, S. 48, https://bit.ly/3deAnY3, Stand 10/2017.
[4] *Kreutzer/Hirche*, Rechtsfragen zur Digitalisierung in der Lehre, S. 52, https://bit.ly/3deAnY3, Stand 10/2017.

mer der jeweiligen Lehrveranstaltung erlaubt. Die frei zugängliche Veröffentlichung von Inhalten ist hingegen nicht von der Schranke umfasst.[5] Dann bleibt, sofern keine Nutzungsrechte eingeholt wurden, oft nur der Rückgriff auf die Schranke des Zitatrechts, um die Inhalte urheberrechtskonform zu veröffentlichen.[6]

2. Voraussetzungen

Nach S. 1 ist die Vervielfältigung, Verbreitung oder öffentliche Wiedergabe eines veröffentlichen Werkes zum Zwecke des Zitats zulässig, sofern die Nutzung in ihrem Umfang durch den besonderen Zweck gerechtfertigt ist. Konkret müssen folgende Voraussetzungen erfüllt sein, um die Verwendung von urheberrechtlich geschützten Werken auf das Zitatrecht gem. § 51 UrhG stützen zu können.

a) Veröffentlichtes Werk

Zunächst muss das fremde Werk, das zitiert werden soll, bereits veröffentlicht sein. Das Werk muss also mit Zustimmung des Berechtigten der Öffentlichkeit zugänglich gemacht worden sein, § 6 Abs. 1 UrhG.[7] In aller Regel dürfte es sich bei den zitierten Werken um bereits veröffentlichte Werke handeln, sodass diese Voraussetzung meist problemlos zu bejahen ist.

b) Zitatzweck

Die wohl wichtigste Voraussetzung ist der sog. Zitatzweck. Ein Zitat liegt danach erst dann vor, wenn eine Auseinandersetzung mit dem fremden

---

[5] BeckOK UrhR/*Grübler*, UrhG § 60a Rn. 17; Spindler/Schuster/*Anton*, UrhG § 60a, Rn. 21 f.

[6] S. hierzu *Fischer*, OER-Content und Urheberrecht, v. 13.05.2020, abrufbar unter https://www.itm.nrw/wp-content/uploads/RiDHnrw_13.05.20_OER-Content-und-Urheberrecht-1.pdf (zuletzt abgerufen am 29.03.2021).

[7] Detailliert vgl.: BeckOK UrhR/*Ahlberg*, UrhG § 6 Rn. 14 ff.; Schricker/Loewenheim/*Katzenberger/Metzger*, UrhG § 6, Rn. 15 ff.; Wandtke/Bullinger/*Marquardt*, UrhG § 6, Rn. 3.

Werk stattfindet.[8] Das zitierte Werk muss also als Beleg oder Grundlage eigener Erörterung dienen.[9] Eine simple Kopie des fremden Werkes ist daher kein Zitat i.S.d. § 51 UrhG. Das zitierte Werk darf zudem nicht für sich selbst sprechen oder gar den Mittelpunkt des eigenen Werkes darstellen.[10] Es muss vielmehr als bloßes Hilfsmittel für eigene Ausführungen dienen.[11]

Auch die Verwendung eines fremden Werkes allein zur Ausschmückung ist nicht vom Zitatzweck umfasst.[12] Gleiches gilt, wenn das Werk als Blickfang ohne jegliche Belegfunktion eingesetzt wird oder das zitierte Werk eigene Aussagen vollständig ersetzt.[13] Nicht vom Zitatzweck umfasst ist außerdem die Nutzung des fremden Werkes, nur um dieses für das Publikum leichter zugänglich zu machen.[14]

Das verwendete Werk muss zudem als Zitat gekennzeichnet werden und sich von dem eigenen Werk abheben. Bei Sprachwerken werden hierfür

---

[8] *BMBF*, Urheberrecht in der Wissenschaft, S. 11 abrufbar unter https://www.bmbf.de/upload_filestore/pub/Handreichung_UrhWissG.pdf (abgerufen am 29.03.2021).
[9] BeckOK UrhR/*Schulz*, UrhG § 51, Rn. 13; Spindler/Schuster/*Wiebe*, UrhG § 51, Rn. 4; Schricker/Loewenheim/*Spindler*, UrhG § 51, Rn. 31; Wandtke/Bullinger/*Lüft*, UrhG § 51, Rn. 3.
[10] *Dreier*/Schulze, UrhG § 51, Rn. 3; Schricker/Loewenheim/*Spindler*, UrhG § 51, Rn. 48.
[11] OLG München ZUM-RD 2012, 479 (480); Spindler/Schuster/*Wiebe*, UrhG § 51, Rn. 3; Schricker/Loewenheim/*Spindler*, UrhG § 51, Rn. 31.
[12] Schricker/Loewenheim/*Spindler*, UrhG § 51, Rn. 35; Wandtke/Bullinger/*Lüft*, UrhG § 51, Rn. 3.
[13] Spindler/Schuster/*Wiebe*, UrhG § 51, Rn. 4; Wandtke/Bullinger/*Lüft*, UrhG § 51, Rn. 3.
[14] BeckOK UrhR/*Schulz*, UrhG § 51, Rn. 13; Spindler/Schuster/*Wiebe*, UrhG § 51, Rn. 5.

üblicherweise Anführungszeichen oder ähnliche Hervorhebungen genutzt.[15] Bei Musikzitaten muss es hingegen genügen, wenn die zitierte Melodie aufgrund ihres Bekanntheitsgrads als fremd erkannt wird.[16]

c) Umfang

Gemäß § 51 S. 1 UrhG muss der Umfang des Zitates durch den Zitatzweck gerechtfertigt sein. Der Zitatzweck bestimmt daher neben dem Ob auch den Umfang des Zitats.[17] Grundsätzlich gilt, dass der Umfang das für die geistige Auseinandersetzung erforderliche Maß nicht überschreiten darf.[18] Konkrete Maßstäbe, anhand derer sich der zulässige Umfang berechnen lässt, existieren jedoch nicht. Vielmehr bestimmt sich die Grenze des erlaubten Umfangs nach einer Abwägung der Umstände des jeweiligen Einzelfalls.[19] Dabei sind der Zitatzweck, der Umfang und der Inhalt des fremden, zitierten Werkes sowie der Umfang und Inhalt des eigenen, zitierenden Werkes zu berücksichtigen.[20]

Als Leitlinie bei der Beurteilung des zulässigen Umfangs eines Zitats gilt, dass das eigene Werk im Mittelpunkt stehen muss und das zitierte Werk nur als Hilfsmittel unterstützend bzw. ergänzend eingesetzt werden darf.[21]

---

[15] Schricker/Loewenheim/*Spindler*, UrhG § 51, Rn. 31; Wandtke/Bullinger/*Lüft*, UrhG § 51, Rn. 5.
[16] Hoeren/Sieber/Holznagel/*Hegemann/Nadolny,* Teil 7.3, Rn. 49; Schricker/Loewenheim/*Spindler*, UrhG § 51, Rn. 31; Wandtke/Bullinger/*Lüft*, UrhG § 51, Rn. 5.
[17] BeckOK UrhR/*Schulz*, UrhG § 51, Rn. 14; Hoeren/Sieber/Holznagel/*Hegemann/Nadolny,* Teil 7.3, Rn. 53; Schricker/Loewenheim/*Spindler*, UrhG § 51, Rn. 41.
[18] BeckOK UrhR/*Schulz*, UrhG § 51, Rn. 14; Schricker/Loewenheim/*Spindler*, UrhG § 51, Rn. 41.
[19] *Dreier*/Schulze, UrhG § 51, Rn. 5; Hoeren/Sieber/Holznagel/*Hegemann/Nadolny,* Teil 7.3, Rn. 53; Schricker/Loewenheim/*Spindler*, UrhG § 51, Rn. 41.
[20] Wandtke/Bullinger/*Lüft*, UrhG § 51, Rn. 6.
[21] OLG München ZUM-RD 2012, 479 (480); Spindler/Schuster/*Wiebe*, UrhG § 51, Rn. 3; Schricker/Loewenheim/*Spindler*, UrhG § 51, Rn. 31.

Finden sich in dem eigenen Werk hingegen überwiegend oder ausschließlich Zitate wieder, ist dies nicht mehr von dem Zitatrecht gedeckt. [22]

d) Wissenschaftliches Großzitat

§ 51 S. 2 Nr. 1 UrhG regelt das wissenschaftliche Großzitat. Danach dürfen einzelne, bereits veröffentlichte Werke vollständig in ein selbstständiges wissenschaftliches Werk zur Erläuterung des Inhalts aufgenommen werden.

Das eigene, zitierende Werk muss zunächst wissenschaftlicher Art sein. Das ist dann der Fall, wenn das Werk nach Rahmen, Form und Inhalt durch die Vermittlung von Erkenntnissen der Förderung der Wissenschaft dienen will.[23] Der Begriff der Wissenschaft meint dabei das methodisch-systematische Streben nach Erkenntnis.[24] Da die an Hochschulen gelehrte Wissenschaft zweifelsohne unter diesen Wissenschaftsbegriff fällt[25], dürften auch in diesem Zusammenhang erstellte Materialien regelmäßig wissenschaftliche Werke im Sinne der Vorschrift darstellen.

Im Rahmen des wissenschaftlichen Großzitates dürfen auch ganze Werke in das eigene Werk mitaufgenommen werden. Auch hier setzt der Zitatzweck dem Umfang, in dem das fremde Werk zitiert wird, allerdings Grenzen. Findet beispielsweise eine Auseinandersetzung nur mit Teilen eines fremden Werkes statt, so erlaubt der Zitatzweck auch nur die Aufnahme dieser Teile.[26]

---

[22] *Kreutzer/Hirche*, Rechtsfragen zur Digitalisierung in der Lehre, S. 52, https://bit.ly/3deAnY3, Stand 10/2017.
[23] Schricker/Loewenheim/*Spindler*, UrhG § 51, Rn. 41; Wandtke/Bullinger/*Lüft*, UrhG § 51, Rn. 13.
[24] Wandtke/Bullinger/*Lüft*, UrhG § 51, Rn. 13.
[25] Schricker/Loewenheim/*Spindler*, UrhG § 51, Rn. 64.
[26] Schricker/Loewenheim/*Spindler*, UrhG § 51, Rn. 73.

Wie bereits erwähnt gilt auch bei dem wissenschaftlichen Großzitat der Zitatzweck. Die Vorschrift beschreibt diesen sogar explizit, indem sie die Verwendung des fremden Werkes nur zur Erläuterung des Inhaltes des eigenen Werkes erlaubt.[27] Das fremde Werk muss also dazu dienen, gerade den wissenschaftlichen Inhalt des eigenen Werkes zu erläutern. Der Zweck geht damit über eine reine Belegfunktion hinaus. Zur Erläuterungen des wissenschaftlichen Inhalts eines Werkes dienen beispielswiese Textausschnitte aus historischen Dokumenten in einem geschichtlichen Werk.[28]

e) Kleinzitat

In § 51 S. 2 Nr. 2 UrhG ist das sog. Kleinzitat geregelt. Danach dürfen Stellen eines bereits veröffentlichten Werkes in einem selbstständigen Sprachwerk angeführt werden.

Das Zitatrecht nach § 51 S. 2 Nr. 2 UrhG gilt gemäß dem Wortlaut nur für das Zitieren in selbstständigen Sprachwerken. Der Begriff des Sprachwerks findet sich in § 2 Abs. 1 Nr. 1 UrhG wieder und umfasst solche Werke, die den gedanklichen Gehalt mit Mitteln der Sprache transportieren.[29] Als Unterbegriffe des Sprachwerks werden in § 2 Abs. 1 Nr. 1 UrhG beispielhaft Schriftwerke, also z.B. Romane, Erzählungen, Abhandlungen wissenschaftlichen Inhalts, Zeitschriftenaufsätze oder Zeitungsartikel, außerdem Reden und Computerprogramme aufgelistet.[30]

Weiterhin dürfen nur Stellen eines bereits veröffentlichten Werkes, also „kleine Ausschnitte" zitiert werden.[31] Für die Bewertung, ob ein solcher kleiner Ausschnitt vorliegt, kommt es zum einen auf das Verhältnis der

---

[27] BeckOK UrhR/*Schulz*, UrhG § 51, Rn. 17; Spindler/Schuster/*Wiebe*, UrhG § 51, Rn. 7; Wandtke/Bullinger/*Lüft*, UrhG § 51, Rn. 11.
[28] *Dreier*/Schulze, UrhG § 51, Rn. 13.
[29] BeckOK UrhR/*Ahlberg*, UrhG § 2, Rn. 4; Schricker/Loewenheim/*Spindler*, UrhG § 51, Rn. 78;
[30] BeckOK UrhR/*Ahlberg*, UrhG § 2, Rn. 7 ff.
[31] Wandtke/Bullinger/*Lüft*, UrhG § 51, Rn. 8.

Länge des Zitates zum Umfang des fremden, zitierten Werkes an. Zum anderen ist die Länge des Zitates selber entscheidend.[32] Regelmäßig sollte das Zitat allerdings nur einen Bruchteil des zitierten Werkes beinhalten. Bei Werken kleineren Umfangs kann daher weniger, bei Werken mit großem Umfang auch mehr zitiert werden.[33] Sofern der Zitatzweck es jedoch erfordert, beispielsweise aufgrund einer besonderen Wortwahl des zitierten Werkes, die sich nicht in wenigen Sätzen veranschaulichen lässt[34], können im Ausnahmefall auch größere Teile oder sogar das gesamte Werk zitiert werden.[35]

Zwar gilt wie erwähnt auch beim Kleinzitat der Zitatzweck. Dieser reicht allerdings weiter als der Zitatzweck im Rahmen des wissenschaftlichen Großzitates. Das Zitat darf also nicht ausschließlich zur Erläuterung des Inhalts dienen, sondern kann beispielsweise auch als Motto oder Devise oder als ein künstlerisches Stilmittel eingesetzt werden.[36]

f) Nutzung einer Abbildung oder sonstigen Vervielfältigung des zitierten Werkes

§ 51 S. 3 UrhG, der durch das Urheberrechts-Wissensgesellschafts-Gesetz (UrhWissG) in die Vorschrift eingefügt wurde[37], stellt klar, dass auch Abbildungen oder sonstige Vervielfältigungen des zitierten Werkes genutzt werden dürfen, auch wenn diese selbst durch ein Urheberrecht oder verwandtes Schutzrecht geschützt sind. Das bedeutet, dass beispielsweise für das Zitat eines Gemäldes nicht nur das Werk selbst, sondern auch ein Foto davon verwendet werden darf. Es kommt daher auch nicht darauf an, ob

---

[32] *Dreier*/Schulze, UrhG § 51, Rn. 14.
[33] Schricker/Loewenheim/*Spindler*, UrhG § 51, Rn. 83.
[34] *BGH*, GRUR 1986, 59 (60 f.).
[35] Schricker/Loewenheim/*Spindler*, UrhG § 51, Rn. 84.
[36] *Dreier*/Schulze, UrhG § 51, Rn. 15.
[37] BeckOK UrhR/*Schulz*, UrhG § 51, Rn. 26.

sich in seinem eigenen Werk nur mit dem Gemälde oder zugleich auch mit dem Foto auseinandergesetzt wird.[38]

g) Veränderungsverbot

Beim Zitieren ist außerdem zu berücksichtigen, dass das zitierte Werk gem. § 62 Abs. 1 UrhG grundsätzlich nicht verändert werden darf. Dem Veränderungsverbot werden durch das Zitatrecht allerdings Grenzen gesetzt. Es ist beispielsweise selbstverständlich erlaubt, das zitierte Werk zu kürzen, sofern dies nach den Vorgaben des § 51 UrhG erforderlich ist. Auch die Umänderung von direkter in indirekte Rede beim Zitieren von Sprache ist zulässig. Vorgenommene Änderungen müssen allerdings gekennzeichnet werden.[39]

h) Quellenangabe

Zuletzt muss bei einem Zitat gem. § 63 Abs. 1 S. 1 UrhG die Quelle des zitierten Werkes angegeben werden. Die Regelung schreibt allerdings nicht eindeutig vor, welche Informationen die Quellenangabe beinhalten muss.[40] Aus den Formulierungen des § 63 Abs. 1, 2 und 3 UrhG („neben dem Urheber“; „die Quelle, einschließlich des Urhebers“; „außer dem Urheber“) ergibt sich jedoch, dass jedenfalls der Name des Urhebers angegeben werden muss.[41] Darüber, ob Vor- und Nachname anzugeben sind oder die Angabe des Nachnamens ausreicht, sofern keine Verwechslungsgefahr besteht, herrscht in der Literatur keine Einigkeit. Der rechtssicherere Weg ist es jedenfalls, stets den vollen Namen des Urhebers anzugeben. Werden ganze Sprach- oder Musikwerke zitiert, schreibt § 63 Abs. 1 S. 2 UrhG vor, dass auch der Verlag anzugeben ist, in dem das Werk erschienen ist.

---

[38] BeckOK UrhR/*Schulz*, UrhG § 51, Rn. 26.
[39] *Kreutzer/Hirche*, Rechtsfragen zur Digitalisierung in der Lehre, S. 52, https://bit.ly/3deAnY3, Stand 10/2017.
[40] BeckOK UrhR/*Engels*, UrhG § 63, Rn. 13.
[41] *BGH*, Urt. v. 10.1.2019 – I ZR 267/15 = GRUR 2019, 813 (Rn. 67).

Ansonsten gilt die Leitlinie, dass die Angaben zu machen sind, die eine eindeutige Zuordnung des Urhebers zu seinem Werk und das Auffinden des Originalwerks ermöglichen.[42] Die Rechtsprechung verlangt dazu neben der Angabe des Urhebers stets jedenfalls auch die Nennung des Werktitels.[43]

Bei Auszügen aus regelmäßig erscheinenden Druckwerken, z.B. einem Zeitschriftenbeitrag, sind zudem das Publikationsorgan, die jeweilige Ausgabe und das Erscheinungsdatum sowie die Seitenzahl anzugeben.[44] Bei zitierten Werken, die im Internet veröffentlicht sind, muss die URL, der Titel des Werkes und der Name des Urhebers angegeben werden[45] und zwar unabhängig davon, ob das eigene, zitierende Werk wiederum im Internet oder in einem klassischen Medium veröffentlicht wird.[46]

§ 63 Abs. 1 S. 1 UrhG schreibt außerdem vor, dass die Quelle deutlich angegeben werden muss. Erforderlich ist dazu, dass die Quellenangabe nach Form und Größe derart dargestellt wird, dass der Urheber ohne größeren Aufwand zu erkennen ist.[47] Insbesondere ist sie so zu platzieren, dass das Publikum das zitierte Werk oder den zitierten Werkteil ohne weiteres mit ihr in Verbindung bringen kann. So ist beispielsweise bei Vervielfältigungsstücken (z.B. bei Fotografien oder Grafiken) die Quellenangabe regelmäßig an dem Vervielfältigungsstück selbst oder direkt daneben anzubringen.[48] Ansonsten ist auch eine Quellenangabe am Ende des eigenen, zitierenden Werkes zulässig, wenn die Quellen z.B. durch die Angabe von

---

[42] BeckOK UrhR/*Engels*, UrhG § 63, Rn. 16.
[43] *OLG Hamburg,* GRUR 1974, 165 (167).
[44] Wandtke/*Bullinger*, UrhG § 57, Rn. 12.
[45] BeckOK UrhR/*Engels*, UrhG § 63, Rn. 16.
[46] Schricker/Loewenheim/*Spindler*, UrhG § 63, Rn. 14.
[47] BeckOK UrhR/*Engels*, UrhG § 63, Rn. 19.
[48] Wandtke/*Bullinger*, UrhG § 57, Rn. 15.

Seitenzahlen oder Abbildungsnummern unzweifelhaft zugeordnet werden kann.[49]

3. Zusammenfassung

Das Zitatrecht erlaubt die Verwendung fremder, urheberrechtlich geschützter Werke oder Werkteile in einem eigenen Werk zur geistigen Auseinandersetzung. Dazu kann das fremde Werk vervielfältigt, verbreitet oder öffentlich wiedergegeben werden.

Voraussetzung ist zunächst, dass das zitierte Werk bereits veröffentlicht ist, wobei diese Voraussetzung regelmäßig erfüllt sein dürfte. Daneben ist insbesondere die Einhaltung des Zitatzwecks zu beachten. Das fremde Werk muss danach als Beleg oder Grundlage eigener Erörterungen dienen. Auch der Umfang, in dem das fremde Werk zitiert wird, ist durch den Zitatzweck begrenzt. Es darf daher nur so viel zitiert werden, wie für die geistige Auseinandersetzung erforderlich ist.

Im Rahmen des wissenschaftlichen Großzitates dürfen fremde Werke auch vollständig in ein eigenes, wissenschaftliches Werk aufgenommen werden. Auch hierbei ist jedoch der Zitatzweck zu berücksichtigen. Danach muss das fremde Werk gerade dazu dienen, den wissenschaftlichen Inhalt des eigenen Werkes zu erläutern.

Das Kleinzitat erlaubt es, kleine Ausschnitte aus fremden Werken in einem eigenen Sprachwerk anzuführen. Der Zitatzweck reicht hierbei deutlich über den des wissenschaftlichen Großzitates hinaus und lässt die Nutzung der fremden Werkteile beispielsweise auch als Motto, Devise oder künstlerisches Stilmittel zu.

§ 51 S. 3 UrhG stellt schließlich klar, dass nicht nur das zitierte Werk selbst, sondern auch Abbildungen oder sonstige Vervielfältigungen davon genutzt werden dürfen, auch wenn diese selbst urheberrechtlich geschützt

---

[49] Schricker/Loewenheim/*Spindler*, UrhG § 63, Rn. 15a.

sind. So kann beispielsweise neben einem Gemälde auch ein Foto davon im Rahmen des Zitates verwendet werden.

Zu beachten ist beim Zitieren noch das Veränderungsverbot gem. § 62 Abs. 1 UrhG, wonach das zitierte Werk grundsätzlich nicht verändert werden darf. Selbstverständlich sind aber Änderungen im Sinne einer Kürzung zulässig, wenn nur Ausschnitte des fremden Werkes zitiert werden sollen bzw. dürfen.

Zu guter Letzt ist bei einem Zitat stets die Quelle des zitierten Werkes anzugeben. Das Gesetz macht keine konkreten Angaben dazu, welchen Inhalt und welche Form die Quellenangabe haben muss. Jedenfalls der Name des Urhebers muss stets genannt werden. Ansonsten müssen solche Angaben gemacht werden, welche die eindeutige Zuordnung des Urhebers zu seinem Werk und das Auffinden des Originals ermöglichen. Dazu gehört jedenfalls immer auch der Titel des Werkes. Zudem ist die Quellenangabe deutlich anzugeben. Sie ist also insbesondere so anzuordnen, dass das zitierte Werk ohne Mühe mit ihr in Verbindung gebracht werden kann.

III. Nutzungsrechte an Lehrmaterialien

Leitung: Prof. Dr. Thomas Hoeren

Autor: Maximilan Wellmann

Veröffentlicht am 7. September 2020

1. Fragestellungen

   - Wem sind die Rechte an Vorlesungsunterlagen zugewiesen, dem Hochschullehrer oder der Hochschule?[1] Kann die Hochschule Nutzungsrechte an den Vorlesungsunterlagen geltend machen?

   - Besteht ein Herausgabeanspruch an Vorlesungsmaterialien seitens des Dienstherrn?

2. Zusammenfassende Antwort

   - Die Rechte an den Vorlesungsunterlagen sind den Hochschullehrenden zugewiesen. Die Hochschule erwirbt über § 43 Urheberrechtsgesetz (UrhG) kein Nutzungsrecht an den entsprechenden Unterlagen, es sei denn es ist dienstvertraglich etwas Anderes festgelegt. Eine Differenzierung ist zwischen Lehrenden an Präsenzuniversitäten und Lehrenden an Fernuniversitäten geboten.

   - Es besteht kein sachenrechtlicher Herausgabeanspruch des Dienstherrn an Vorlesungsmaterialien.

3. Zuweisung von Urheberrecht an Vorlesungsmaterialien

Im Folgenden wird die aus dem RiDHnrw-Kurzgutachten (1) Urheberrecht an kollaborativ durch Studierende geschaffene Texte; (2) Nutzungsrechte

---

[1] Zur urheberrechtlichen Einordnung des Distance Learning: *Wellmann,* DFN-Infobrief Recht Sonderausgabe COVID-19, S. 2.

an Vorlesungsmaterialien“ vom 03.08.2020[2] bereits bekannte Fragestellung, wem die Nutzungsrechte an Vorlesungsmaterialien zustehen, weiter vertieft und um eine sachenrechtliche Betrachtung ergänzt. Für die Grundlagen (Schutzfähigkeit von Vorlesungsmaterialien, § 43 UrhG, Lehrfreiheit Art. 5 Abs. 3 GG) wird auf die dortigen Ausführungen verwiesen.

a) Anwendungsberiech des § 43 UrhG

§ 43 UrhG sieht vor, dass dem Dienstherrn, konkludent ein ausschließliches Nutzungsrecht an von dem:der Bediensteten geschaffenen Werken zufällt, die „in Erfüllung seiner Verpflichtungen aus einem Arbeits- oder Dienstverhältnis geschaffen“ werden. Der Bundesgerichtshof (BGH) stellt hierzu fest, dass „dem berechtigten Interesse des Dienstherrn an einer rechtlich gesicherten Verwertung der Werke Rechnung zu tragen [ist], die seine Bediensteten in Erfüllung ihrer Dienstpflichten geschaffen haben. Deshalb ist davon auszugehen, dass ein Beamter, der in Erfüllung seiner Dienstpflichten ein Werk geschafften hat, seinem Dienstherrn stillschweigend sämtliche Nutzungsrechte einräumt, die dieser zur Erfüllung seiner Aufgaben benötigt“[3].

In dem vom BGH zu entscheidenden Fall ging es allerdings um einen Bauoberrat des Landes Niedersachsens der für die Gestaltung und den Bau von Lärmschutzwänden zuständig war. Eine schematische Übertragung der in diesem Urteil formulierten Grundsätze auf Hochschullehrende verbietet sich jedoch vor dem Hintergrund ihrer besonderen dienstrechtlichen Stellung (vgl. § 4 Abs. 1 Hochschulrahmengesetz (HRG)) und der Lehrfreiheit aus Art. 5 Abs. 3 Grundgesetz (GG).

---

[2] Zuletzt abgerufen am 9.9.20 unter https://itm.nrw/wp-content/uploads/RiD-HNrw_03.08.20_Anfragen-betreffend-das-Urheberrecht_Miturheberschaft_Vorlesungsmaterialien_pdf.

[3] BGH, Urt. v. 12.05.2010 – I ZR 209/07, Rn. 12 – Lärmschutzwand = GRUR 2011, 59 (60).

b) Normative Verankerung der Dienstpflichten im HG NRW

§ 46 HRG normiert für Hochschullehrende das Tätigwerden in Forschung und Lehre als dienstliche Aufgabe. Die Dienstpflichten der Hochschullehrenden in Nordrhein-Westfalen werden dabei durch § 35 Hochschulgesetz NRW (HG NRW) konkretisiert. § 35 Abs. 1 S. 1 HG NRW sieht hierzu vor, dass die Hochschullehrer die ihrer Hochschule obliegenden Aufgaben in Forschung, Kunst, Lehre und Weiterbildung nach näherer Ausgestaltung ihres Dienstverhältnisses in ihren Fächern *selbständig* wahrnehmen.[4] Daran anknüpfend legt § 35 Abs. 2 S. 1 HG NRW fest, dass die Hochschullehrer im Rahmen ihres Dienstverhältnisses berechtigt und verpflichtet sind, in ihren Fächern in allen Studiengängen und Studienabschnitten zu lehren und Prüfungen abzunehmen.[5]

Dies ist jedoch nur eine sehr abstrakte Umgrenzung der Dienstpflichten der Hochschullehrer. Ihre genaue Konturierung ergibt sich vielmehr im Einzelfall aus der Funktionsbezeichnung der Professur, der Berufungsvereinbarung und der Ernennungsurkunde, sowie indiziell auch aus dem Ausschreibungstext.[6] Wird dabei in der Berufungsvereinbarung oder auch nachträglich ausdrücklich festgelegt, dass die Nutzungsrechte an Werken, die in Erfüllung seiner der dienstvertraglichen Verpflichtung geschaffen werden dem Dienstherrn zufallen sollen, ist ein Rückgriff auf § 43 UrhG nicht notwendig.[7] Relevant wird dieser erst, wenn eine solche ausdrückliche Vereinbarung nicht getroffen wird und die Dienstpflicht abstrakt näher zu bestimmen ist.

---

[4] BeckOK HochschulR NRW/*Pernice-Warnke*, HG § 35, Rn. 7.
[5] BeckOK HochschulR NRW/*Pernice-Warnke*, HG § 35, Rn. 38.
[6] *Dorf/Hartmer*, Ist elektronische Lehre Dienstpflicht, Forschung & Lehre, Beitrag v. 3.4.2020, https://bit.ly/3cxRFQA (abgerufen 30.3.2021).
[7] vgl. KG Berlin, Urt. v. 6.9.1994 – 5 U 2189/93 – Poldok = NJW-RR 1996, 1066, 1067 „(…) und aus den Besonderheiten des konkreten Dienstverhältnisses ergibt sich, daß die Nutzungsrechte der Streithelferin zustehen sollen.“

c) Umfang der Dienstpflichten eines Hochschullehrers

Die Dienstpflichten sind immer an den Grenzen der Lehrfreiheit aus Art. 5 Abs. 3 Grundgesetz (GG) zu messen. Zwar handelt es sich bei der Lehrfreiheit um ein schrankenlos gewährtes Grundecht, dieses kann seinerseits jedoch durch kollidierendes Verfassungsrecht eingeschränkt werden.[8] In Betracht kommt hier die Erhaltung und Förderung der Funktionsfähigkeit der Hochschule sowie die in Art. 12 Abs. 1 GG verbürgten Grundrechtspositionen der Studierenden.[9] Betrachtet man in dieser Gemengelage die Dienstpflichten der Hochschullehrer ist zunächst eine Unterscheidung zwischen quantitativen und qualitativen Lehrvorgaben geboten.

§ 35 Abs. 5 HG NRW i.V.m. § 3 Abs. 1 Nr. 1 Lehrverpflichtungsverordnung NRW (LVV NRW) sieht dabei quantitative Vorgaben für Professoren an einer Universität vor, nach der sie 9 Lehrveranstaltungsstunden zu absolvieren haben. Diese Vorgaben stellen einen Eingriff in die Lehrfreiheit dar, sind aber vor dem Hintergrund der Funktionsfähigkeit der Hochschulen zu rechtfertigen.[10] Anders stellt sich die Beurteilung von qualitative Vorgaben dar, die in den Kern der vorbehaltlosen Lehrfreiheit, mithin dem „Wie“ der Lehre eingreifen. Lehrenden sind grundsätzlich „in der Darstellung und Art der Aufbereitung des sich an den Studienordnungen und plänen orientierenden Lehrstoffs

---

[8] Ausführlich zur grundrechtlichen Dimension: *Meyer,* WissR 2020, 274 (278).
[9] BverfG, Urt. v. 29.5.1973 – 1 BvR 424/71, 1 BvR 325/72 – Kalkar I = BVerfGE 35, 79 ff.; *Meyer,* WissR 2020 274 (278) welche die „Lernfreiheit“ der Studierenden benennt; siehe zudem *Dorf/Hartmer*, Ist elektronische Lehre Dienstpflicht, Forschung & Lehre, Beitrag v. 3.4.2020, https://bit.ly/3cxRFQA (abgerufen 30.3.2021).
[10] Detailliert dazu: BeckOK HochschulR NRW/*Pernice-Warnke*, HG § 35, Rn. 27, 27.1, 31.

frei".[11] Es ist ihnen überlassen, ob sie in Katheder- oder Wortlehre referieren, kommunikativ die Hörer mit einbeziehen, unterstützende visuelle Medien wie Vorlesungsskripte, Folien oder Power-Point-Präsentationen Verwenden oder E-Learning Tools einsetzen.[12] Dem Wesensgehalt der Lehrfreiheit ist damit auch die Methodenfreiheit immanent.[13] **Eine Dienstpflicht zur Erstellung von Vorlesungsmaterialien würde daher eine qualitative Vorgabe darstellen und so in den Kern der Lehrfreiheit eingreifen.** Ob dies auch für die Erstellung von Prüfungsarbeiten gilt, wird unterschiedlich beurteilt. Die überzeugenderen Argumente sprechen aus unserer Sicht nicht für eine andere Beurteilung.[14] Auch für Prüfungsarbeiten, also die Aufgabentexte oder Frage-Antwort-Konstellationen, ergibt sich kein anderes Ergebnis.

d) Unterschiede zwischen Präsenzhochschulen und Fernhochschulen

Dass die Ausgestaltung der Dienstpflichten allerdings nicht schematisch zu betrachten ist zeigt eine vorzunehmende Differenzierung zwischen Präsenzhochschulen und Fernuniversitäten. Für Fernuniversitäten ist eine antizipierte Beschränkung der Methodenfreiheit anzunehmen, die sich aus dem anders gelagerten didaktischen Konzept dieser Universitäten ergibt.[15] Auch normativ wird ein Unterschied zwischen „Lehrenden der Fernuniversitäten" und „Lehrenden an Präsenzuniversitäten" in § 2 Abs. 2

---

[11] *Dorf/Hartmer*, Ist elektronische Lehre Dienstpflicht, Forschung & Lehre, Beitrag v. 3.4.2020, https://bit.ly/3cxRFQA (abgerufen 30.3.2021); *Meyer,* WissR 2020, 274 (279).

[12] *Dorf/Hartmer*, Ist elektronische Lehre Dienstpflicht, Forschung & Lehre, Beitrag v. 3.4.2020, https://bit.ly/3cxRFQA (abgerufen 30.3.2021).

[13] *Meyer*, WissR 2020, 274 (279); *Sandberger,* OdW 2020, 155 (157).

[14] Nachweise zu Positionen in beide Richtungen und Argumentation bei der RiDHnrw-Veröffentlichung Albrecht/Fischer, Kurzgutachten Klausurenleihe, S. 6 f., zuletzt abgerufen am 9. 9.20 unter https://www.itm.nrw/wp-content/uploads/RiDHnrw_02.09.20_Kurzgutachten-Klausurenleihe.pdf.

[15] Auch für Präsenzuniversitäten kommt eine antizipierte Beschränkung der Methodenfreiheit in Betracht, wenn die ausgeschriebene Stelle digitalen Lehrformen „gewidnet" ist, so *Dorf/Hartmer* (Fn. 2).

LVV NRW sichtbar. Dieser Unterschied zeigt sich auch im Hinblick auf spezifische quantitative Vorgaben, die § 2 Abs. 2 S. 4 LVV NRW aufstellt und die die Erstellung von Studienmaterial (und damit auch Vorlesungsunterlagen) für Lehrende der Fernuniversitäten mit einem Zeitfaktor von 0,1 honoriert. Für Lehrende der Präsenzhochschulen besteht indes keine solche Bonifikation was den Schluss zulässt, dass die Anrechnung auf das Lehrdeputat im Bereich der Fernuniversitäten in besonderem Maße Rücksicht auf die berechtigen Interessen der Studierenden aus Art. 12 Abs. 1 GG nimmt. In der Zusammenschau mit der antizipierten Beschränkung der Methodenfreiheit auf die digitale Lehre und der expliziten Aufnahme der quantitativen Bonifikation zur Erstellung von Studienmaterialien lässt sich daher für Lehrende an Fernuniversitäten eine Dienstpflicht zur Erstellung solcher Unterlagen vertreten.

e) Auswirkung des Umfangs der Dienstpflicht auf die Übertragung von Nutzungsrechten

Die vorstehende Diskussion hat gezeigt, dass die Erstellung von Vorlesungsmaterialien mit Werkqualität für Hochschullehrende an Präsenzuniversitäten keine dienstvertragliche Pflicht darstellt. **Entschließt sich der Hochschullehrende dennoch dazu Vorlesungsmaterialien zu erstellen, handelt es sich um eine überobligatorische, nach der Terminologie des Gesetzes „selbständige" Tätigkeit, die er in aktiver Ausübung seiner Lehr- und Methodenfreiheit wahrnimmt. Wenn also schon keine dienstvertragliche Pflicht zur Erstellung besteht, so kann eine konkludente Nutzungsrechteeinräumung an den Dienstherrn über § 43 UrhG erst recht nicht erfolgen.** Hier liegt auch ein klarer Unterschied zum oben zitierten Urteil des BGH „Lärmschutzwand", in dem der Bedienstete das Werk in Erfüllung seiner Dienstpflichten geschaffen hatte. Ein Mehr an nicht geschuldeter „selbständiger Aufgabenwahrnehmung", kann daher konseuqenterweise nicht zu einem „weniger an urheberrechtlich gewährten Ausschließlichkeitsrechten" führen. Den Parteien ist es jedoch unbenommen, das konkrete

Dienstverhältnis so auszugestalten, dass hierüber dem Dienstherrn ein ausschließliches Nutzungsrecht an bestimmten freien Werken automatisch eingeräumt wird, ohne dass es jedes Mal der Zustimmung des Urhebers bedarf.[16]

Eine andere Beurteilung ergibt sich mit Verweis auf die obige Differenzierung für Lehrende der Fernuniversitäten. Hier sind mit Verweis auf die antizipierte Methodenbeschränkung anders gelagerte Dienstpflichten anzunehmen. Geht man wie das vorliegende Gutachten davon aus, dass zu den Dienstpflichten auch die Erstellung von Studienmaterialien zählt, so handelt es sich um ein Pflichtwerk auf das § 43 UrhG Anwendung findet.[17]

Dem Dienstherrn fällt dann ein ausschließliches Nutzungsrecht an diesen Unterlagen zu,[18] was ihn dann beispielsweise dazu berechtigt, die durch einen Hochschullehrenden erstellten Vorlesungsmaterialien einem anderen Hochschullehrenden zur Verfügung zu stellen, sollte dieser die Vorlesung krankheitsbedingt vertreten.

f) Anbietungspflicht für überobligatorische Werke?

Zuletzt ist zu diskutieren, ob bei der Schaffung eines Werks über den Umfang der Dienstpflicht hinaus, eine Anbietungspflicht des Hochschullehrenden auf Grundlage der dienstlichen Treuepflichten ausgelöst wird. Die Frage ist höchstrichterlich noch nicht entschieden und wird in der juristischen Literatur kontrovers diskutiert.[19] Die Tendenz geht dabei klar in die Richtung, eine Anbietungspflicht nur auf absolute Ausnahmefälle zu beschränken, da es außerhalb des § 43 UrhG beim

---

[16] So der Fall in KG Berlin, Urt. v. 6.9.1994 – 5 U 2189/93 – Poldok = NJW-RR 1996, 1066 (1067).

[17] Zur Differenzierung, *Götz von Olenhusen*, ZUM 2010, 474 (474 ff.).

[18] BeckOK UrhR/Lindhorst, UrhG § 43 Rn. 16 f.; Spindler/Schuster/*Wiebe*, UrhG § 43, Rn. 12.

[19] M.w.N.: *Dreier*/Schulze, UrhG § 43, Rn. 24.

Wettbewerb aller Urheber und Verwerter untereinander bleiben muss.[20] Bejaht man im Ergebnis dennoch eine solche Pflicht, wird dabei regelmäßig ein Anspruch auf eine gesonderte Vergütung bestehen.[21]

Für Hochschullehrende ist indes mit Verweis auf die Bedeutung der Lehr- und Forschungsfreiheit eine allgemeine Anbietungspflicht zurückzuweisen. Die grundrechtlich geschützte Rechtsstellung der Hochschullehrenden würde entwertet, wenn für sie die Pflicht bestehen würde, ihre außerhalb der Dienstpflichten geschaffenen Werke (also auch Forschungsergebnisse) dem Dienstherrn anbieten zu müssen. Auch eine mögliche Differenzierung zwischen anbietungspflichtigen, überobligatorischen Studienmaterialien und nicht anbietungspflichtigen Forschungsmaterialien wird in der Praxis nie trennscharf vorgenommen werden können, da die Lehre gerade auch der Präsentation von Forschungsergebnissen dient und die Übergänge zwischen den beiden Bereichen somit fließend sind.

4. Herausgabe von Vorlesungsmaterialien

Anders als in der ersten Frage diskutiert, geht es in der Frage 2 um die vom Immaterialgüterrecht getrennt zu beurteilende eigentumsrechtliche Lage. Konkret gilt zu beantworten, ob eine Hochschule vom jeweiligen Dozenten die Herausgabe von Vorlesungsunterlagen verlangen kann.

a) Sachenrecht

Betrachtet man zunächst etwaige sachenrechtliche Herausgabeansprüche, stellt sich zunächst die Vorfrage, ob die Vorlesungsmaterialien überhaupt eine Sache i.S.d. § 90 Bürgerliches Gesetzbuch (BGB) und damit einen körperlichen Gegenstand darstellen. Zu differenzieren gilt es hier zwischen der geistigen Leistung, die über das Urheberrecht geschützt wird und einem gegenständlichen Speichermedium auf dem diese Leistung

---

[20] *Dreier*/Schulze, UrhG § 43, Rn. 26.
[21] M.w.N.: *Dreier*/Schulze, UrhG § 43, Rn. 29.

verkörpert wird.[22] Ein Herausgabeanspruch kann konsequenterweise nur für das Speichermedium (Papier, USB-Stick, anderer Datenträger) bestehen, auf dem die geistige Leistung verkörpert und für einen Dritte wahrnehmbar ist. Denkprozesse, wie sie den Vorlesungsunterlagen zugrunde liegen, stellen demnach zwar ein potenziell immateriell schutzfähiges Gut dar,[23] es kann an ihnen aufgrund des körperlichen Sachbegriffs jedoch kein Sacheigentum bestehen.[24] Ein Herausgabeanspruch ließe sich dementsprechend nur auf die Herausgabe verschiedener Datenträger richten, auf denen die geistige Leistung verkörpert wäre, nicht jedoch auf die den Vorlesungsmaterialien zugrundeliegende geistige Leistung. **Der Herausgabeanspruch ist deshalb kein geeignetes Instrument der Rechtseinräumung, da zur Nutzung der geistigen Leistung vielmehr Nutzungsrechte nach dem Urheberrecht einzuräumen sind. Hier ist jedoch bereits festgestellt worden, dass eine konkludente ausschließliche Nutzungsrechteeinräumung im Verhältnis von Hochschullehrendem und Dienstherr:Dienstherrin zumindest für Präsenzhochschulen ausscheidet.**

Denkbar ist ein Herausgabeanspruch aus § 985 BGB allein dort, wo es gerade um die Herausgabe eines konkreten körperlichen Gegenstandes geht. Der BGH hat hier aber in der Entscheidung „Grabungsmaterialien“ das Sacheigentum dem Hochschullehrenden zugewiesen.[25] Wörtlich führt das Gericht aus, dass „an Manuskripten eines Hochschullehrers für Zwecke der Lehre (z. B. Vorlesungsmanuskripten u. ä.) sowie an Manuskripten zu Forschungsarbeiten in Form von Gutachten, Aufsätzen, Lehrbüchern, Monographien u. ä. neben dem Urheberrecht an der in ihnen verkörperten

---

[22] MüKo/*Stresemann*, BGB, § 90, Rn. 25.
[23] BGHZ 102, 135 = NJW 1988, 406; MüKo/*Stresemann*, BGB, § 90, Rn. 25.
[24] Das „nicht-körperliche“ von Immaterialgütern sah bereits das Reichsgericht: RGZ 106, 362 (365); vertiefend zudem: MüKo/*Stresemann*, BGB, § 90 Rn. 6.
[25] *BGH*, Urt. v. 27.9.1990 – I ZR 244/88 – Grabungsmaterialien = GRUR 1991, 523.

geistigen Leistung grundsätzlich auch Sacheigentum des Hochschullehrers an den Materialien selbst" besteht.[26]

b) Beamtenrecht - § 61 Abs. 3 BBG

Theoretisch ist auch an einen Herausgabeanspruch aus § 67 Abs. 4 Bundesbeamtengesetzt (BBG) für Bundesbeamt:innen bzw. § 37 Abs. 6 BeamtenStatusGesetz für Beamt:innen der Länder zu denken.[27] Für Bundes- bzw. Landesbeamt:innen käme demnach nach Beendigung des Beamtenverhältnisses auf Verlangen des Dienstvorgesetzten ein Anspruch in Betracht, nach dem „amtliche Schriftstücke, Zeichnungen, bildliche Darstellungen sowie Aufzeichnungen jeder Art über dienstliche Vorgänge", auch soweit es sich um Wiedergaben handelt, herauszugeben wären. Der Sinn und Zweck der Vorschrift dient jedoch der Wahrung der Amtsverschwiegenheit und soll sicherstellen, dass amtliche Unterlagen über dienstliche Vorgänge nicht in unbefugte Hände geraten. Die in Rede stehenden Vorlesungsmaterialien sind aber keine amtlichen Unterlagen in diesem Sinne, sondern lediglich Aufzeichnungen, die der vorlesungsbezogenen Vermittlung des Lehrstoffs dienen.

Zusammengefasst kann gesagt werden, dass ein sachenrechtlicher Herausgabeanspruch zum einen nur einen begrenzten Nutzen hat. Zum anderen liegt er in der hier geprüften Konstellation regelmäßig nicht vor.

Insgesamt sind (zumindest Präsenz-) Hochschulen auf die kollegiale Kooperation ihrer Hochschullehrer:innen angewiesen, was die Einräumung von Nutzungsrechten an Vorlesungsmaterialien und Prüfungsarbeiten angeht.

---

[26] *BGH*, Urt. v. 27.9.1990 – I ZR 244/88 – Grabungsmaterialien = GRUR 1991, 523 (527).
[27] Zu der Vorgängerregelung in § 61 Abs. 3 BBG a.F.: *BGH*, Urt. v. 27.9.1990 – I ZR 244/88 – Grabungsmaterialien = GRUR 1991, 523 (526).

IV. Änderungsbedarf und Chancen durch die DSM-RL für das Wissenschaftsurheberrecht

Leitung: Prof. Dr. Thomas Hoeren

Autor:innen: Malin Fischer; Merlin Rombach

Veröffentlicht am 19. Oktober 2020

Mit der Einführung der Richtlinie über das Urheberrecht im Binnenmarkt (DSM-RL) bekennt sich die Europäische Union zur Notwendigkeit, der Forschung und Lehre den Zugang zu und die Nutzung von urheberrechtlich geschützten Werken zu gestatten, um den freien Wissenschaftsbetrieb auch in einer digitalen Welt zu ermöglichen. In diesem Beitrag soll beleuchtet werden, welche Chancen sich für Hochschulen dadurch ergeben und mit welchen Änderungen der bereits bestehenden *Wissenschaftsschranken* im deutschen Urheberrecht zu rechnen ist.

1. Hintergrund

Seit der Einführung des Urheberrechts-Wissensgesellschafts-Gesetz (UrhWissG) im April 2018 gelten neue Schrankenregelungen zugunsten des Unterrichts, der Forschung und der Wissenschaft. UnterBerücksichtigung neuer Entwicklungen der Digitalisierung erweitern die neu entstandenen §§ 60a – 60h UrhG den Umfang erlaubter Nutzungen für Unterricht und Wissenschaft.[1]

Bereits während des Gesetzgebungsverfahrens zum UrhWissG legte die Europäische Kommission den ersten Entwurf einer Richtlinie über das Urheberrecht im digitalen Binnenmarkt (DSM-RL) vor,welche in Teilen die gleichen Bereiche wie das UrhWissG betraf. Mit der Begründung, man

---

[1] Vertiefend zu § 60a UrhG vgl.: B. IV. *Albrecht/Fischer/McGrath/John/Wellmann,* Urheberrechtliche Aspekte bei der Verwendung von Lehrmaterialien in digitalen Vorlesungen.

könne das langjährige Gesetzgebungsverfahren nicht abwarten und die Regelungen des UrhWissG ließeneine einfache Implementierung der DSM-RL zu[2], entschied sich die Bundesregierung dazu, das UrhWissG dennoch auf den Weg zu bringen.

Nach langen Verhandlungen und teils heftiger Kritik[3] sowie großer Demonstrationen – vor allem bzgl. der sog. *Upload-Filter*[4] – wurde die DSM-RL im April 2019 verabschiedet und ist am 6.6.2019 in ihrer finalen Fassung[5] in Kraft getreten. Europäische Richtlinien gelten anders als Verordnungen nicht unmittelbar in den Mitgliedsstaaten. Sie müssen zunächst in nationales Recht umgesetzt werden, in der Regel innerhalb von zwei Jahren. Bei der DSM-RL haben die Mitgliedsstaaten hierzu bis zum 7.6.2021 Zeit.[6]

In diesem Artikel werden die bisherigen Referentenentwürfe des deutschen Gesetzgebers zur Umsetzung der DSM-RL dargestellt, soweit mit einer Änderung der für Hochschulen relevanten Rechtsvorschriften zu rechnen ist. Da sich die Entwürfe in einem frühen Stadium befinden, sind bis zum Inkrafttreten weitere Änderungen wahrscheinlich. Zunächst einmal werden die bisherigen Referentenentwürfe unter Berücksichtigung der zahlreichen Stellungnahmen finalisiert und erst anschließend beginnt das eigentliche Gesetzgebungsverfahren. In dessen Verlauf müssen sowohl der Bundestag als auch der Bundesrat die Entwürfe – häufig unter Durchsetzung von Änderungen – annehmen.

---

[2] RegE BT-Dr. 18/12329, S. 26.
[3] M.w.N. *Gielen/Tiessen*, EuZW 2019, 639; *Klass*, ZUM 2020, 353; *Leistner*, ZUM 2020, 897; *Nordemann*, IIC 2019, 275; *Peters/Schmidt*, GRUR Int. 2019, 1006; *Raue/Steinebach*, ZUM 2020, 355; *Schwartmann/Hentsch*, MMR 2020, 207; *Weidert/Uhlenhut/von Lintig*, GRUR- Prax 2019, 295.
[4] Zunächst Artikel 13, inzwischen Artikel 17 DSM-RL.
[5] DSM-Richtlinie, (EU) 2019/790 v. 17.5.2019, abrufbar unter: https://bit.ly/2S5L0Cj (abgerufen 29.3.2021).
[6] Vgl. Art. 29 Abs. 1 DSM-RL.

Werden solche Änderungen bekannt, werden wir dazu weitere Artikel veröffentlichen.[7]

2. Einfluss der DSM-RL auf das UrhWissG

Im Folgenden werden zunächst die bisher absehbaren, direkten Auswirkungen auf das UrhWissG –also v.a. §§ 60a bis 60h UrhG – beleuchtet, sofern diese aus den Entwürfen des *Bundesministeriums für Justiz und Verbraucherschutz* (BMJV) hervorgehen.

a) Keine befristete Geltung des UrhWissG

Vor der DSM-RL

Das UrhWissG sollte nach dem Willen des deutschen Gesetzgebers nur befristet bis zum März 2021 gelten.[8] Eine dann durchzuführende Evaluierung sollte darüber entscheiden, ob und wie die Regelungen nach der Befristung weiter gelten sollen.

Änderung durch die DSM-RL

Die DSM-RL enthält zwingende Vorschriften, welche den Regelungen der §§ 60a ff. UrhG weitgehend entsprechen. Eine befristete Anwendung dieser Vorschriften wäre also unionsrechtswidrig. Zwar sehen die bisherigen Entwürfe keine Streichung der befristetenAnwendung vor,[9] jedoch erkennt auch das BMJV an, dass ein Wegfall derjenigen Vorschriften, die der Umsetzung der DSM-RL dienen, nicht europarechtskonform sei.[10] Insofern ist

---

[7] Verfolgen Sie dazu am besten unseren Newsletter, melden Sie sich an unter: https://www.listserv.dfn.de/sympa/subscribe/rechtsinformationsstelle.
[8] vgl. dazu § 142 Abs. 2 UrhG; BT-Drs. 18/13014 S. 29.
[9] Entw. 1. Gesetz zur Anpassung an DSM-RL, https://bit.ly/36fUJy7 (abgerufen 29.3.2021).
[10] Entw. 1. Gesetz zur Anpassung an DSM-RL, S. 20, https://bit.ly/36fUJy7 (abgerufen 29.3.2021).

davon auszugehen, dass das BMJV die Befristung nur noch für solche Vorschriften gelten lassen wird, die nicht der Umsetzung der DSM-RL dienen, da diese dann nicht mehr Teil des befristeten UrhWissG sind.

Die im Folgenden dargestellten Regelungen dienen der Umsetzung der DSM-RL. Es ist daher davon auszugehen, dass diese auch nach März 2023 weiter anwendbar bleiben.

b) Umfang erlaubnisfrei nutzbarer Inhalte in Lehre und Forschung

Vor der DSM-RL

Bisher galt, dass urheberrechtlich geschützte Werke in einem Umfang von bis zu 15 Prozent fürdie Lehre und Forschung genutzt werden dürfen.[11]

Keine Änderung durch die DSM-RL

Die DSM-RL ermöglicht die erlaubnisfreie Nutzung von Teilen geschützter Werke in einem für den Unterricht gerechtfertigten Umfang.[12] Der deutsche Gesetzgeber möchte bisher einen Umfang von 15 Prozent beibehalten, obwohl das Deutsche Patent- und Markenamt (DPMA) eine Nutzung von bis zu 25 Prozent als europarechtskonform erachtet.[13] Dass der deutsche Gesetzgeber diese europarechtliche Möglichkeit zur Förderung des Bildungs- und Wissenschaftsbetriebes bisher nicht nutzen möchte, stößt auf deutliche Kritik von vielen Interessensvertretern der Forschung und Lehre. So bedauert das Aktionsbündnis Urheberrechtfür Bildung und Wissenschaft in ihrer Stellungnahme die bisherige Haltung der Regierung. Das Bündnis gibt zu bedenken, dass lediglich 1/6 eines Werkes kaum für eine

---

[11] Vgl. § 60a und § 60c UrhG; vertiefend dazu: B. IV. *Albrecht/Fischer/McGrath/John/Wellmann,* Urheberrechtliche Aspekte bei der Verwendung von Lehrmaterialien in digitalen Vorlesungen, IV. 2. Schranken für Unterricht und Lehre, § 60a UrhG.

[12] Art. 25 i.V.m. Art. 5 DSM-RL.

[13] Entw. 1. Gesetz zur Anpassung an DSM-RL, S. 20 f., https://bit.ly/36fUJy7 (abgerufen 29.3.2021).

Interpretation oder effektive Nutzung ausreiche.[14] Andere Interessensverbände – so unter anderem die Zentren fürKommunikation und Informationsverarbeitung – geben an, dass eine prozentuale Werkbegrenzung – gerade bei digitalen Werken – kaum möglich sei. Dagegen seien – wenn man schon eine Begrenzung einführe – genauere Angaben, beispielsweise in MB oder Zeichenanzahl, wünschenswert, um Rechtssicherheit herbeizuführen.[15]

Bisher ist nicht ersichtlich, dass der Gesetzgeber die Möglichkeit einer quantitativen Erweiterung des nutzbaren Umfanges ausschöpfen wird. Aufgrund der zahlreichen Kritik ist einUmdenken jedoch auch nicht gänzlich ausgeschlossen.[16]

c) Digitale (Fern-)Lehre – Ermöglichung des Zugriffs aus dem Ausland

Vor der DSM-RL

Nach § 60a UrhG dürfen Bildungseinrichtungen (auch Privat(hoch)schulen) zur Veranschaulichung der Lehre bis zu 15 Prozent eines Werkes nutzen, bisher allerdings beschränkt auf die Nutzung in Deutschland.

Geringfügige Änderung durch die DSM-RL

Die DSM-RL entspricht in vielen Teilen den aktuell nach deutschem Recht bestehenden Regelungen zur Nutzung von Werken in Lehre und Wissenschaft. Durch die Manifestierung in europäisches Recht wird § 60a UrhG von der o.g. zeitlichen Befristung ausgenommen sein.

---

[14] Vgl. Stellungnahme des Aktionsbündnisses, abrufbar unter https://bit.ly/3lo-WEEP, Seite 4.

[15] Vgl. Stellungnahme des Aktionsbündnisses ZKI, abrufbar unter https://bit.ly/2F9N0GC, Seite 4.

[16] Auch im neuen Referentenentwurf (Stand Sep. 2020) hält die Bundesregierung an der 15-Prozent-Grenze weiter fest: *BMJV,* Referentenentwurf zum UrhG-E, S. 99, https://bit.ly/3ddOm01 (abgerufen 29.3.2021).

Die deutschen Vorschriften erlauben alle notwendigen Nutzungshandlungen für die digitale Lehre, sodass dieser von der DSM-RL forcierte Ansatz ebenfalls keiner Neuregelung bedarf.

Neu ist jedoch, dass nun auch ausdrücklich die innereuropäische grenzüberschreitende Nutzung geschützter Inhalte möglich sein soll.[17] Nach dem Entwurf des Bundesregierung soll § 60a UrhG um den Absatz 3a ergänzt werden, wonach der Fernzugriff über eine gesicherte Umgebung auf Unterrichtsmaterialen auch aus dem europäischen Ausland möglich ist. Zudem wird durch Abs. 3a klargestellt, dass das Recht desjenigen Staates anzuwenden ist, an dem die Bildungseinrichtung ihren Sitz hat.[18]

Beispiel der Neuregelung: Es ist nun erlaubt, dass Studierende aus Spanien, welche ineinem Fernstudiengang an einer deutschen Fernuniversität eingeschrieben sind, auchvon Spanien aus auf die Materialien des Universitätsnetzwerkes zugreifen dürfen. Dieallgemeine Zulässigkeit und der konkrete Umfang der hiermit verbundenen urheberrechtlichen Nutzungen richten sich hierbei ausschließlich nach deutschem Recht, es ist also v.a. die Begrenzung auf 15 Prozent eines Werkes zu beachten.

d) Bereichsausnahme für Schulbücher und Noten

Vor der DSM-RL

Bisher waren u.a. Schulbücher (nicht universitäre Lehrbücher) und Noten nicht von der Regelung zur freien Nutzbarkeit gemäß § 60a Abs. 3 UrhG erfasst.[19] Diese dürfen folglich nicht vollständig erlaubnisfrei genutzt werden.

---

[17] Vgl. Art. 5 Abs. 3 DSM-RL.

[18] *BMJV,* Referentenentwurf zum UrhG-E, S. 101, https://bit.ly/3ddOm01 (abgerufen 29.3.2021)

[19] BeckOK UrhR/*Grübler*, UrhG § 60a, Rn. 23, 24; Spindler/Schuster/*Wiebe*, UrhG § 60a, Rn. 32, 33; Schricker/Loewenheim/*Stieper*, UrhG § 60a, Rn. 31, 32; Wandtke/*Bullinger*, UrhG § 60a, Rn. 18.

Änderung durch die DSM-RL

Nach der DSM-RL ist eine solche voraussetzungslose Ausnahme nun jedoch nur noch dann erlaubt, wenn für die notwendige Nutzung stattdessen eine Lizenz verfügbar ist.

Um dem gerecht zu werden, sieht der Entwurf des BMJV vor, dass eine Ausnahme zur erlaubnisfreien Nutzung nur noch dann gelten soll, wenn der Bildungseinrichtungen stattdessen die Nutzung im Wege einer Lizenzvereinbarung möglich ist. Sofern es der Bildungseinrichtung nicht möglich ist, eine „*den Bedürfnissen von Bildungseinrichtung entsprechende*“ Vereinbarung zu treffen, entfallen die Ausnahmen.[20]

e) Text und Data Mining als wichtiges Instrument für Forschung und Innovation

Vor der DSM-RL

Als Text und Data Mining (TDM) wird das softwaregestützte Auswerten großer Datenmengen bezeichnet.[21] Dazu werden – bspw. in der Literaturwissenschaft – große Datensammlungen ausoftmals urheberrechtlich geschützten Werken zusammengestellt und analysiert. Die bisherigenRegelungen erlauben dies im wissenschaftlichen Kontext, sofern die Daten nach Abschluss derForschung gelöscht und die Rechteinhaber vergütet werden, vgl. § 60d UrhG.

Änderung durch die DSM-RL

Der europäische Richtliniengeber sieht im TDM eine entscheidende Basistechnologie für Forschung und Innovation[22] und macht durch umfassende

---

[20] Entw. 1. Gesetz zur Anpassung an DSM-RL, S. 5, S. 21, https://bit.ly/36fUJy7 (abgerufen 29.3.2021).
[21] Wandtke/*Bullinger,* UrhG § 60d, Rn. 1.
[22] Erwägungsgrund 8 DSM-RL.

Regelungen in der DSM-RL[23] eine Anpassung des deutschen Urheberrechts notwendig.

Eine wesentliche Änderung ist dabei der **Entfall der Vergütungspflicht**, sodass zukünftig das TDM zu nicht kommerziellen Zwecken für die Wissenschaft und Forschung vergütungsfrei ist.[24] Dies sieht das BMJV in ihrem Entwurf mit einer Änderung von § 60h Abs. 2 UrhG vor.

Darüber hinaus erweitert die DSM-RL den Anwendungsbereich auf **weitere privilegierte Institutionen** wie Bibliotheken, Archive, Einrichtungen des Film- oder Tonerbes und Museen. Auch einzelne Forscher sind nun zum kostenfreien TDM berechtigt. Das BMJV berücksichtigt diese Anpassungen in seinen Entwürfen umfassend.[25]

Ebenfalls erlaubt die DSM-RL die **Entnahme von Daten aus geschützten Datenbanken** sowie Anfertigungen von Vervielfältigungen derselben zum Zweck des TDM. Der Entwurf des BMJV sieht entsprechende Änderungen in § 60d sowie § 87f UrhG vor.

Zuletzt sieht die DSM-RL **keine Pflicht zur Löschung** des Datenkorpus vor.[26] Auch § 60d Abs. 3 UrhG soll nach dem Entwurf des BMJV entsprechend geändert werden und erlaubt die Aufbewahrung des Datenkorpus, sofern entsprechende Sicherheitsvorkehrungen getroffen werden und die Aufbewahrung für die *„Zwecke der wissenschaftlichen Forschung oder zur Überprüfung wissenschaftlicher Erkenntnisse erforderlich“*[27] ist. Was darunter genau zu verstehen ist, ist aktuell noch nicht

---

[23] Art. 3 und Art. 4 DSM-RL.

[24] *Kleinkopf/Jacke/Gärtner,* MMR 2021, 196 (199).

[25] Entw. 1. Gesetz zur Anpassung an DSM-RL, S. 6, https://bit.ly/36fUJy7 (abgerufen 29.3.2021).

[26] Hierzu ausführlich: *Kleinkopf/Jacke/Gärtner,* MMR 2021, 196 (197 ff.).

[27] Entw. 1. Gesetz zur Anpassung an DSM-RL, S. 6, https://bit.ly/36fUJy7 (abgerufen 29.3.2021).

ersichtlich, allerdings wird durchaus positiv bewertet, dass die DSM-RL eine umfassende Archivierung der Date-Korpora ermöglicht.[28]

f) Vergriffene Werke – Rolle der Verwertungsgesellschaften

Vor der DSM-RL

Als vergriffene Werke bezeichnet man im Urheberrecht Werke, die nicht mehr auf dem normalen Vertriebsweg erhältlich sind. In der Praxis betrifft dies meistens Bücher. Werden solche Bücher nicht mehr vertrieben, geraten sie oft in Vergessenheit und das in ihnen enthaltene Wissen wird nicht mehr genutzt. Um dem entgegenzuwirken, ist es sinnvoll, diese Bücher zu digitalisieren und online zugänglich zu machen. Um dazu befugt zu sein, benötigt bspw. eine Bibliothek die Erlaubnis des Buchautors. Oftmals sind vergriffene Werke jedoch älterund es ist aufwendig, die Urheber ausfindig zu machen und mit jedem einzelnen einen individuellen Nutzungsvertrag zu schließen. Aus diesem Grunde können sich bestimmte Einrichtungen (Bibliotheken, Bildungseinrichtungen etc.) an Verwertungsgesellschaften wenden und mit diesen einen kollektiven Lizenzvertrag zur Nutzung abschließen.[29]

Bei der Nutzung vergriffener Werke kann es jedoch vorkommen, dass sich der Urheber eines Werkes nicht von einer Verwertungsgesellschaft vertreten lässt und dadurch Kollektivlizenzen für die Nutzung eigentlich nicht gelten. Um diese Werke dennoch ohne unangemessenen Aufwand nutzen zu können, sieht § 51 Verwertungsgesellschaftengesetz (VGG) vor, dass Verwertungsgesellschaften die Rechte an diesen Werken wahrnehmen dürfen, solange der Rechteinhaber dem nicht widerspricht. Voraussetzung ist jedoch, dass das Werk vor 1966 veröffentlicht wurde und die beabsichtigte

---

[28] So zumindest *Kleinkopf/Jacke/Gärtner,* MMR 2021, 196 (200).

[29] Ausführlich zu vergriffenen Werken im Hochschulwesen vgl.: *Tiessen,* Vergriffen heißt nicht vergessen, DFN-Infobrief Recht, 1/2020, S. 10, https://bit.ly/2QNvaPk (abgerufen 29.3.2020).

Nutzung nicht für kommerzielle Zwecke erfolgt. Ferner betrifft § 51 VGG nur Printwerke.[30]

Nach einem Urteil des EuGH im Jahr 2016[31] bestanden aber Zweifel an der Rechtmäßigkeit der bisherigen Vorschriften.[32]

Änderung durch die DSM-RL

Art. 8 bis Art. 11 DSM-RL adressieren die Nutzung von vergriffenen Werken. Art. 8 DSM-RL entspricht dabei in weiten Teilen § 51 VGG, enthält aber auch neue Voraussetzungen: so müssen sich die Werke **im Bestand der Einrichtung** befinden, die das Werk nutzen möchte.

Darüber hinaus beschränkt die DSM-RL die Nutzung vergriffener Werke **nicht mehr nur auf Printwerke**. Vielmehr sollen zukünftig alle Werkarten nutzbar sein. Jedoch erhält die Richtlinieauch eine neue Definition, ab wann Werke als vergriffen gelten. Demnach muss ein vertretbarerAufwand betrieben werden, um festzustellen, ob ein Werk für die Öffentlichkeit erhältlich ist.[33] Eine genaue, abschließende Konkretisierung dieser Begriffe steht hierbei allerdings noch aus. Zuletzt ermöglicht die DSM-RL auch eine Lizenzerteilung für die europaweite Nutzung und ermöglicht damit bspw. länderübergreifender Digitalisierungsprojekte.[34]

3. Fazit

Wie der Beitrag zeigt, ergeben sich spätestens ab Juni 2021 für Hochschulen und Akteure in Forschung und Lehre einige Änderungen in den für sie

---

[30] *Tiessen,* Vergriffen heißt nicht vergessen, DFN-Infobrief Recht, 1/2020, S. 11, https://bit.ly/2QNvaPk.
[31] *EuGH*, Urt. v. 16.11.2016 – C-301/15 = GRUR 2017, 62.
[32] Ausführlich zur Bedeutung des EuGH-Urteils: *Mörike,* Wer schweigt, stimmt nicht zu, DFN-Infobrief, 2/2017.
[33] Vgl. Art. 8 Abs. 5 DSM-RL.
[34] *Tiessen,* Vergriffen heißt nicht vergessen, DFN-Infobrief Recht, 1/2020, S. 12, https://bit.ly/2QNvaPk.

relevanten Teilen des Urheberrechts. Vor allem in Bezug auf das Text und Data Mining ergeben sich durch umfassende Neuregelungen neueChancen für die Forschung. Für die Lehre ist der innereuropäische Fernzugriff die wichtigsteNeuerung.

Allerdings lassen die bisherigen Entwürfe des Deutschen Gesetzgebers nach Ansicht einiger Aktionsbündnisse aus Lehre und Forschung auch viele Chancen zur Förderung eines dem 21. Jahrhunderts gerecht werdenden Lehr- und Wissenschaftsbetriebs ungenutzt. Dafür, dass der Gesetzgeber die Chance zur Anhebung der Grenze erlaubnisfrei nutzbarer Inhalte nicht nutzt und die Befristung der *Wissenschaftsschranken* aufrecht hält, wird er kritisiert. Die umfangreichen, bis 2021 anstehenden Änderungen des Urheberrechtsgesetzes würden es ermöglichen, Rechtssicherheit zu schaffen und einen ab 2023 notwendigen Evaluierungs- und Änderungsprozess – und damit einhergehende Unsicherheiten und Neuregelungen – obsolet machen. Auf der anderenSeite werden die Regelungen aber auch durch Rechteinhaber kritisiert, welche enormeUmsatzeinbußen durch umfangreiche, vergütungsfreie Nutzungen befürchten.

Es bleibt abzuwarten, ob sich der Gesetzgeber der Kritik annimmt und von seinen bisherigen Entwürfen abweicht.

Sollten sich – wider Erwarten – wesentliche inhaltliche Änderungen ergeben, wird die Rechtsinformationsstelle darüber unter https://www.itm.nrw/digitale-hochschule-nrw/ entsprechend informieren.

V. Neue Schranke für Karikatur, Parodie und Pastiche

Leitung: Prof. Dr. Thomas Hoeren

Autorin: Wissenschaftliche Mitarbeiterin Nele Klostermeyer

Veröffentlicht am 22. Januar 2021

> **§ 51a Entwurf Urheberrechtsgesetz (UrhG-E)**
>
> „Zulässig ist die Vervielfältigung, die Verbreitung und die öffentliche Wiedergabe eines veröffentlichten Werkes zum Zweck der Karikatur, der Parodie und des Pastiches. Die Befugnis nach Satz 1 umfasst die Nutzung einer Abbildung oder sonstigen Vervielfältigung des genutzten Werkes, auch wenn diese selbst durch ein Urheberrecht oder ein verwandtes Schutzrecht geschützt ist."

1. Überblick über das Gesetzgebungsverfahren

Die Richtlinie (EU) 2019/790 des europäischen Parlaments und des Rates vom 17. April 2019 über das Urheberrecht und die verwandten Schutzrechte im digitalen Binnenmarkt und zur Änderung der Richtlinien 96/9/EG und 2001/29/EG (DSM-RL)[1] trat am 6. Juni 2019 in Kraft und ist von den Mitgliedstaaten bis zum 7. Juni 2021 in nationales Recht umzusetzen. Inhaltlich soll dadurch der Binnenmarkt gestärkt und das Urheberrecht an die digitalen Gegebenheiten angepasst werden.[2]

---

[1] DSM-RL (EU) 2019/790; abrufbar unter https://eur-lex.europa.eu/legal-content/DE/TXT/PDF/?uri=CELEX:32019L0790 (abgerufen am 26.03.2021).
[2] Vgl. ErwGr. 3 DSM-RL (EU) 2019/790.

Infolgedessen hat das Bundesministerium der Justiz und für Verbraucherschutz (BMJV) zwei Diskussionsentwürfe für ein Erstes[3] und ein Zweites[4] Umsetzungsgesetz veröffentlicht. Am 13. Oktober 2020 wurde schließlich der lang ersehnte Referentenentwurf für ein Gesetz zur Anpassung desUrheberrechts an die Erfordernisse des digitalen Binnenmarktes ausarbeitet, wodurch die beiden Diskussionsentwürfe zusammengeführt wurden.[5] Dadurch soll neben der DSM-RL auch die Online- SatCab-Richtlinie (EU) 2019/789 umgesetzt werden.[6] Nachdem bis zum 6. November 2020Stellungnahmen zum Referentenentwurf eingereicht werden konnten, wird nun der Regierungsentwurf erwartet, der ursprünglich noch für 2020 angekündigt war. Erst im Anschluss beginnt das parlamentarische Verfahren mit Beteiligung des Bundestags und Bundesrats. *(Hinweis März 2021: Der Regierungsentwurf wurde am 3. Februar 2021 veröffentlicht und enthält im Hinblick auf § 51a UrhG-E nur eine geringfügige Änderung. Danach lautet § 51a S. 1 UrhG-E nun: „Zulässig ist die Vervielfältigung, die Verbreitung und die öffentliche Wiedergabe eines veröffentlichten Werkes zum Zweck der Karikatur, der Parodie und des Pastiches, sofern die Nutzung*

---

[3] Diskussionsentwurf für ein Erstes Gesetz zur Anpassung des Urheberrechts an die Erfordernisse des digitalen Binnenmarkts vom 15. Januar 2020. https://www.bmjv.de/SharedDocs/Gesetzgebungsverfahren/Dokumente/RegE_Gesetz_Anpassung_Urheberrecht_digitaler_Binnenmarkt.pdf?__blob=publicationFile&v=5 (abgerufen am 26.03.2021).

[4] Diskussionsentwurf für ein Zweites Gesetz zur Anpassung des Urheberrechts an die Erfordernisse des digitalenBinnenmarkts vom 24. Juni 2020 abrufbar unter https://www.bmjv.de/SharedDocs/Gesetzgebungsverfahren/Dokumente/DiskE_II_Anpassung%20Urheberrech t_digitaler_Binnenmarkt.pdf? blob=publicationFile&v=2 (zuletzt abgerufen am 22.01.2021).

[5] *Bundesministerium der Justiz und für Verbraucherschutz,* Referentenentwurf eines Gesetzes zur Anpassung des Urheberrechts an die Erfordernisse des digitalen Binnenmarktes, https://bit.ly/3ddOm01 (i.F. *BMJV,* Referentenentwurf zum UrhG-E).

[6] Online-SatCab-Richtlinie (EU) 2019/789 abrufbar unter https://eur-lex.europa.eu/legal-content/DE/TXT/PDF/?uri=CELEX:32019L0789 (abgerufen am 26.03.2021).

in ihrem Umfang durch den besonderen Zweck gerechtfertigt ist." Allerdings ändert dieser Zusatz voraussichtlich nichts an der bestehenden Beurteilung.)

Im Zentrum der DSM-RL steht das Ansinnen, die Interessen von vier verschiedenen Gruppen zu vereinen: Die Interessen der Kreativen (Urheber), der Verwertungsgesellschaften, der Nutzer und derPlattformen. Insbesondere durch die Hinzuziehung der Plattformen soll der immer weiter voranschreitenden Digitalisierung Rechnung getragen werden. Da die vier Akteure mitunter konträre Interessen vertreten, war und ist die DSM-RL stark umstritten.

Allen voran steht die Kritik bezüglich Art. 17 DSM-RL und den damit verbundenen sog. Upload-Filtern.[7] Plattformen sollen dadurch künftig urheberrechtlich für Inhalte, die Nutzer auf ihren Seiten hochladen, zur Verantwortung gezogen werden können. Die Gefahr besteht deshalb darin, dass Plattformen dazu tendieren, mehr Beiträge aus Angst vor einer Haftung zu entfernen, auch wenn diese bei genauerer Prüfung gar keine Urheberrechtsverletzung enthalten (sog. Overblocking).[8] Dies könnte zu einer Bedrohung der Meinungsfreiheit vieler Nutzer führen. Wie die Bundesregierung einen fairen Ausgleich zwischen den Interessen der Rechteinhaber und der Meinungsfreiheit der Nutzer schaffen will, bleibt also abzuwarten.

Daneben enthält der Referentenentwurf jedoch auch zahlreiche andere Neuerungen und Änderungenbestehender urheberrechtlicher Regelungen. Insbesondere das Schrankenregime erfährt einige Aktualisierungen, die

---

[7] M.w.N. *Gielen/Tiessen*, EuZW 2019, 639; *Klass*, ZUM 2020, 353; *Leistner*, ZUM 2020, 897; *Nordemann*, IIC 2019, 275; *Peters/Schmidt*, GRUR Int. 2019, 1006; *Raue/Steinebach*, ZUM 2020, 355; *Schwartmann/Hentsch*, MMR 2020, 207; *Weidert/Uhlenhut/von Lintig*, GRUR-Prax 2019, 295.

[8] *Gielen/Tiessen,* EuZW 2019, 639 (645); *Peters/Schmidt,* GRUR Int. 2019, 1006 (1012); *Schwartmann/Hentsch,* MMR 2020, 207 (207, 212).

den Nutzern neue Handlungen erlauben sollen. Auf diese soll hier im Folgenden der Fokus gelegt werden.

2. Neue Schranke für Karikatur, Parodie und Pastiche

Eine der neuen Schrankenregelungen ist § 51a UrhG-E, der die Nutzung eines Werkes für Zwecke der Karikatur, der Parodie und des Pastiches ermöglicht. Dies kann auch für Studierende und Lehrende relevant sein, da § 51a UrhG-E wie das bereits bestehende Zitatrecht aus § 51 UrhG eine Nutzung auchin Open Education Resources (OER)-Inhalten im Internet ermöglicht. Somit können zum Beispiel Kunststudierende im Rahmen einer Lehrveranstaltung Karikaturen erstellen und diese dann auch für Lehrende oder Studierende anderer Hochschulen zur Verfügung stellen.

a) De lege lata

Auch wenn die Einführung des § 51a UrhG-E neu erscheint, so sind bestimmte Aspekte davon bereits nach der bisher geltenden Rechtslage möglich, ohne dass eine Lizenz vom Rechteinhaber eingeholt werden muss. Dies lässt sich darauf zurückführen, dass bereits in der InfoSoc-Richtlinie[9] die Möglichkeit für Mitgliedstaaten vorgesehen wurde, eine Schranke für die Nutzung zum Zwecke von Karikaturen, Parodien oder Pastiches einzuführen (Art. 5 Abs. 3 lit. k InfoSoc-RL). Damals wurde es den Mitgliedstaaten allerdings noch freigestellt, ob sie eine solche Schranke einführen wollen (vgl. Art. 5 Abs. 3 InfoSoc-RL: „*Die Mitgliedstaaten können* […]“).

Zwar hat sich Deutschland damals gegen eine ausdrückliche Schranke für Karikatur, Parodie und Pastiche entschieden. Jedoch stellt zumindest die

---

[9] Richtlinie 2001/29/EG zur Harmonisierung bestimmter Aspekte des Urheberrechts und der verwandtenSchutzrechte in der Informationsgesellschaft abrufbar unter https://eur-lex.europa.eu/legal- content/DE/TXT/PDF/?uri=CELEX:32001L0029&from=DE (zuletzt abgerufen am 26.03.2021).

Nutzung eines Werkes zum Zwecke der Karikatur und Parodie nach ständiger Rechtsprechung eine freie Benutzung dar und fällt damit unter § 24 Abs. 1 UrhG.[10] Mithin bedurfte es auch bisher keiner Zustimmung des Urhebers des benutzten Werkes bei der Verwendung der Karikatur oder Parodie. Eine gesetzlich erlaubte Nutzung eines Werkes zum Zwecke des Pastiches besteht de lege lata allerdings nicht und kann laut BGH auch nicht unter § 24 Abs. 1 UrhG gefasst werden.[11]

b) De lege ferenda

Der Grund dafür, dass im UrhG-E nun eine ausdrückliche Schranke für Karikatur, Parodie und Pastiche vorgesehen ist, liegt unter anderem darin, dass die Mitgliedstaaten durch die DSM-RL nun zur Einführung der Schranke verpflichtet sind (vgl. Art. 17 Abs. 7 DSM-RL: „*Die Mitgliedstaaten stellen sicher* […]").

Der Referentenentwurf sieht deshalb eine Aufhebung von § 24 UrhG und eine ausdrückliche Regelung der Schranke in § 51a UrhG-E hinter dem Zitatrecht in § 51 UrhG vor, mit dem ein innerer Zusammenhang besteht.[12]

Nach § 51a S. 1 UrhG-E ist die Vervielfältigung, die Verbreitung und die öffentliche Wiedergabe eines veröffentlichten Werkes zum Zweck der Karikatur, der Parodie und des Pastiches zulässig.

---

[10] *BGH*, GRUR 2017, 895 (899) – Metall auf Metall III; *BGH*, GRUR 2016, 1157 – auf fett getrimmt; *BGH*, GRUR2003, 956 – Gies-Adler; *BGH*, GRUR 2000, 703 (704) – Mattscheibe; *BGH*, GRUR 1999, 984 (987) – Laras Tochter; *Stieper*, GRUR 2020, 699 (705); Spindler/Schuster/*Wiebe*, UrhG § 24 UrhG, Rn. 10 f.; Schricker/*Loewenheim*, UrhG § 24, Rn. 28.

[11] *BGH*, GRUR 2020, 843 (849) – Metall auf Metall IV; wie genau die Begriffe Karikatur, Parodie und Pastiche abzugrenzen sind, siehe unter B. II. 3.

[12] Deshalb sei bereits hier auf unser Gutachten dazu hingewiesen: B. II: *Fischer*, Das Zitatrecht nach § 51 UrhG.

c) Vervielfältigung, Verbreitung und öffentliche Wiedergabe

Das fremde urheberrechtlich geschützte Werk darf für die Karikatur, die Parodie oder den Pastiche vervielfältigt, verbreitet und öffentlich wiedergegeben werden. Somit ist fast jede erdenkliche Verwertungshandlung zulässig. Das fremde Werk darf also insbesondere kopiert und auch ins Internet gestellt werden.[13]

d) Veröffentlichtes Werk

Das fremde Werk, das für die eigene Karikatur, die Parodie und den Pastiche genutzt wird, muss bereits veröffentlicht sein. Wann ein Werk als veröffentlicht zu qualifizieren ist, bestimmt sich nach § 6 Abs. 1 UrhG. Danach liegt eine Veröffentlichung vor, wenn das Werk mit Zustimmung des Berechtigten der Öffentlichkeit zugänglich gemacht worden ist.[14]

e) Zweck der Karikatur, der Parodie und des Pastiches

Zuletzt muss das fremde Werk zum Zweck der Karikatur, der Parodie oder des Pastiches genutzt werden. Wie beim Zitatrecht bestimmt sich der zulässige Umfang der Nutzung des fremden Werkes stets nach dem jeweiligen Einzelfall und darf nicht über das für die Erreichung des Zwecks erforderliche Maß hinausgehen.[15]

Des Weiteren muss geklärt werden, was unter Karikatur, Parodie und Pastiche jeweils zu verstehen ist.[16] Insoweit bedarf es für jeden Begriff einer

---

[13] Vgl. zur gleichen Voraussetzung beim Zitatrecht B. II: *Fischer*, Das Zitatrecht nach § 51 UrhG, B. III. Umfang.

[14] BeckOK UrhR/*Ahlberg*, UrhG § 6 Rn. 14 ff.; Schricker/Loewenheim/*Katzenberger/Metzger*, UrhG § 6, Rn. 15 ff.; Wandtke/Bullinger/*Marquardt*, UrhG § 6, Rn. 3.

[15] *Stieper,* GRUR 2020, 699 (701 ff.); s. zum Umfang beim Zitatrecht: B. II: *Fischer*, Das Zitatrecht nach § 51 UrhG, B. III. Umfang; Spindler/Schuster/*Wiebe*, UrhG § 51, Rn. 4 f.

[16] M.w.N. *Stieper,* GRUR 2020, 699 (701 ff.); *Wandtke/Hauck,* GRUR-Prax 2020, 542 (544).

unionsweit einheitlichen Auslegung.[17] Allerdings blieb die Möglichkeit ungenutzt, dies durch klare Definitionen in der DSM-RL vorzunehmen. Der europäische Gesetzgeber überlässt die jeweiligen Voraussetzungen damit den Mitgliedstaaten.

Der Begriff der Parodie war bereits Gegenstand einer Entscheidung des EuGH und ist mithin höchstrichterlich geklärt. Voraussetzung für eine Parodie ist demnach, an ein bestehendes Werk zu erinnern, gleichzeitig aber ihm gegenüber wahrnehmbare Unterschiede aufzuweisen, und einen Ausdruck von Humor oder eine Verspottung darzustellen.[18] Der EuGH betont allerdings, dass darüberhinaus in jedem Einzelfall eine Abwägung zwischen den Interessen des Rechteinhabers und der freienMeinungsäußerung des Nutzers des geschützten Werks vorgenommen werden muss.[19]

Für die Begriffe der Karikatur und des Pastiches fehlt bislang eine höchstrichterliche Rechtsprechung. Die Voraussetzungen sind somit nicht abschließend geklärt.[20] Allerdings wurde im Referentenentwurf zumindest der Versuch einer Eingrenzung unternommen.[21] Ob diese Ausführungen einer unionsweiten Auslegung standhalten, bleibt abzuwarten.

Insbesondere für die Karikatur lässt sich laut Referentenentwurf auf den allgemeinen Sprachgebrauch zurückgreifen, um zumindest eine gewisse Handhabe zu gewährleisten.[22] Danach versteht man unter einer Karikatur die übertriebene bildliche Darstellung gewisser charakteristischer Züge

---

[17] *EuGH*, Urt. v. 3.9.2014 – C-201/13 = GRUR 2014, 972 (973).
[18] *EuGH*, Urt. v. 3.9.2014 – C-201/13 = GRUR 2014, 972 (974); *Wandtke/Hauck*, GRUR-Prax 2020, 542 (543).
[19] *EuGH*, Urt. v. 3.9.2014 – C-201/13 = GRUR 2014, 972 (974); *Stieper*, GRUR 2020, 699 (702).
[20] *Stieper*, GRUR 2020, 699 (702); *Wandtke/Hauck*, GRUR-Prax 2020, 542 (544).
[21] *BMJV*, Referentenentwurf zum UrhG-E, S. 96, https://bit.ly/3ddOm01.
[22] *BMJV*, Referentenentwurf zum UrhG-E, S. 96, https://bit.ly/3ddOm01; *Stieper*, GRUR 2020, 699 (702).

von einer Person oder Situation unter Zuhilfenahme eines fremden Werkes.[23] Der Unterschied zur Parodie liegt dabei darin, dass sich die Parodie auf das genutzte fremde Werk bezieht, während die Karikatur in derRegel Personen oder Situationen bzw. Zustände thematisiert.[24]

Der Begriff des Pastiches ist hingegen deutlich schwieriger zu definieren.[25] Es besteht daher die Gefahr für Urheber, dass der Begriff zu konturenlos ist und deshalb zahlreiche Nutzungen darunter subsumiert werden können. Dies könnte im schlimmsten Fall zu einer weitgehenden Aushebelung des zustimmungsbedürftigen Bearbeitungsrechts aus § 23 UrhG führen.[26] Deshalb gibt es einige Versuche,den Begriff des Pastiches einer positiven Definition zugänglich zu machen. Laut eines Definitionsvorschlags „*kann man unter einer Pastiche die Entlehnung der eigenschöpferischen Züge einer Vorlage in einem neuen Werk (typischerweise derselben Werkart) verstehen, die als künstlerischesStilmittel des Anklangs oder Kontrasts oder der Hommage dazu dient, eine gedankliche Verbindung zuden in Bezug genommenen Werken bzw. deren Urheber herzustellen*".[27] Der Referentenentwurf verzichtet hingegen auf eine positive Definition und belässt es bei einer negativen Definition und der Nennung einzelner Beispiele. Danach fällt unter den Begriff Pastiche alles, was weder Karikatur noch Parodie ist „*und bei denen im Rahmen der Abwägung von Rechten und Interessen der Urheber und der Nutzer ein angemessener Ausgleich gewahrt bleibt*".[28] Als Beispiele werden unter anderem Remix, Sampling und GIFs genannt.[29]

---

[23] *BMJV,* Referentenentwurf zum UrhG-E, S. 96, https://bit.ly/3ddOm01; *Stieper,* GRUR 2020, 699 (702).
[24] *BMJV,* Referentenentwurf zum UrhG-E, S. 96 f., https://bit.ly/3ddOm01; *Stieper,* GRUR 2020, 699 (702).
[25] *Conrad/Nolte,* ZUM 2021, 111 (114); *Stieper,* GRUR 2020, 699 (703).
[26] *Conrad/Nolte,* ZUM 2021, 111 (114); *Stieper,* GRUR 2020, 699 (703).
[27] *Stieper,* GRUR 2020, 699 (703).
[28] *BMJV,* Referentenentwurf zum UrhG-E, S. 97, https://bit.ly/3ddOm01.
[29] *BMJV,* Referentenentwurf zum UrhG-E, S. 97, https://bit.ly/3ddOm01.

Der Unterschied zur Karikatur und Parodie besteht darin, dass die Karikatur und Parodie in der Regel auf der Verspottung bzw. Verzerrung des genutzten Werkes oder dessen Urheber basieren, während der Pastiche sich auch aus Gründen der Wertschätzung mit den schöpferischen Zügen des genutzten Werkes auseinandersetzt und diese erkennbar übernimmt.[30]

Alle drei Begriffe haben gemein, dass das genutzte Werk zwar erkennbar bleibt, allerdings im Gegensatz zum Zitat bzw. Plagiat Unterschiede wahrnehmbar sind.[31] Des Weiteren müssen die Karikatur, die Parodie und der Pastiche kein eigenes urheberrechtlich geschütztes Werk darstellen.[32] Im Ergebnis zeigt sich, dass eine trennscharfe Abgrenzung der drei Begriffe kaum möglich sein wird, dies aber auch nicht zwingend erforderlich ist.[33]

f) Nutzung einer Abbildung oder sonstigen Vervielfältigung des genutzten Werkes

Nach § 51a S. 2 UrhG-E umfasst die Befugnis nach Satz 1 die Nutzung einer Abbildung oder sonstigen Vervielfältigung des genutzten Werkes, auch wenn diese selbst durch ein Urheberrecht oder ein verwandtes Schutzrecht geschützt ist. Diese Regelung entspricht § 51 S. 3 UrhG.[34]

g) Quellenangabe und Veränderungsverbot

Eine Quellenangabe ist im Gegensatz zum Zitatrecht nicht erforderlich.[35] Auch das beim Zitatrecht bestehende Veränderungsverbot aus § 61 UrhG

---

[30] *Stieper,* GRUR 2020, 699 (703).

[31] *BMJV,* Referentenentwurf zum UrhG-E, S. 95, https://bit.ly/3ddOm01.

[32] *BMJV,* Referentenentwurf zum UrhG-E, S. 95, https://bit.ly/3ddOm01.

[33] *BMJV,* Referentenentwurf zum UrhG-E, S. 95, https://bit.ly/3ddOm01; kritisch dazu *Conrad/Nolte,* ZUM 2021, 111 (114) welche durch die unklaren Begrifflichkeiten Rechtsunsicherheiten befürchten, da der Umfang erlaubnisfreier Nutzung letztlich durch Gerichte zu bestimmen sein wird.

[34] Insoweit kann auf unsere Ausführungen zum Zitatrecht verwiesen werden: B. II: *Fischer*, Das Zitatrecht nach § 51 UrhG, B. IV. Nutzung einer Abbildung oder sonstigen Vervielfältigung des zitierten Werkes.

[35] *BMJV,* Referentenentwurf zum UrhG-E, S. 96, https://bit.ly/3ddOm01.

soll nach § 61 Abs. 4a UrhG-E ausdrücklich nicht für Karikaturen, Parodien und Pastiches gelten, soweit der Benutzungszweck dies erfordert. Diesen ist gerade eine Veränderung des genutzten Werkes immanent, wodurch die Verspottung oder aber auch Wertschätzung zum Ausdruck kommen soll. Insoweit würde § 51a UrhG-E bei einem Veränderungsverbot weitgehend leerlaufen.[36]

3. Zusammenfassung

Die Einführung einer neuen Schranke für Karikatur, Parodie und Pastiche in § 51a UrhG-E wird nicht für so viel Veränderung im Urheberrecht sorgen, wie man auf den ersten Blick womöglich denken könnte. Bereits nach derzeit geltender Rechtslage ist zumindest die Nutzung eines fremden Werkes für Zwecke der Karikatur und Parodie auch ohne Zustimmung des Urhebers auf der Grundlage von § 24 UrhG möglich.

Allein die Nutzung zum Zwecke des Pastiches kommt für Nutzer neu hinzu. Was jedoch genau darunterzu verstehen ist, bleibt weiter unklar. Auch der Referentenentwurf vermag zu dieser Frage keine eindeutige Antwort zu geben, sondern belässt es vielmehr bei dem Versuch einer Negativdefinition. Bis zu einer Entscheidung durch den EuGH kann es in diesem Bereich also zu einer gewissen Rechtsunsicherheit kommen.[37] Hier besteht vor allem die Gefahr für Urheber, dass der Begriff sehr weit verstanden und der Anwendungsbereich von § 51a UrhG-E somit immer weiter ausgedehnt wird.

Im Übrigen weist § 51a UrhG-E inhaltlich eine große Ähnlichkeit zum Zitatrecht aus § 51 UrhG auf, sodass auf die Ausführungen zu den Voraussetzungen des Zitatrechts verwiesen werden kann.

---

[36] *BMJV,* Referentenentwurf zum UrhG-E, S. 96, https://bit.ly/3ddOm01.
[37] So wohl auch *Conrad/Nolte,* ZUM 2021, 111 (114).

C. HOCHSCHUL- UND ARBEITSRECHT & SONSTIGE RECHTSGEBIETE

Im letzten Abschnitt dieses Buch werden Fragestellungen aus mehreren Rechtsgebieten behandelt, die allesamt eine Gemeinsamkeit haben: Ihre praktische Relevanz für den durch die Pandemie veränderten Lehrbetrieb. Dabei geht es zunächst sowohl um Themen aus dem Hochschul- als auch Arbeitsrecht. Das erste Gutachten prüft, inwieweit Lehrende, die sich in Quarantäne befinden, noch zur Lehre verpflichtet sind. Die Hochschulen haben – der Krise geschuldet –, nur wenige Veranstaltungen ausschließlich in Präsenz angeboten, sondern die Lehrenden dazu angehalten, zumindest die gleichzeitige digitale Übertragung zu ermöglichen. Da jedoch nicht alle Lehrende bereit sind, Vorlesungen, die sie in Präsenz halten, zugleich digital zu übertragen, prüft das zweite Gutachten, inwieweit Lehrende zu einer solchen Hybrid-Vorlesung verpflichtet werden können. Auch im nächsten Gutachten geht es um die digitale Lehre und die virulente Frage, wie sich Lehrende gegenüber störenden Teilnehmer:innen rechtskonform verhalten können. Die enthemmte und teilweise anonyme digitale Kommunikation verleitet zu anderem Fehlverhalten als in der analogen Welt. Um die Integrität des Lehrbetriebs aufrechtzuerhalten, müssen Lehrende daher wissen, welche Sanktionsmöglichkeiten ihnen zur Verfügung stehen.

Die beiden darauffolgenden Gutachten beschäftigen sich mit Fragestellungen, die rechtsgebietsübergreifende Relevanz aufweisen. So thematisiert das vierte Gutachten das unerlaubte Mitschneiden von digitalen Lehrveranstaltungen und die Möglichkeit des:der Lehrenden, dagegen vorzugehen. Vorangestellt wird zudem geprüft, ob der:die Lehrende verpflichtet ist, seine:ihre Veranstaltung aufgezeichnet zur Verfügung zu stellen. Zuletzt wird in einer FAQ-Sammlung auf Fragen von Hochschullehrer:innen und anderen Hochschulmitarbeiter:innen eingegangen, die sich im Anschluss an eine Veranstaltung zur digitalen Lehre ergeben haben.

I. Lehrpflicht auch in Quarantäne?

Leitung: Prof. Dr. Thomas Hoeren

Autorin: Wissenschaftliche Mitarbeiterin Nele Klostermeyer

Veröffentlicht am 3. September 2020

1. Fragestellung

Sind Lehrende an einer Hochschule verpflichtet, ihrer Lehrverpflichtung nachzukommen, selbst wennsie sich in Quarantäne befinden oder sogar an dem Covid-19-Virus erkrankt sind?

2. Zusammenfassung

Es sollte zwischen zwei verschiedenen Arten der Quarantäne unterschieden werden: Bei einer nachweislichen Erkrankung an Covid-19 ist der/die Hochschullehrer:in arbeitsunfähig und folglich nicht zur Durchführung von (Fern-)Unterricht verpflichtet.

Ist die Quarantäne allerdings rein vorsorglich und liegt kein positives Testergebnis vor, so befreit dies die an der Hochschule Lehrenden nicht von ihrer Lehrpflicht, sofern die Arbeitstätigkeit auch von demOrt der Quarantäne ausgeübt werden kann. Ist also die Präsenzvorlesung durch ein digitales Lehrformat im jeweiligen Fachbereich ersetzbar, so kann die Fakultät die Betroffenen dazu anhalten, ein solches anzubieten. Die genaue Ausgestaltung obliegt jedoch weiterhin dem Lehrenden.

3. Pflicht zur Lehre aus der Quarantäne

Hinsichtlich der Fragestellung, ob an einer Hochschule Lehrende auch in Quarantäne zur Ausübung ihrer Lehrpflicht angehalten sind, muss unserer Einschätzung nach zwischen zwei verschiedenen Formen der Quarantäne differenziert werden.

a) Quarantäne aufgrund nachgewiesener Infektion

Befindet sich ein Lehrender in Quarantäne, da er positiv auf Covid-19 getestet wurde, so besteht keinePflicht zum Fernunterricht. Dabei kommt es auch nicht darauf an, ob der Betroffene tatsächlich Krankheitssymptome aufweist oder nicht.

Bei einer Infektion mit dem Covid-19-Virus gilt man als Kranker im Sinne der § 2 Nr. 4 Infektionsschutzgesetz (IFSG) und damit als arbeitsunfähig. Dies gilt unabhängig von der Schwere des Verlaufs oder der auftretenden Symptome. Somit kann der Arbeitgeber auch keine Lehrtätigkeit einfordern. Die Quarantäne geht in diesen Fällen in der Regel sogar mit einem behördlich angeordneten Tätigkeitsverbot nach § 31 IFSG einher, welches den Lehrenden ausdrücklich von der Arbeitspflicht entbindet.[1]

Ein Vergleich lässt sich zudem zu anderen Erkrankungen wie zum Beispiel der Influenza-Grippe ziehen. Auch in diesen Situationen können Hochschullehrer:innen nicht zum Fernunterricht verpflichtet werden. Gleiches muss ebenfalls für eine Infektion mit dem Covid-19-Virus gelten.

b) Quarantäne aus Präventionsgründen

Etwas anderes muss indes gelten, sofern sich der an einer Hochschule Lehrende in einer behördlich angeordneten Quarantäne gem. §§ 28, 30 Abs. 1 IFSG befindet, ohne nachweislich erkrankt zu sein. Dies ist insbesondere der Fall, wenn der Betroffene von einer Reise in ein Risikogebiet zurückkehrt[2] oder wenn er Kontakt mit einer positiv getesteten Person hatte. Gilt

---

[1] *Müller*, ArbR, § 8 Rn. 692; Helm/Bundschuh/*Wulff*, § 8 Rn. 31; *Fischinger/Hengstberger*, JA 2020, 561 (566).

[2] S. dazu für NRW § 3 Abs. 1 Verordnung zum Schutz vor Neuinfizierungen mit dem Coronavirus SARS-CoV-2 in Bezug auf Ein- und Rückreisende vom 1.9.2020 (CoronaEinrVO).

die Quarantäne mithin als bloße Präventivmaßnahme und wird ein Tätigkeitsverbot nach § 31 IFSG nicht angeordnet, so ist die Berufsausübung nur außerhalb der Quarantäne untersagt.[3]

Dies kann zwar in Einzelfällen zu einem Leistungshindernis führen, wenn die Arbeitstätigkeit zwingendan den Arbeitsort gebunden ist.[4] Sofern allerdings eine Berufsausübung auch von dem Ort der Quarantäne aus möglich ist, in der Regel also von Zuhause, so ist der Betroffene nicht von seiner Arbeitspflicht befreit.[5]

Bei Lehrenden ist die Berufsausübung nicht grundsätzlich an den Hörsaal gebunden, wie die derzeitigeLage zeigt.[6] Der Fernunterricht via Zoom-Veranstaltungen oder die Zurverfügungstellung digitaler Unterlagen erfüllen den Ausbildungsauftrag ebenfalls, sodass der Lehrpflicht[7] auch aus der häuslichen Quarantäne nachgekommen werden kann. Ob eine Präsenzvorlesung aus diversen Gründen vorzugswürdig sein mag, kann dafür aus rechtlicher Sicht dahinstehen.[8] Die präventive Quarantäne entbindet den/die Hochschullehrer:in mithin nicht von der Lehrpflicht.

Zwar obliegt den Lehrenden an einer Hochschule eine in Art. 5 Abs. 3 S. 1 2. Fall GG verankerte Lehrfreiheit, die es ihnen grundsätzlich gestattet, die

---

[3] *Fischinger/Hengstberger*, JA 2020, 561 (566).
[4] S. dazu *Fischinger/Hengstberger*, JA 2020, 561 (566) anhand des Beispiels eines Friseurs.
[5] Helm/Bundschuh/*Wulff*, § 8 Rn. 31.
[6] Vgl. auch Begründung der Allgemeinverfügung zur Durchführung von Lehr- und Praxisveranstaltungen sowiePrüfungen an den Hochschulen im Land Nordrhein-Westfalen des Gesundheitsministeriums vom 15.7.2020.
[7] Zur „digitalen Lehrpflicht" vgl. auch *Meyer*, WissR 2020, 273 (279) sowie *Sandberger,* OdW 2020, 155 (157).
[8] Vgl. auch *Dorf/Hartmer*, Ist elektronische Lehre Dienstpflicht, Forschung & Lehre, Beitrag v. 3.4.2020, https://bit.ly/3cxRFQA (abgerufen 30.3.2021).

genaue Ausgestaltung ihrer Vorlesungsveranstaltungen frei und ohne jeglichen Zwang auszuwählen.[9] Dazu gehört insbesondere auch die Entscheidung zwischen einer Präsenzvorlesung und digitalen Lehrformaten.

Allerdings gebieten es der Ausbildungsauftrag der Hochschulen, der ebenfalls in Art. 5 Abs. 3 S. 1 2. Fall GG niedergelegt ist, und die Dienstplicht der HochschullehrerInnen aus § 34 Beamtenstatusgesetz (BeamtStG), dass zumindest *irgendeine* Art der Lehre stattfindet, solange der Betroffene nicht erkrankt und damit arbeitsunfähig ist.[10] Da der Betroffene aufgrund der Quarantäne keine Präsenzvorlesung abhalten kann, verbleibt als einzige Alternative der Fernunterricht. Wie er diesen indes im Einzelfall ausgestaltet, also ob er seiner Dienstpflicht mittels einer Online-Vorlesung via Zoom, durch das Hochladen von PowerPoint-Folien oder Videos nachkommt, bleibt dabei ihm selbst überlassen.[11]

Ohne eine solche Pflicht zum Fernunterricht könnten sich Lehrende ihrer Lehrpflicht durch eine Reise in ein Risikogebiet nur zu einfach entledigen. Sollte mit der Reise gerade bezweckt werden, der Lehrpflicht zu entgehen, dürfte bereits das Verbot des Rechtsmissbrauchs gebieten, die Lehrpflicht aufrechtzuerhalten. Aber auch im Übrigen erscheint es gerechtfertigt, die betreffenden Lehrenden zurdigitalen Lehre anzuhalten, wenn diese sich aufgrund einer freiwilligen Reise in ein Risikogebiet anschließend in häusliche Quarantäne begeben müssen. Anderenfalls würde eine negative Anreizstruktur geschaffen.

---

[9] Ausführlicher dazu: B. I. *Albrecht*, Austausch mitgeschnittener Vorlesungen auf privaten Plattformen durch Studierende, Frage 1: Pflicht zur digitalen Lehre; *Meyer,* WissR 2020, 273 (277); *Sandberger,* OdW 2020, 155 (157).

[10] *Albrecht/Fischer*, Rechtliche Einschätzung: Konsequenzen einer Freigabe von Lehrveranstaltungen im Präsenzmodus im WS 2020/21, S. 13, abrufbar unter https://www.itm.nrw/digitale-hochschule-nrw/veroeffentlichungen (abgerufen 4.9.2020); *Meyer,* WissR 2020, 273 (277); *Sandberger,* OdW 2020, 155 (157).

[11] So wohl auch *Meyer,* WissR 2020, 273 (280 f.); *Sandberger,* OdW 2020, 155 (157).

Eine Ausnahme könnte jedoch für bestimmte Fachbereiche gelten, in denen eine Präsenzveranstaltungim Einzelfall zwingend erforderlich ist und nicht adäquat durch digitale Lehrformate ersetzt werden kann. Dies ist zum Beispiel teilweise im Physik- oder Medizinbereich der Fall, sofern Experimente durchgeführt oder Präparate hergestellt werden müssen.

Im Ergebnis lässt sich also festhalten, dass eine Verpflichtung zum Fernunterricht für Hochschullehrer:innen in Quarantäne besteht, solange der Betroffene nicht positiv auf Covid-19 getestet wurde, die Quarantäne somit als bloße Vorsichtsmaßnahme gilt und eine Präsenzvorlesung aufgrund des jeweiligen Fachbereichs nicht zwingend erforderlich ist.

Die genaue Ausgestaltung der Lehrpflicht bleibt indes dem an einer Hochschule Lehrenden nach Maßgabe seiner Lehrfreiheit selbst vorbehalten und kann nicht von der Fakultät vorgeschrieben werden.

II. Pflicht zur Hybrid-Veranstaltung

Leitung: Prof. Dr. Thomas Hoeren

Autorin: Wissenschaftliche Mitarbeiterin Nele Klostermeyer

Veröffentlicht am 20. Oktober 2020

1. Hintergrund und Fragestellung

Aufgrund der noch immer andauernden Covid-19-Pandemie wurde das Wintersemester 2020/2021 an vielen Hochschulen zum Hybrid-Semester erklärt. Dies bedeutet, dass Vorlesungsveranstaltungen in Präsenz im Hörsaal stattfinden und gleichzeitig digital übertragen werden. Die Studierenden, die an der Präsenzvorlesung teilnehmen möchten, müssen sich dafür in der Regel im Vorfeld anmelden. Im Anschluss können diese dann über ein Rotationsverfahren auf die einzelnen Vorlesungstermine aufgeteilt werden. So wird versucht, eine gerechte Verteilung zu gewährleisten.

Manche Hochschulen überlassen den Dozierenden die Wahl, ob sie dieses Angebot annehmen oder bei einer rein digitalen Lehre bleiben wollen. An einigen Hochschulen sollen Hybrid-Veranstaltungen indes aus Gründen der Einheitlichkeit für alle Hochschullehrer:innen verpflichtend gelten.

Eine reine Präsenzvorlesung ist vielen Hochschulen aufgrund der Anzahl der Studierenden und der Abstandsregelungen, die in den Räumen eingehalten werden müssten, nicht möglich. Deshalb stellen die Hybrid-Veranstaltungen auf den ersten Blick einen guten Kompromiss zu einer rein digitalen Lehre dar. Doch wie ist dies aus rechtlicher Sicht zu beurteilen: Kann man Hochschullehrer:innen in der derzeitigen Lage überhaupt zum Abhalten von Präsenzveranstaltungen verpflichten?

2. Verpflichtung zur Hybrid-Vorlesung

Viele Hochschulen überlassen den Dozierenden die Wahl, ob sie rein digitale Vorlesungen oder Hybridveranstaltungen anbieten möchten. Besteht eine Hochschule allerdings auf Hybridveranstaltungen, so könnte dies womöglich mit der Lehrfreiheit der Hochschullehrer:innen aus Art. 5 Abs. 3 S. 1 GG in Konflikt stehen.

a) Eingriff in den Schutzbereich der Lehrfreiheit

Die Lehrfreiheit gestattet es den Dozierenden, Inhalt und Ablauf ihrer Vorlesungen sowie die zu verwendenden Lehrmaterialien frei zu wählen.[1] Ob auch der Ort der Lehrveranstaltung und damit einhergehend die Entscheidung über eine reine Online-Lehre oder eine Hybrid-Vorlesung zum sachlichen Schutzbereich gehört, ist allerdings fraglich.

Klar ist, dass alle Dozierenden im Rahmen ihrer Lehrfreiheit entscheiden können, was sie didaktisch für sinnvoll erachten und ihre Vorlesung danach ausrichten.[2] Es bleibt indes zu beachten, dass zur Ausübung dieser Freiheit ein geordneter Hochschul- und Lehrbetrieb erforderlich ist.[3] Für diesen zu sorgen, ist Aufgabe der jeweiligen Hochschule. Sie muss den verschiedenen Dozierenden Räume und Zeiten für die Vorlesungen zuweisen.[4] Eine Ausgestaltung dieser Rahmenbedingungen vonseiten der Hochschule ist mithin vielmehr eine Voraussetzung für den Erhalt der Lehrfreiheit als ein Eingriff in den Schutzbereich derselben.[5]

---

[1] *BVerfG*, Beschl. v. 7.10.1980 - 1 BvR 1289/78 = NJW 1981, 741 (743); Dreier/*Britz*, Band I, GG Art. 5 Abs. 3, Rn. 29; *Meyer,* WissR 2020, 273 (276); *Roßnagel/Schnabel*, DuD 2009,411 (413).

[2] Maunz/Düring/*Gärditz,* GG Art 5 Abs. 3, Rn. 116; *Meyer,* WissR 2020, 273 (276); *Sandberger,* OdW 2020, 155 (157).

[3] *Roßnagel/Schnabel*, DuD 2009, 411 (413).

[4] *Meyer,* WissR 2020, 273 (276 f.); *Roßnagel/Schnabel*, DuD 2009, 411, (413); *Sandberger,* OdW 2020, 155 (157).

[5] *Meyer,* WissR 2020, 273 (276 f.); *Roßnagel/Schnabel*, DuD 2009, 411, (413).

Mit einer Verpflichtung zum Hybrid-Semester geht allerdings nicht nur die Festlegung der Räumlichkeit an der Hochschule für die Lehrenden einher, sondern zugleich die Verpflichtung zur Aufzeichnung oder Live-Übertragung der Vorlesung. Die Dozierenden müssen also eine Veranstaltung sowohl für Präsenzpublikum als auch für Studierende zuhause vor dem Rechner bereithalten. Dies schränkt die Wahl der Lehrmaterialien, den Ablauf und die Methodik einer Vorlesung ein, zumal eine Lehrveranstaltung in der Regel entweder auf ein Präsenzpublikum oder aber ein Online-Publikum ausgelegt ist und nicht auf beides.

Eine Verpflichtung zur Hybrid-Vorlesung stellt folglich nicht lediglich eine Rahmenbedingung, sonderneinen Eingriff in den Schutzbereich der Lehrfreiheit aus Art. 5 Abs. 3 S. 1 GG dar.[6]

b) Rechtfertigung

Art. 5 Abs. 3 S. 1 GG sieht zwar keinen Gesetzesvorbehalt vor, allerdings kommt eine Rechtfertigung aufgrund eines verfassungsimmanenten Schrankenvorbehalts in Betracht.[7] So können sich die Hochschulen selber auf Art. 5 Abs. 3 S. 1 GG berufen, sofern es die Förderung und den Schutz ihrer Funktionsfähigkeit betrifft.[8] Aufgrund der Wesentlichkeitslehre muss das kollidierende Rechtsgut derHochschule allerdings einfachgesetzlich konkretisiert sein, um den Eingriff in die Lehrfreiheit rechtfertigen zu können (1).[9] Zudem muss der Grundsatz der Verhältnismäßigkeit gewahrt werden (2).

---

[6] Den Eingriff bejahend wohl auch *Meyer,* WissR 2020, 273 (281).

[7] Dreier/*Britz*, Band I, GG Art. 5 Abs. 3, Rn. 50.

[8] *BVerfG*, Beschl. v. 13.4.2010 - 1 BvR 216/07 = NVwZ 2010, 1285 (1287); *BVerfG*, Beschl. v. 28.10.2008 - 1 BvR 462/06 = NJW 2009, 2190 (2193); *BVerfG*, Beschl. v. 26.2.1997 - 1 BvR 1864/94 = LKV 1997, 325 (326); Dreier/*Britz*, Band I, GG Art. 5 Abs. 3, Rn. 50.

[9] Maunz/Düring/*Gärditz,* GG Art 5 Abs. 3, Rn. 152; zur Relevanz des Gesetzesvorbehaltes und Wesentlichkeitslehre im Hochschulbereich siehe u.a. BVerfGE 147, 253 ff., Rn. 116 ff.

c) Einfach-gesetzliche Konkretisierung

Als einfach-gesetzliche Konkretisierung könnte zunächst § 4 Abs. 3 S. 2 HG NRW herangezogen werden. Demnach sind Entscheidungen der zuständigen Hochschulorgane zulässig, soweit sie sich auf die Organisation des Forschungsbetriebs sowie des Lehr- und Studienbetriebs sowie dessen ordnungsgemäße Durchführung beziehen. Allerdings ist diese Vorschrift sehr allgemein gehalten und soll mit der Organisation des Lehrbetriebs wohl eher die Rahmenbedingungen eines Vorlesungsbetriebes regeln und nicht Maßnahmen gestatten, die – wie die Verpflichtung zur Hybrid- Veranstaltung – einen Eingriff in die Lehrfreiheit bedeuten.

Im Rahmen der Covid-19- Pandemie könnte als einfachgesetzliche Konkretisierung darüber hinaus § 82a Abs. 1 S. 1 HG NRW i.V.m. § 8 Abs. 1 S. 1 Corona-Epidemie- Hochschulverordnung im Betracht kommen. Nach letzterer Vorschrift in der Verordnung kann das Rektorat hinsichtlich der Art und Weise der Durchführung von Lehrveranstaltungen Regelungenerlassen. Darunter könnte auch eine Verpflichtung zur Hybrid-Veranstaltung gefasst werden.

Dagegen spricht jedoch, dass § 81a Abs. 1 S. 1 HG NRW nur zum Erlass von „*Regelungen betreffend die Prüfungen, die Anerkennung von Prüfungsleistungen und sonstigen Leistungen, die Regelstudienzeit, die Verfahrensgrundsätze hinsichtlich der Sitzungen und der Beschlüsse, die Amtszeit der Gremien derHochschule und der Studierendenschaft sowie die Einschreibung*“ ermächtigt. Das zur Verordnungsgebung ermächtigende Gesetz sieht also nicht ausdrücklich vor, dass der Lehrbetrieb als solcher vom Rektorat festgelegt werden soll, geschweige denn, dass eine Hybridlehre vorgeschrieben werden darf.

Nach Art. 70 S. 2 Verf NRW muss die Ermächtigungsnorm jedoch Inhalt, Zweck und Ausmaß der erteilten Ermächtigung bestimmen. So soll der Bürger bereits den ungefähr möglichen Inhalt einer darauf gestützten Verordnung erkennen können.[10] Allerdings reicht eine hinreichende Bestimmtheit der Ermächtigungsnorm aus.[11] Sie muss die gesetzlichen Vorgaben mithin nicht ausdrücklich regeln.[12] Es genügt vielmehr, wenn sich Inhalt, Zweck und Ausmaß durch Heranziehung allgemeiner Auslegungsregeln ermitteln lassen.[13]

Daher könnte argumentiert werden, dass für Studierende deutlich wird, dass Regelungen betreffend die Prüfungen auch Regelungen betreffend den Vorlesungsbetrieb beinhalten, weil Prüfungen einem solchen nachgehen und auf ihm aufbauen. Allerdings erscheint dieser Schluss aufgrund der genauen Auflistung in § 81a Abs. 1 S. 1 HG NRW fraglich.

Zwar muss auch Berücksichtigung finden, dass aufgrund der Covid-19 Pandemie schneller Handlungsbedarf bestand und § 81a Abs. 1 S. 1 HG NRW den Hochschulen flexible Gestaltungsmöglichkeiten an die Hand geben sollte. Dennoch kann dadurch nicht vollständig auf Bestimmtheit verzichtet werden. Zudem bestand seit dem Ausbruch der Pandemie ausreichend Zeit zur Nachbesserung.

Vor dem Hintergrund des Bestimmtheitsgebots des Art. 70 S. 2 Verf NRW ist also fragwürdig, ob unterder oben genannten Ermächtigungsnorm auch Regelungen betreffend den Vorlesungsbetrieb zuverstehen sind. Folglich ist auch die Tragfähigkeit der darauf gestützten Verordnung in Zweifel zu ziehen.

d) Verhältnismäßigkeit

Nimmt man jedoch an, dass eine ausreichende gesetzliche Grundlage für die Regelung des Lehrbetriebs vorliegt, muss eine darauf gestützte

---

[10] *BVerfG*, Beschl. v. 21.9.2016 – 2 BvL 1/15 = NJW 2016, 3648 (3652).
[11] *BVerfG*, Beschl. v. 21.9.2016 – 2 BvL 1/15 = NJW 2016, 3648 (3652).
[12] Dreier/*Bauer*, GG Art. 80, Rn. 35.
[13] *BVerfG*, Beschl. v. 21.9.2016 – 2 BvL 1/15 = NJW 2016, 3648 (3652).

Verpflichtung zur Hybrid-Lehre auch dem Grundsatz der Verhältnismäßigkeit standhalten. Die Förderung und das Aufrechterhalten der Funktionsfähigkeit der Hochschule stellen einen legitimen Zweck dar. Dieser muss allerdings in eine praktische Konkordanz mit der Lehrfreiheit der Dozierenden gebracht werden.

aa) Sicht der Studierenden

Das Studium ist von dem persönlichen Austausch zwischen Studierenden und Lehrendem geprägt. So können neue Lösungswege erschlossen oder andere Denkansätze in Betracht gezogen werden. Dieses Interesse der Studierenden an einer angemessenen Lehre genießt ebenfalls den Schutz des Art. 5 Abs. 3 S. 1 GG: „*Aktive Beteiligung der Studenten an wissenschaftlichen Lehrveranstaltungen kann nur verwirklicht werden, wenn die Studenten [...] soweit wie möglich in den Ablauf der Lehrveranstaltung einbezogen werden; ein wichtiges, wohl das entscheidende Mittel der studentischen Beteiligung liegt darin, daß Gelegenheit gegeben wird, Fragen zum Thema zu stellen und sich zu den vertretenen Lehrmeinungen zu äußern.*"[14] Eine Hybrid-Vorlesung ermöglicht zumindest eine Interaktion zwischen dem Dozierenden und den anwesenden Studierenden.

Dieser Diskussion, die anderweitig gar nicht stattgefunden hätte, nur zuzuhören, kann auch für die abwesenden Studierenden einen Mehrwert bringen. Insofern kann die Hybrid-Lehre der reinen Online-Lehre überlegen sein, wenn letztere nur durch die Zurverfügungstellung von Materialien erfolgt.

Eine Online-Lehre kann allerdings auch über ein Videokonferenz-Tool wie Zoom erfolgen. Alle Studierenden bekommen dadurch die gleiche Möglichkeit an der Vorlesung teilzunehmen. Der Erfolg dieser Online-Lehre hängt aber entscheidend von der technischen Umsetzung ab.

---

[14] *BVerfG*, Beschl. v. 7.10.1980 – 1 BvR 1289/78 = NJW 1981, 741 (743) – Bremer Modell.

Aber nicht jede/r Studierende verfügt über eine ausreichend technische Infrastruktur, um angemessen an Vorlesungen über ein Online-Konferenztool teilzunehmen oder aber die Internetverbindung ist unzureichend. Diesen Studierenden könnte durch die Hybrid-Veranstaltung aber dennoch Zugang zur Lehre verschafft werden.

Eine Verpflichtung zur Hybrid-Lehre vonseiten der Hochschule würde außerdem eine gewisse Homogenität sicherstellen. Insbesondere für Studierende ist es leichter, sich auf eine Art der Vorlesung einzustellen. Würde die Hochschule es allerdings den Dozierenden überlassen, ob sie auf reine Online- Lehre zurückgreifen oder das Angebot der Hybrid-Vorlesung in Anspruch nehmen, so würde das Semester aus vielen verschiedenen Arten von Vorlesungen bestehen, die womöglich eher überfordern als helfen.

bb) Sicht der Dozierenden

Nichtsdestotrotz bedeutet eine Verpflichtung zur Hybrid-Vorlesung eine erhebliche Einschränkung der Lehrfreiheit der Dozierenden. Dies ist zum einen offensichtlich, wenn man bedenkt, dass der Dozierende eine Veranstaltung für zwei unterschiedliche Gruppen konzipieren muss. Zwangsläufig wird der Dozierende somit in der Wahl der möglichen Materialien und Vorgehensweisen stark begrenzt.[15]

Zum anderen ist es eine offene Frage, ob ein Hybridsemester didaktisch sinnvoll ist. Im letzten Semester wurden viele Erfahrungen mit der reinen Online-Lehre gemacht. Durch die Verpflichtung zur Hybrid-Lehre soll aber nicht (vollständig) auf diese zurückgegriffen werden, sondern ein neues Konzept implementiert werden. Wenn das Rektorat die Lehrenden zur Hybridlehre verpflichten könnte, würde es Ihnen die Beurteilung abnehmen, welche Form der Lehre didaktisch sinnvoller ist. Zwar hat das vergangene Semester gezeigt, dass Online-Lehre durchaus möglich

---

[15] Dahingehend argumentierend auch: *Meyer,* WissR 2020, 273 (281).

und auch erfolgreich sein kann. Es ist allerdings nicht ausgemacht, wie sinnvoll eine Vorlesung für die über das Internet zuhörenden Studierenden ist, wenn der/die Dozierende sich auf die im Hörsaal anwesenden Studierenden konzentrieren muss. Eine erfolgreiche Ausrichtung auf zwei Gruppen gleichzeitig erscheint zumindest auf den ersten Blick durchaus herausfordernd.

Darüber hinaus wird in der Regel nur ein kleiner Teil der Studierenden aufgrund der Abstandsregelungen vor Ort sein können, während der Großteil sich über das Internet dazu schaltet. Da der/die Dozierende sich auf die anwesenden Studierenden und deren Fragen konzentrieren muss, werden die abwesenden Zuhörenden benachteiligt.

Zuletzt sei noch darauf hingewiesen, dass die der Hochschule gegenüber den Lehrenden obliegende Fürsorgepflicht, welche einfachgesetzlich in § 45 Beamtenstatusgesetz (BeamtStG) konkretisiert wurde, nicht gegen die Verpflichtung zum Hybrid-Semester herangezogen werden kann. Solange die Hochschule sicherstellt, dass die Sicherheitsmaßnahmen wie Abstandsregeln eingehalten werden, liegt keine unzumutbare Gefahrenlage vor, die eine Verweigerung von Präsenzveranstaltungen rechtfertigen würde.[16] Davon abgesehen sind Online-Veranstaltungen aus gesundheitlichen Aspekten aber naturgemäß dennoch deutlich risikoärmer. Auch wenn bei Hybrid-Vorlesungen die Sicherheitsmaßnahmen eingehalten werden, kann ein Infektionsrisiko doch nie ganz ausgeschlossen werden, wenn mehrere Personen im Hörsaal anwesend sind.

3. Zusammenfassung

Die Verpflichtung zur Hybrid-Lehre bedeutet einen Eingriff in die Lehrfreiheit der Dozierenden. Eine Rechtfertigung könnte sich aus der

---

[16] Vgl. für Lehrer *VGH Kassel*, Beschl. v. 14.5.2020 – 1 B 1308/20 = NVwZ-RR 2020, 787 (787 f.); *VG Schleswig*, Beschl. v. 18.8.2020 – 12 B 53/20, BeckRS 2020, 21118.

Corona-Epidemie-Hochschulverordnung ergeben, allerdings adressiert das ermächtigende Gesetz die Ausgestaltung der Lehre nicht ausdrücklich. Im Zentrum derDebatte steht die noch offene Frage, ob eine Hybrid-Lehre von didaktischem Erfolg gekrönt sein wird. Dies wird das kommende Semester zeigen.

III. Sanktionsmaßnahmen bei Beeinträchtigungen des digitalen Lehrbetriebs

Leitung: Prof. Dr. Thomas Hoeren

Autorin: Wissenschaftliche Mitarbeiterin Malin Fischer

Veröffentlicht am 3. September 2020

1. Fragestellung

Können Störungen bzw. Beeinträchtigungen von digitalen Lehrveranstaltungen durch Studierende, z.B.in Form von verbalen Attacken oder Beleidigungen des/der Dozenten/Dozentin, sanktioniert werden, bspw. durch Ausschluss aus der Vorlesung oder sogar durch Exmatrikulation?

2. Hintergrund

Infolge der Corona-Pandemie mussten sich die Hochschulen im Sommersemester dieses Jahres auf eine weitestgehend digitale Form der Lehre umstellen. Auch Lehrveranstaltungen finden seitdem größtenteils digital, in Form von Videokonferenzen, statt.

Mit der Abhaltung von digitalen Lehrveranstaltungen geht die Frage einher, wie auf Störungen oder Beeinträchtigungen durch Studierende, die andere Nutzer beispielsweise verbal attackieren oder gar beleidigen, rechtlich reagiert werden kann. Denn insbesondere die vermeintliche Anonymität in der „virtuellen Welt“ wie auch die Vorstellung, Fehlverhalten im Internet sei, anders als in der analogen Welt, rechtlich nicht oder nur schwer sanktionierbar, werden immer wieder zum Anlass genommen, ein solches Fehlverhalten bei digitalen (Lehr-)Veranstaltungen an den Tag zu legen.

Um aber einen funktionierenden Lehrbetrieb auch in digitaler Form zu gewährleisten und aufrecht zuerhalten, bedarf es wirksamer Maßnahmen zur Sanktion derartiger Beeinträchtigungen. Welche Sanktionsmaßnahmen dabei aus rechtlicher Sicht in Betracht kommen, soll im Folgenden geklärt werden.

3. Zusammenfassung

Als mögliche Sanktionsmaßnahmen bei Beeinträchtigungen von virtuellen Lehrveranstaltungen kommen insbesondere ein – vorübergehender oder dauerhafter – Ausschluss des/der jeweiligen Studierenden von der Veranstaltung und die Exmatrikulation in Betracht.

Der Ausschluss eines/einer Studierenden von einer virtuellen Lehrveranstaltung kann auf das virtuelleHausrecht der Hochschule bzw. des/der jeweiligen Dozenten/Dozentin gestützt werden.[1] Hat die Hochschule Nutzungsbedingungen oder Verhaltensregeln für digitale Lehrveranstaltungen formuliert, stellen diese regelmäßig eine Konkretisierung der Ausübung dieses Hausrechts dar. Erfolgt daher ein Verstoß gegen die Nutzungsbedingungen bzw. Verhaltenskodizes, kann ein Ausschluss des/der entsprechenden Studierenden auf das Hausrecht (i.V.m. den bzw. konkretisiert durch die Nutzungsbedingungen oder Verhaltensregeln) gestützt werden. Dabei gilt es jedoch stets zu berücksichtigen, dass die auf das Hausrecht gestützte Maßnahme einen Eingriff in die Bildungsfreiheit des/der Studierenden darstellt und daher verhältnismäßig sein muss.[2]

Ein Ausschluss von der virtuellen Lehrveranstaltung bis zu einem Semester kann außerdem auf § 51a Abs. 2 S. 2 Nr. 4 Hochschulgesetz NRW (HG NRW) gestützt werden. Dafür erforderlich ist ein Ordnungsverstoß gem. § 51a Abs. 1 HG NRW.

Als weitere Ordnungsmaßnahmen bei Störungen einer digitalen Lehrveranstaltung kommen der Ausspruch einer Rüge gem. § 51 Abs. 2 S. 2 Nr. 1 HG NRW sowie die Androhung der Exmatrikulation gem. § 51 Abs. 2 S. 2 Nr. 2 HG NRW in Betracht.

---

[1] *McGrath*, DFN-Infobrief Recht 11/2020, S. 7.
[2] *McGrath*, DFN-Infobrief Recht 11/2020, S. 9.

Eine Exmatrikulation kommt als ultima ratio in Betracht und kann auf § 51 Abs. 2 S. 2 Nr. 5 HG NRW gestützt werden, sofern wiederum ein Ordnungsverstoß gem. Abs. 1 vorliegt. Zur Wahrung des Verhältnismäßigkeitsgrundsatzes ist jedoch regelmäßig erforderlich, dass zuvor schon andere Ordnungsmaßnahmen verhängt wurden.

4. Mögliche Sanktionsmaßnahmen

a) Ausschluss von der Veranstaltung

Zunächst kommt ein – vorübergehender oder dauerhafter – Ausschluss der Nutzer, die digitaleLehrveranstaltungen beeinträchtigen, von der jeweiligen Veranstaltung in Betracht. Zu klären ist, auf welche Rechtsgrundlage(n) sich ein solcher Ausschluss stützen lässt.

aa) Virtuelles Hausrecht

Der Ausschluss eines/einer Studierenden von einer virtuellen Vorlesung könnte womöglich auf das derHochschule bzw. dem/der einzelnen Dozenten/Dozentin zustehende öffentlich-rechtliche Hausrecht gestützt werden.[3]

Das Hochschulgesetz (HG) NRW setzt das Hausrecht für Hochschulen in § 18 Abs. 1 S. 3 als bestehend voraus und überträgt dem/der Rektor:in dessen Ausübung, wobei er/sie die Ausübung nach S. 4 auch auf andere Mitglieder oder Angehörige der Hochschule – und damit auch auf die Dozenten der jeweiligen Lehrveranstaltung – übertragen kann. Neben diesem gesetzlich geregelten Hausrecht wird auch ein Hausrecht des/der jeweiligen Dozenten/Dozentin für die einzelne Lehrveranstaltung aufgrund gewohnheitsrechtlicher Geltung oder resultierend aus der in Art. 5 Abs. 3 GG verankerten Lehrfreiheit angenommen.[4] Das Hausrecht ermöglicht den Erlass von Maßnahmen wie der vorläufigen Verweisungeines Störers aus dem Hörsaal, als ultima ratio aber auch die Erteilung eines Hausverbotes.[5] Diese

---

[3] *McGrath*, DFN-Infobrief Recht 11/2020, S. 7.
[4] BeckOK HochschulR NRW/*Möller*, HG, § 18 Rn. 8.
[5] Epping/*Becker*, HG Niedersachsen (NHG) § 37, Rn. 90.

Maßnahmen sollen der Gewährleistung der Aufgaben der Hochschule in Lehre und Forschung dienen und insbesondere Störungen des Lehrbetriebs verhindern.[6] Grundsätzlich gilt das Hausrecht in allen Räumlichkeiten der Hochschule, also z.B. in Hörsälen und Seminarräumen.[7]

Fraglich ist allerdings, ob sich das Hausrecht der Hochschule auch auf virtuelle Lehrveranstaltungen, welche über Videokonferenzdienste abgehalten werden, übertragen lässt.[8] Die Rechtsprechung geht grundsätzlich übereinstimmend vom Bestehen eines virtuellen, öffentlich-rechtlichen Hausrechts aus.[9] So bejahte das *VG Düsseldorf* im Zusammenhang mit einer vom AStA betriebenen Facebookseite ein virtuelles Hausrecht, welches als „notwendiger Annex aus der Sachkompetenz [des AStA] zur Erfüllungder [ihm] übertragenen Verwaltungsaufgaben folgt".[10] Das *Bundessozialgericht (BSG)* nahm ebenfalls ein virtuelles Hausrecht bei einer von der Arbeitsagentur betriebenen Internetseite an.[11] Auch das *VG München* bestätigte das virtuelle Hausrecht als Rechtsgrundlage für den Ausschluss eines Nutzers vonder Kommentarfunktion auf einer Internet-Plattform, welche von einer öffentlich-rechtlichen Rundfunkanstalt betrieben wird.[12]

Mit Rücksicht auf den Sinn und Zweck des Hausrechts von Hochschulen, die Sicherstellung der Lehr- und Forschungsaufgabe und v.a. den Schutz vor Störungen des Lehrbetriebs (s.o.), ist es nur konsequent, beivirtuellen Lehrveranstaltungen ebenfalls von der Geltung eines virtuellen Hausrechts auszugehen. Daher kann auch der Ausschluss eines/einer Studierenden,

---

[6] *VGH Mannheim*, Urt. v. 1.12.2015 – 9 S 1611/15 = NVwZ-RR 2016, 384 (386).
[7] Epping/*Becker*, HG Niedersachsen (NHG) § 37, Rn. 89.
[8] So z.B. Philipps-Universität Marburg, Antidiskriminierung und Persönlichkeitsrechte, S. 2, https://bit.ly/2PDSQ88 (abgerufen am 30.3.21).
[9] Ausführlich zum virtuellen öffentlichen Hausrecht vgl. auch *Kalscheuer/Jacobsen,* NJW 2018, 2358 (2359 f.).
[10] *VG Düsseldorf*, BeckRS 2018, 14305 Rn. 22.
[11] *BSG*, Urt. v. 6.12.2012 - B 11 AL 25/11 R = MMR 2013, 675 (676).
[12] *VG München*, Urt. v. 27.10.2017 – M 26 K 16.5928 = MMR 2018, 418.

welche/r eine virtuelle Lehrveranstaltung stört, auf das virtuelle Hausrecht der Hochschule als Rechtsgrundlage gestützt werden. Allerdings gilt es zu berücksichtigen, dass die Ausübung des Hausrechts in Form des Ausschlusses von einer (digitalen) Lehrveranstaltung stets einen Eingriff in die dem/der Studierenden zukommenden Ausbildungsfreiheit aus Art. 12 Abs. 1 GG[13] darstellt. Daher muss die auf das Hausrecht gestützte Maßnahme insbesondere verhältnismäßig sein.

bb) Nutzungsbedingungen für Videokonferenzdienste

Einige Hochschulen haben inzwischen Nutzungsbedingungen für die von ihnen eingesetzten Videokonferenzdienste formuliert.[14] In den Bedingungen werden u.a. bestimmte Verhaltensweisen, beispielsweise Delikte gegen die persönliche Ehre wie insb. Beleidigungen, untersagt.

Bei Verstoß gegen die Nutzungsbedingungen sehen die Regelungen vor, dass die jeweilig zuständige Stelle (i.d.R. das Hochschulrechenzentrum) den/die entsprechende/n Nutzer:in zeitweise oder auf Dauer von der Nutzung ausschließen kann (vgl. z.B. Buchst. o S. 2 der Nutzungsbedingungen derFU Berlin). Zum Teil soll einem Ausschluss von Nutzern aber eine Aufforderung, das beanstandete Verhalten zu unterlassen, sowie eine schriftliche oder mündliche Anhörung des Nutzers vorausgehen (z.B. Buchst. o S. 2 der Nutzungsbedingungen der FU Berlin).

Allerdings stellt sich die Frage, ob den Nutzungsbedingungen überhaupt Normcharakter zukommt undsie daher als eigenständige Rechtsgrundlage für den Ausschluss eines Nutzers von einer digitalen Lehrveranstaltung dienen können. Die Rechtsprechung hat diese Frage bisher offengelassen und ist stattdessen davon ausgegangen, dass der Erlass einer verbindlichen „Netiquette" oder eben Nutzungsbedingungen eine Konkretisierung der

---

[13] Ausführlich zur Ausbildungs-/Lernfreiheit: *Meyer,* WissR 2020, 273 (278).

[14] Bspw. FU Berlin, abrufbar https://bit.ly/3qNueqh (zuletzt abgerufen am 04.09.20); Hochschule Mannheim, abrufbar unter https://bit.ly/3tqDUJ0 (zuletzt abgerufen am 04.09.20).

Ausübung des virtuellen Hausrechts darstellt.[15] Dem folgend kann ein Ausschluss, sofern er in den Nutzungsbedingungen vorgesehen ist, jedenfalls auf das Hausrecht i.V.m. mit den bzw. konkretisiert durch die Nutzungsbedingungen gestützt werden.[16]

cc) Codes of Conduct / Verhaltensregeln in der digitalen Lehre

Neben den Nutzungsbedingungen haben verschiedene Hochschulen bzw. deren einzelne Fakultäten auch Codes of Conduct bzw. Verhaltensregeln für digitale Lehrveranstaltungen erstellt.[17] Die Verhaltensregeln fordern regelmäßig einen respektvollen und höflichen Umgang der Teilnehmer einer Videokonferenz miteinander sowie sachliche Diskussionsbeiträge und untersagen störendes oder diskriminierendes Verhalten. Die Kodizes sehen zum Teil ebenfalls die Möglichkeit vor, Nutzer, die sichnicht an die vorgegebenen Regeln halten, von der Lehrveranstaltung auszuschließen.[18]

Auch hier stellt sich wiederum die Frage, ob diese Verhaltenskodizes überhaupt rechtlich verbindlich sind und eine taugliche Rechtsgrundlage für den Ausschluss eines/einer Studierenden von einer digitalen Lehrveranstaltung darstellen können. Häufig sind Codes of Conducts keine rechtlich verbindlichen Regelwerke, an die ihre Adressaten gebunden sind. Vielmehr sollen die Kodizes als eineArt Selbstverpflichtung zur Einhaltung bestimmter Verhaltensweisen fungieren.[19] Allerdings kann auchder Erlass von Verhaltenskodizes, die vergleichbar mit den auf den Websites oder

---

[15] *BSG*, Urt. v. 6.12.2012 - B 11 AL 25/11 R = MMR 2013, 675 (676); *VG Leipzig*, BeckRS 2019, 31805, Rn. 49.

[16] *BSG*, Urt. v. 6.12.2012 - B 11 AL 25/11 R = MMR 2013, 675 (676).

[17] Bspw. FU Berlin, abrufbar unter https://bit.ly/3vDlaIv (abgerufen am 30.3.21); Philipps-Universität Marburg, abrufbar unter https://bit.ly/3lmrn6z (abgerufen am 30.3.21); Universität Düsseldorf, abrufbar unter https://bit.ly/3lk7GMI (abgerufen am 30.3.21).

[18] So z.B. der Code of Conduct der FU Berlin, abrufbar unter https://bit.ly/3vDlaIv (abgerufen am 30.3.21)

[19] Vgl. Harte-Bavendamm/Henning-Bodewig/*Dreyer*, UWG Anhang zu § 3 Abs. 3 Nr. 3, Rn. 6,7.

Social-Media-Kanälen z.B. von öffentlich-rechtlichen Rundfunkanstalten geltenden „Netiquetten" sein dürften, als Ausübung des Hausrechts eingeordnet werden. Sofern daher ein Verstoß gegen die Verhaltensregeln erfolgt, kann ein Ausschluss des/der Studierenden wiederum auf das Hausrecht, konkretisiert durch die Verhaltensregeln, gestützt werden.

dd) Ordnungsmaßnahmen, § 51a Abs. 2 S. 2 Nr. 4 HG NRW

Ein – längerfristiger – Ausschluss des/der jeweiligen Studierenden kann auch auf § 51a Abs. 2 S. 2 Nr. 4 HG NRW gestützt werden. Danach kann Studierenden, die einen Ordnungsverstoß nach § 51a Abs. 1 HG NRW begangen haben, der Ausschluss von der Teilnahme an einzelnen Lehrveranstaltungen bis zu einem Semester erteilt werden. Der Ausschluss von einer Lehrveranstaltung gem. § 51a Abs. 2 S. 2 Nr. 4 HG NRW kommt dann in Betracht, wenn ein Zusammenhang zwischen dem Ordnungsverstoß und der jeweiligen Lehrveranstaltung besteht.[20] Dabei dürfte unerheblich sein, ob die Lehrveranstaltung digital oder analog stattfindet. In beiden Formen sind Lehrveranstaltungen der Beeinträchtigung (auch) durch Studierende und damit der Gefahr ausgesetzt, dass sie nicht mehr (störungsfrei) durchgeführt werden. Daher umfasst der Schutzzweck der Ordnungsmaßnahmen nach § 51a Abs. 2 HG NRW, die Funktionsfähigkeit der Hochschule für die Zukunft aufrecht zu erhalten[21], Lehrveranstaltungen sowohl in digitaler als auch in analoger Form.

Erforderlich für die Verhängung einer Ordnungsmaßnahme ist ein Ordnungsverstoß. § 51a Abs. 1 HG NRW enthält eine abschließende Aufzählung von Ordnungsverstößen, bei denen eineentsprechende Ordnungsmaßnahme verhängt werden kann.

---

[20] BeckOK HochschulR NRW/*Achelpöhler,* HG, § 51a Rn. 51.

[21] BeckOK HochschulR NRW/*Achelpöhler,* HG, § 51a Rn. 47; zum Sinn und Zweck von Ordnungsmaßnahmen vgl. auch: *VGH Mannheim*, Urt. v. 1.12.2015 – 9 S 1611/15 = NVwZ-RR 2016, 384 (386).

Gemäß § 51a Abs. 1 Nr. 1 lit. a HG NRW begeht ein/eine Studierende beispielsweise einen Ordnungsverstoß, wenn er/sie wiederholt oder schwerwiegend gegen eine rechtmäßige Anordnung im Rahmen des Hausrechts verstößt und dadurch die Durchführung einer Hochschulveranstaltung beeinträchtigt. Hat ein/e Studierende/r z.B. zum wiederholten Male eine digitale Lehrveranstaltung beeinträchtigt und diese trotz rechtmäßiger Aufforderung durch den/die Dozenten/Dozentin nicht verlassen, so kann dies die Verhängung einer Ordnungsmaßnahme in Form des Ausschlusses von der Lehrveranstaltung für das gesamte Semester rechtfertigen. Erforderlich hierfür ist allerdings, dass die Beeinträchtigung durch den/die Studierende/n erheblich ist, also einen ernstlichen Eingriff in den Funktionsablauf darstellt. Nicht ausreichend sind beispielsweise nur kurze Störungen des Funktionsablaufs.[22]

Auch bei Verhängung einer Ordnungsmaßnahme gilt das Verhältnismäßigkeitsprinzips.[23] Dies ist insbesondere bei dem Ausschluss eines/einer Studierenden von einer Pflichtveranstaltung zu berücksichtigen, welcher eine deutlich einschneidendere Maßnahme darstellt als der Ausschluss von einer Lehrveranstaltung, die nicht zum Pflichtbereich gehört.[24]

ee) Weitere Ordnungsmaßnahmen, § 51a Abs. 2 S. 2 Nr. 1, 2 HG NRW

Als weitere Ordnungsmaßnahmen kommen im Falle eines Ordnungsverstoßes nach § 51a Abs. 1 HG NRW der Ausspruch einer Rüge (§ 51a Abs. 2 S. 2 Nr. 1 HG NRW) und die Androhung der Exmatrikulation (§ 51 Abs. 2 S. 2 Nr. 2 HG NRW) in Betracht. Die Rüge kann gem. § 51a Abs. 2 S. 3 2. Hs. HG NRW auch neben dem Ausschluss von einer Lehrveranstaltung ausgesprochen werden, die Androhung der Exmatrikulation gem. § 51a Abs. 2 S. 3 1. Hs. HG NRW wiederum nur in Verbindung mit

---

[22] BeckOK HochschulR NRW/*Achelpöhler,* HG, § 51a Rn. 25.
[23] BeckOK HochschulR NRW/*Achelpöhler,* HG, § 51a Rn. 46.
[24] BeckOK HochschulR NRW/*Achelpöhler,* HG, § 51a Rn. 51.

dem Ausspruch einer Rüge oder dem Ausschluss von einer Lehrveranstaltung.

b) Exmatrikulation

Zuletzt ist zu klären, ob auch die Exmatrikulation eines/einer Studierenden, welche/r eine digitale Lehrveranstaltung beeinträchtigt, möglich ist. Dafür bedarf es wiederum einer Rechtsgrundlage.

Das der Hochschule zustehende Hausrecht ermöglicht eine Exmatrikulation nicht.[25] Allerdings kann dieExmatrikulation auf § 51a Abs. 2 Nr. 5 HG NRW gestützt werden. Dies setzt wiederum einen Ordnungsverstoß gem. § 51 Abs. 1 HG NRW voraus. Es ist jedoch zu beachten, dass die Exmatrikulation gem. § 51 Abs. 2 S. 4 HG NRW nicht für Ordnungsverstöße nach § 51a Abs. 1 Nr. 4 HG NRW erteilt werden kann, es sei denn, es liegt zugleich ein Ordnungsverstoß nach Abs. 1 Nr. 1, 2 oder 3 vor.

Weiterhin gilt es zu berücksichtigen, dass die Exmatrikulation ultima ratio ist. Deshalb bedarf es regelmäßig zunächst der Verhängung einer anderen Ordnungsmaßnahme, v.a. der Androhung der Exmatrikulation, bevor diese tatsächlich erfolgt.[26] Dies gilt insbesondere vor dem Hintergrund des Verhältnismäßigkeitsprinzips.

Eine Exmatrikulation dürfte daher nur in Fällen von sehr schwerwiegenden, trotz Verhängung anderer Ordnungsmaßnahmen anhaltenden Beeinträchtigungen verhältnismäßig sein.

---

[25] BeckOK HochschulR NRW/*Möller,* HG, § 18, Rn. 8.

[26] BeckOK HochschulR NRW/*Achelpöhler,* HG, § 51a Rn. 52.

IV. Austausch mitgeschnittener Vorlesungen auf privaten Plattformen durch Studierende

Leitung: Prof. Dr. Thomas Hoeren

Autor: Wissenschaftlicher Mitarbeiter Julian Albrecht

Veröffentlicht am 1. Juli 2020

1. Sachverhalt

Ein:e Dozent:in stellt Slides (Power-Point-Folien) mit Audiospur für einen Zeitraum von sieben Tagen nach der Vorlesung den Teilnehmer:innen seiner Lehrveranstaltung zur Verfügung. Die Vorlesung wird ohne Einwilligung des:der Dozierenden von Studierenden aufgezeichnet.

Die Aufzeichnung wird auf einer Plattform mit Nutzerinhalten wie z.B. studydrive.net hochgeladen und zum Download angeboten mit der Rechtfertigung, dass die Materialien in Corona-Zeiten nicht länger als sieben Tagen zugänglich seien wie bei anderen Dozent:innen auch.

2. Fragestellungen

Ist es rechtlich geboten, Lehrveranstaltungen vollständig aufgezeichnet zur Verfügung zu stellen, also mit Video des:der Dozent:in und Audio der fragenden Studierenden? Ist es rechtlich geboten, die Lehrveranstaltung länger als sieben Tagen zur Verfügung gestellt werden?

Wie ist das im Sachverhalt beschriebene Verhalten des:der Studierenden rechtlich zu bewerten? Welche rechtliche Handhabe besteht im Falle unzulässiger Zugänglichmachung einerVorlesungsaufzeichnung in einem Internetforum?

3. Zusammenfassende Antwort

Der:die Dozent:in kann nicht zu einem Mehr an Videolehre gezwungen werden; sein:ihr Verhalten entspricht dem geltenden Recht.

Das Verhalten des:der Studierenden verstößt gegen Urheber- und Datenschutzrecht. Je nach Fallgestaltung ist es sogar strafbar.

Bei Identifizierbarkeit können Unterlassungs- und Löschungsansprüche per anwaltlichem Schreiben geltend gemacht werden inklusive einer Kostenerstattung der Abmahnung. Ob von der Plattform Herausgabe der Emailadresse und der IP-Adresse verlangt werden kann ist gerichtlich noch ungeklärt. Jedenfalls kann von der Plattform das Löschen des rechtswidrigen Inhalts verlangt werden mittels konkreter Bezeichnung und Begründung.

4. Rechtliche Bewertung

a) Pflicht zur digitalen Lehre?

aa) Frage

Ist es rechtlich geboten, Lehrveranstaltungen vollständig aufgezeichnet zur Verfügung zu stellen, also mit Video des Dozenten und Audio der fragenden Studierenden? Ist es rechtlich geboten, die Lehrveranstaltung länger als sieben Tagen zur Verfügung gestellt werden?

bb) Antwort

Rechtlich kann den Lehrenden keine konkrete Art und Weise der digitalen Lehrformate vorgegeben werden. Eine entsprechende Vorschrift wäre rechtswidrig. Solange Lehrende digitale Lehrformate anbieten, um die aktuell nicht möglichen Präsenzveranstaltungen zu ersetzen, sind sie rechtlich auf der sicheren Seite.

cc) Begründung

Den Lehrenden an den Hochschulen kommt mit der in Art. 5 Abs. 3 GG grundrechtlich verbürgten Lehrfreiheit grundsätzlich ein großer Freiheitsraum zu. Dieser Freiheitsraum umfasst neben der inhaltlich selbstbestimmten Gestaltung von Lehrveranstaltungen auch die selbstbestimmte Gestaltung in methodischer Hinsicht.[1] Dazu gehört auch die Wahl, ob im Rahmen klassischer Präsenzlehre eine Power-Point-Präsentation unterstützend genutzt wird oder der freie Vortrag bevorzugt wird, E-Learning-Materialien mit eingebunden werden – oderin Zeiten rein digitaler Lehre: Ob man eine Präsentation zeigt und dazu nur die Stimme übertragen wird oder auch das Gesicht des Dozierenden und der Teilnehmer zu sehen sind, wodurch zusätzlich Mimik und Gestik kommuniziert wird.

Dieser Freiheitsraum wird allerdings zu einem gewissen Maß in verfassungsrechtlich zulässiger Weise durch das Dienstrecht, die Organisationsgewalt der Fachbereiche und den Ausbildungsauftrag der Hochschule eingeschränkt.[2]

In welchem Maß die Einschränkung im Hinblick auf die Durchführung von digitaler Lehre beschränkt werden kann und welcher Spielraum den Lehrenden damit für die digitale Lehre verbleibt, wird in der Literatur unterschiedlich beurteilt. Kann eine Lehrende per Satzung durchden Fachbereich dazu verpflichtet werden? Kann sie dazu verpflichtet werden, eine bestimmte Form der Online-Lehre durchzuführen, z.B. auch die Übertragung der Gesichter vorzunehmen?

Teilweise wird vertreten, dass Lehrenden überhaupt nicht die digitale Durchführung ihrer Lehrveranstaltungen vorgegeben werden kann, soweit die digitale Lehre nicht der Hochschule immanent (z.B. Fernuni Hagen, Virtuelle Hochschule Bayern) oder der Stelle immanent (explizite Ausweisung digitaler Lehrelemente in der Stellenausschreibung) ist.[3] Dies gelte

---

[1] Maunz/Düring/*Gärditz,* GG Art 5 Abs. 3, Rn. 116; *Meyer,* WissR 2020, 273 (276).

[2] *Fehling,* OdW 2020, 137 (141); *Meyer,* WissR 2020, 273 (279); *Sandberger,* OdW 2020, 155 (156).

[3] *Dorf/Hartmer*, Ist elektronische Lehre Dienstpflicht?, Forschung und Lehre v. 3.4.2020, https://www.forschung-und-lehre.de/recht/ist-elektronische-lehre-dienstpflicht-2667/ (abgerufen 26.03.2021).

mit gewissen Einschränkungen selbst in der gegenwärtigen Ausnahmesituation, welche die Funktionsfähigkeit der Lehre bedroht. Mildere Mittel seien z.B. die wöchentliche Vorgabe von Pflichtlektüre, das Einstellen von Lehrmaterialien oder weiterführende Links auf hochschuleigene Lernplattformen, alles mit begleitenden Feedback- und Austauschmöglichkeiten. Ein digitales Lehrangebot auf die Beine zu stellen, beruhe daher „im Wesentlichen auf freiwilligem Engagement jenseits dienstrechtlicher Obliegenheiten“[4].

Dem wird teilweise widersprochen und die Vorgabe des Angebots digitaler Formate als zulässig erachtet.[5] Dies ergebe sich aus der engen Verknüpfung von Lehrfreiheit und Ausbildungsauftrag sowie der sich verändernden gesellschaftlichen Umstände und didaktischer Einsichten. Zugleich sei damit aber „noch keine Festlegung aufkonkrete technische und konzeptionelle Ausgestaltungen verbunden“.[6]

Einigkeit besteht demnach jedenfalls in der Frage, auf welche konkrete Art und Weise ein Lehrender seine digitale Lehre durchführt – ob mit vertonten Folien oder visueller Übertragung auch des Gesichts.

Unseres Erachtens fällt auch die Frage nach der Zeitspanne, in der die Lehrveranstaltung im Internet für die Studierenden abrufbar ist, in den Freiheitsbereich des Lehrenden, welcher nicht durch dienstliche Vorgaben eingeschränkt werden kann. Auch eine Präsenzveranstaltung ist nachträglich nicht verfügbar. Aus dem Vergleich mit anderen Lehrenden, die ihre Vorlesung länger verfügbar machen, erwächst kein Anspruch. Unterschiedliche Handhabungen sind gerade Ausdruck der individuellen Frei-

---

[4] *Dorf/Hartmer*, Ist elektronische Lehre Dienstpflicht?, Forschung und Lehre v. 3.4.2020, https://www.forschung-und-lehre.de/recht/ist-elektronische-lehre-dienstpflicht-2667/ (abgerufen 26.03.2021).

[5] *Fehling*: OdW 2020, 137 (140 f.); *Meyer,* WissR 2020, 273 (279); *Sandberger,* OdW 2020, 155 (157).

[6] So zumindest *Fehling,* OdW 2020, 137 (140).

heitsbereiche verschiedener Lehrender. Neben diesen bereits tragenden Erwägungen räumt auch das Urheber- und das Persönlichkeitsrecht der Lehrenden ihnen eine Entscheidungsmacht ein, was die Verfügbarkeit der Vorlesungen angeht (zum Urheberrecht sogleich). *Jedenfalls* bedürfte es für solche Einschränkungen zudem konkreter Rechtssätze z.B. in den Hochschul- oder Fachbereichssatzungen, welche konkrete Arten und Weisen der digitalen Lehren oder etwa Verfügbarkeitszeiträume anordnen.[7] Entsprechende Vorschriften sind uns nicht bekannt.

b) Verhalten des Studierenden auf studydrive.net

aa) Sachverhalt

Die Vorlesung wird ohne Einwilligung des Dozenten von einem Studierenden aufgezeichnet. Die Aufzeichnung wird auf studydrive.net hochgeladen und zum Download angeboten mit derRechtfertigung, dass die Materialien in Corona-Zeiten nicht länger als sieben Tagen zugänglich seien wie bei anderen Dozent:innen auch. Auf studydrive.net erfolgte ein Aufruf zu negativer Bewertung in der Evaluation, nach einem ermahnenden Hinweis des Dozenten in der Vorlesung.

bb) Frage

Wie ist das beschriebene Verhalten des Studierenden rechtlich zu bewerten? Welche rechtlicheHandhabe besteht im Falle unzulässiger Zugänglichmachung einer Vorlesungsaufzeichnung in einem Internetforum?

cc) Materielle Rechtslage

Möglicherweise ist das Verhalten des Studierenden rechtswidrig. Es kommt die Verletzung verschiedener Rechte in Betracht.

---

[7] Dafür plädierend auch *Sandberger,* OdW 2020, 155 (157).

(1) Urheberrecht

Sowohl die Power-Point-Folien[8] als auch der Vortrag[9], also die Audio-Spur, der Lehrenden fallen unter den weiten Werkbegriff des Urheberrechts und sind grundsätzlich geschützt, § 2 UrhG. Mit dem öffentlichen Zugänglichmachen auf einer Plattform wie studydrive.net nimmt der Studierende Rechte (§§ 15 ff. UrhG) in Anspruch, die ausschließlich dem Urheber zustehen, hier also dem Dozenten.[10]

Der Einwand, dass ja ohnehin nur Personen Zugriff erlangten, die auch Teilnehmer der Lehrveranstaltung seien, greift nicht durch. Diese zählen bereits zu einer Öffentlichkeit im Sinne des § 15 Abs. 3 UrhG. Der Begriff wird weit ausgelegt; auch die das Zugänglichmachen in einem Intranet wird regelmäßig als „öffentlich" beurteilt.[11]

Er bedarf daher einer Rechtfertigung:

Dies kann die Einwilligung des Dozenten sein (§ 31 UrhG, sog. Lizenz). Diese muss nicht schriftlich vorliegen (wobei der Nutzer beweisbelastet ist), sich allerdings auch auf die konkrete Nutzungs*art* beziehen.[12] Es reicht daher nicht, dass der Lehrende eingewilligt hat zu einer Aufzeichnung für privater Zwecke.

Andererseits kommen gesetzliche Schranken des Urheberrechts in Betracht, die bei Eingreifen ohne Mitwirkung des Urhebers rechtfertigend wirken:

---

[8] *Strobel*, PowerPoint und das Urheberrecht - Teil 2, DFN-Infobrief Recht Jahresband 2019, 94 (94), https://bit.ly/3ffOoXQ (abgerufen 26.3.2021).
[9] BeckOK UrhR/Ahlberg, UrhG § 2 Rn. 8.
[10] *Sandberger,* OdW 2020, 155 (159).
[11] BeckOK UrhR/Götting, UrhG § 19a Rn. 8.
[12] Schricker/Loewenheim/*Ohly*, UrhG § 31, Rn. 6 – 8; *Wandtke*/Bullinger/*Grunert,* UrhG § 31, Rn. 2, 3.

Das Zitatrecht gem. § 51 UrhG scheidet mangels geistig-inhaltlicher Auseinandersetzung aus.[13]

Die Privatkopierfreiheit gem. § 53 UrhG berechtigt jedenfalls nicht zur *öffentlichen* Zugänglichmachung, unabhängig davon, ob ihre übrigen Voraussetzungen vorliegen.[14]

Die Voraussetzungen von § 60a UhrG dürften vorliegen. Die Norm berechtigt allerdings nur zur öffentlichen Zugänglichmachen von 15% des Werkes und auch nur für Teilnehmer der jeweiligen Veranstaltung.[15] Das Zurverfügungstellen der gesamten Präsentation auf studydrive.net ist somit jedenfalls nicht gerechtfertigt. Außerdem ist unbekannt, ob studydrive.net Mechanismen vorhält, dass wirklich nur Teilnehmer derselben Veranstaltung die Aufzeichnung erhalten.

Der Urheberrechtsverstoß kann – soweit keine Einwilligung der Lehrenden vorliegt – also nicht gerechtfertigt werden.

Das Verhalten verstößt also gegen die Urheberrechte der Lehrenden. In der Folge bestehen gem. § 97 UrhG Unterlassungs- und ggfs. Schadensersatzansprüche, die die Lehrende gegenüber dem Studierenden geltend machen kann.

---

[13] Zum Erfordernis dieser Auseinandersetzung vgl. Schricker/Loewenheim/*Spindler*, UrhG § 51, Rn. 32; *Wandtke*/Bullinger/*Lüft,* UrhG § 51, Rn. 3.
[14] *EuGH*, Urt. v. 29.11.2017 – C-265/16 = GRUR 2018, 68 (Rn. 39); Schricker/*Loewenheim*/*Stieper*, UrhG § 53, Rn. 25 a.E.; *Wandtke*/Bullinger/*Lüft,* UrhG § 53, Rn. 38.
[15] *Sandberger,* OdW 2020, 155 (159); Schricker/Loewenheim/*Stieper*, UrhG § 60a, Rn. 5.

(2) Verstoß gegen die Datenschutzgrundverordnung

Durch die digitale Aufzeichnung und das Hochladen auf der Plattform werden zumindest mit der Stimme der Lehrenden auch personenbezogene Daten[16] durch den Studierendenverarbeitet.

Für diese Verarbeitung ist gem. Art. 6 DSGVO eine Rechtsgrundlage erforderlich.[17] Eine solche ist hier aber nicht ersichtlich.

Die Lehrende hat nicht eingewilligt (Art. 6 Abs. 1 lit. a DSGVO). Die Verarbeitung liegt auch nicht im berechtigten Interesse des Studierenden (Art. 6 Abs. 1 lit. f DSGVO). Eine urheberrechtliche Schranke etwa liegt nicht vor (siehe soeben). Die Lehrveranstaltung der Lehrende ist im Regelfall auch nicht dem Bereich der Zeitgeschichte zuzurechnen (§ 22 i.V.m. § 23 Abs. 1 Nr. 1 KUG).

Das Verhalten verstößt also auch gegen die DSGVO. Nach Art. 17 DSGVO kann die Lehrende vom Studierenden sowohl Löschung der entsprechenden Aufzeichnung als auch gewisse Anstrengungen verlangen, weitere Personen, die die Aufzeichnung ebenfalls verarbeiten, von der Rechtswidrigkeit in Kenntnis zu setzen.[18]

(3) Strafbarkeit nach § 201 Abs. 1 Nr. 1 StGB

Mit Freiheitsstrafe bis zu drei Jahren oder mit Geldstrafe wird gem. § 201 Abs. 1 Nr. 1 StGB bestraft, wer unbefugt das nicht öffentlich gesprochene Wort eines anderen auf einen Tonträger aufnimmt. Die Äußerung ist nichtöffentlich, „wenn sie nicht für einen größeren, nach Zahl und Individualität unbestimmten oder nicht durch persönliche oder sachliche Beziehungen

---

[16] Vgl. hierzu ausführlich: Gutachten A. IV. *Albrecht:* Rechtliche Ausgestaltung der Videokonferenz-Lehre und Zulässigkeit einer Videopflicht.
[17] Paal/Pauly/Ernst, DSGVO Art. 6, Rn. 1; *Schröder*, 2. Kapitel, S. 15; *Sydow*, EU-DSGVO, Einleitung, Rn. 71; BeckOK-DS/*Albers*/*Veit*, DSGVO, Art. 4 Rn. 11 f.
[18] BeckOK-DS/*Worms,* DSGVO Art. 17, Rn. 43; Sydow/*Peuker,* EU-DSGVO Art. 17, Rn. 27.

miteinander verbundenen Personenkreis bestimmt oder unmittelbar verstehbar ist".[19]

Hier lässt sich für den Fall einer digitalen Vorlesung in beide Richtungen argumentieren, zumal Umfang und Ausgestaltung einer solchen stark variieren können. Gerade die digitale Durchführung ermöglicht eher als bei der klassischen Präsenzveranstaltung eine klare Abgrenzung des Teilnehmerkreises, indem Zugangskennungen nur an Berechtigte geschickt werden. Andererseits können diese auch leicht weitergeleitet werden und ohne Klarnamenpflicht ist wiederum keine Kontrolle des Zugangs möglich, jedenfalls bei sehr großen Vorlesungen.

Letztlich soll dieser Punkt hier offenbleiben – deutlich wird, dass eine Strafbarkeit jedenfalls im Raum steht.

Die übrigen objektiven Tatbestandsvoraussetzungen der Norm (gesprochene Wort; unbefugtes Aufnehmen auf einem Tonträger) liegen jedenfalls bereits mit der Aufzeichnung unproblematisch vor; gleichfalls ließe sich mit den Screenshots wohl auch ein Vorsatz beweisen. Ein möglicher Rechtsirrtum schützt vor Strafe nicht.[20]

Da die Urheberrechtsschranke nicht einschlägig ist, muss auch nicht eine etwaige strafrechtliche Rechtfertigungswirkung untersucht werden.

Im Ergebnis bleibt festzuhalten, dass eine Strafbarkeit jedenfalls im Raum steht[21] und betreffenddas Merkmal „Nichtöffentlichkeit" von der konkreten Ausgestaltung der Lehrveranstaltung abhängt.

---

[19] BeckOK StGB/*Heuchemer,* StGB § 201, Rn. 4.

[20] Ganz h.M., exemplarisch Kindhäuser/*Neumann*/Paeffgen, StGB § 17, Rn. 39.

[21] Dahingehend argumentierend wohl auch *Specht-Riemenschneider/Schneider,* WissR 2020, 233 (264).

dd) Zwischenergebnis materielle Rechtslage

Der Studierende hat rechtswidrig gehandelt und zumindest gegen Urheber- und Datenschutzrecht verstoßen. Eine Strafbarkeit des Verhaltens steht im Raum.

ee) Praktisches Vorgehen

Soweit die Identität des Rechtsverletzers ermittelbar ist, kann per anwaltlichem Schreiben über die Rechtslage aufgeklärt sowie Unterlassung und Löschung der Daten verlangt werden. Die Anwaltskosten zur Erstellung eines solchen Abmahnschreibens können in gewissen Grenzen gem. § 97a UrhG vom Rechtsverletzer ersetzt verlangt werden. Mit dem Abmahnschreiben verbunden werden kann also auch eine entsprechende Zahlungsaufforderung, ohne sich in komplizierten Schadensbeweisführungen verlieren zu müssen.[22] Möglicherweise würden einige wenige entsprechende Abmahnung einen Abschreckungseffekt erzielen zugunsten einzelner Lehrender oder auch einer ganzen Hochschule. Möglicherweise könnte mit der Aufklärung über diese Rechtsverfolgungsmöglichkeit der Mahnung in den Lehrveranstaltungen ein größerer Nachdruck verliehen werden.

Häufig sehen Plattformen indes keine Klarnamenpflicht vor. Rechtsverletzer sind deshalb häufig nicht ohne Weiteres identifizierbar. Unter Umständen kann von der Plattform gem. § 101 Abs. 2 und 3 UrhG die Herausgabe der Nutzerdaten verlangt werden (angegebener Name, angegebene Anschrift), möglicherweise die IP-Adresse im Zeitpunkt der rechtsverletzenden Handlung oder sogar die IP-Adresse des Nutzers beim letzten Login auf der Plattform.[23] Dabei handelt es sich indes um schwierige rechtliche Fragen, die noch nicht höchstrichterlich geklärt sind. Tatsächlich ist seit dem 21.02.2019 ein Vorlageverfahren beim EuGH anhängig. Ob ein Auskunftsanspruch über Namen und Anschrift hinaus auch E-Mail, IP-Adresse

---

[22] Schricker/Loewenheim/*Wimmers*, UrhG § 31, Rn. 19.
[23] *OLG Frankfurt*, Urteil vom 22. August 2017 – 11 U 71/16 –, juris.

usw. umfasse, hänge von der Auslegung des zugrundliegenden Europarechts ab.[24]

(Hinweis im März 2021: Das entsprechende Urteil des EuGH ist am 9.7.20 ergangen, Rechtssache C-264/19. Danach umfasst der Auskunftanspruch nicht auch E-Mail, Handynummer und IP-Adresse, sondern lediglich die Postanschrift.)

Ohne das Urteil des EuGHs ist nicht damit zu rechnen, dass studydrive.net die entsprechendenDaten ohne Weiteres herausgibt. Ein angerufenes Gericht würde wahrscheinlich ebenfalls auf das Urteil des EuGHs warten. *(Hinweis März 2021: Eine Herausgabe der Daten kann mit der neu durch den EuGH konkretisierten Rechtslage nicht verlangt werden, zumindest nicht bis der Gesetzgeber den Anspruch gesetzgeberisch erweitert.)*

Von der Plattform kann aber jedenfalls verlangt werden, dass sie die rechtswidrigen Inhalte löscht (sog. *notice and take down*-Verfahren). Sie selbst haftet erst, wenn sie dies ohne substantielle Begründung unterlässt (sog. Haftungsprivileg für *user generated content*).[25] Mittelseiner E-Mail oder einer Kontaktanfrage ist hierzu auf die konkrete Rechtsverletzung hinzuweisen. Das Urheberrecht und die Verletzung desselben müssen beschrieben werden. Für ersteres sollte wegen § 10 UrhG ein Screenshot des Urhebervermerks auf den Präsentationsfolien genügen. Für letzteres kann erklärt werden, dass eine Einwilligung nicht eingeholt wurde. Bezüglich des Nichtvorliegens der Urheberrechtsschranken kann mit den Ausführungen dieser Ausarbeitung gearbeitet werden. Neben dem Urheberrecht ist auch auf die Datenschutzrechtsverletzung hinzuweisen.

In einem geordneten Verfahren wird dann dem Nutzer Gelegenheit zur Stellungnahme gegeben. Bei eindeutigen Fällen löscht die Plattform da-

---

[24] *BGH*, EuGH-Vorlage vom 21. Februar 2019 – I ZR 153/17 –, juris.

[25] Ausführlich Dreier/Schulze/*Specht*, UrhG § 97, Rn. 35; Hoeren/Sieber/Holznagel/*Solmecke,* Teil 21.1, Rn. 85.

raufhin sofort. Bei unklaren Fällen deaktiviert sie üblicherweise die Sichtbarkeit des rechtsverletzenden Inhalts, bis sie den Fall rechtlich abschließend geprüft hat. Soweit sie den Inhalt letztlich nicht löscht, kann sie verklagt werden.

V. FAQ zu rechtlichen Aspekten in der digitalen Lehre – Gesamtzusammenfassung aller Gebiete

im Anschluss an die Veranstaltung „Lehre verbindet NRW“ vom 4.3.2021

Leitung: Prof. Dr. Thomas Hoeren

Autorinnen: Wissenschaftliche Mitarbeiterinnen Malin Fischer, Nele Klostermeyer

Veröffentlicht am 18. März 2021

1. FAQ Einholung von datenschutzrechtlichen Einwilligungen und Verträge über die Einräumung urheberrechtlicher Nutzungsrechte

F: An einer Hochschule soll eine Veranstaltungsreihe mit externen Referent:innen durchgeführt werden. Die Vorträge sollen aufgezeichnet und die Aufzeichnungen als OER Material mit CC-Lizenz aufbereitet werden. Welche rechtlichen Punkte sind hierbei zu beachten?

A: Jedenfalls bedarf es für die Aufzeichnung und die Zurverfügungstellung als OER einer datenschutzrechtlichen Einwilligung des:der Vortragenden, da es sich bei der Stimme und, sofern die Person des:der Vortragenden gezeigt wird, auch hierbei um personenbezogene Daten handelt.[1] Der:die Vortragende muss daher ausdrücklich in den Verarbeitungsvorgang der Aufzeichnung und der Veröffentlichung einwilligen.
Vorträge können zudem urheberrechtlich geschützt sein. In diesem Fall muss der:die Vortragende die erforderlichen Nutzungsrechte für die Aufzeichnung und Veröffentlichung (insb. das Vervielfältigungsrecht gem.

---

[1] Sobald eine Person durch das entsprechende Datum *identifizierbar* ist, liegt ein per. Datum vor. Zum Merkmal der Identifizierbarkeit: Simitis/Hornung/Spieker gen. Döhmann/*Karg*, DSGVO Art. 4 Nr. 1, Rn. 48 f.; Sydow/*Ziebarth,* EU-DSGVO, Art. 4, Rn. 17 f.; *Specht-Riemenschneider/Schneider,* WissR 2020, 233 (235).

§ 16 Urheberrechtsgesetz (UrhG) und das Recht der öffentlichen Zugänglichmachung gem. § 19a UrhG) einräumen,[2] wozu ein Vertrag geschlossen werden muss.

F: Können eigene oder andere CC-lizenzierte Fotos verwendet werden, auf denen fremde Personen zu sehen sind (z.B. Fotos von Bauwerken wie Brücken, die selten menschenleer sind, wobei die Personen nicht im Vordergrund stehen)?

A: Bei der Abbildung fremder Personen handelt es sich um personenbezogene Daten im Sinne der Datenschutzgrundverordnung (DSGVO). Deshalb ist bei der Verwendung von Fotos mit fremden Personen stets das Datenschutzrecht zu beachten. Die CC-Lizenzierung fremder Fotos betrifft in diesem Zusammenhang nur das Urheberrecht, sodass dies keinen Einfluss auf die datenschutzrechtliche Zulässigkeit hat. Die Verwendung des eigenen oder fremden Fotos stellt also eine Datenverarbeitung dar, weshalb es dafür einer Rechtsgrundlage bedarf.[3] Hierfür kommt insbesondere die Einholung einer Einwilligung der betroffenen Person in Betracht. Daneben ist bei Bildnissen fremder Personen auch das KunstUrhG zu beachten. Hiernach dürfen Bildnisse nur mit Einwilligung des:der Abgebildeten verbreitet oder öffentlich zur Schau gestellt werden. Das Verhältnis zur DSGVO ist bis heute unklar, weshalb empfehlenswert ist, sowohl eine Einwilligung nach der DSGVO als auch nach dem KunstUrhG einzuholen.[4] Allerdings könnte bei der Veröffentlichung von Fotos, auf denen es hauptsächlich um Bauwerke wie z.B. Brücken geht und die Personen le-

---

[2] Schricker/Loewenheim/*Ohly*, UrhG § 31, Rn. 6 – 8; *Wandtke*/Bullinger/*Grunert,* UrhG § 31, Rn. 2, 3.

[3] Nach der DSGVO ist eine Datenverarbeitung grundsätzlich verboten. Sie muss explizit gesetzlich/vertraglich erlaubt sein; Paal/Pauly/Ernst, DSGVO Art. 6, Rn. 1; *Schröder*, 2. Kapitel, S. 15; *Sydow*, EU-DSGVO, Einleitung, Rn. 71; BeckOK-DS/*Albers*/*Veit*, DSGVO, Art. 4 Rn. 11 f.

[4] Ausführlich zum Verhältnis von DSGVO und KunstUrhG z.B. *Lauber-Rönsberg/Hartlaub*, NJW 2017, 1057.

diglich im Hintergrund wahrzunehmen sind (sog. Beiwerk), eine Ausnahme vom Erfordernis der Einwilligung nach § 23 Abs. 1 Nr. 2 KunstUrhG vorliegen (Nr. 2: Bilder, auf denen die Personen nur als Beiwerk neben einer Landschaft oder sonstigen Örtlichkeit erscheinen). Somit bedürfte es nur einer Einwilligung nach der DSGVO.

F: Wo liegt der Unterschied zwischen einer Vereinbarung, einer Einwilligung und einem Vertrag? Wofür wird eine Einwilligung und wofür wird ein Vertrag benötigt?

A: Im Urheberrecht muss, um Nutzungsrechte an einem urheberrechtlich geschützten Werk einzuräumen, ein Vertrag zwischen dem:der Urheber:in und demjenigen:derjenigen, der:die das Werk nutzen möchte, abgeschlossen werden. Umgangssprachlich wird hierfür auch der Begriff der Vereinbarung verwendet. Im Datenschutzrecht bedarf es für jede Datenverarbeitung einer Rechtsgrundlage.[5] Als eine Rechtsgrundlage kommt die Einholung einer Einwilligung durch die betroffene Person in Betracht.

F: Sollten beispielsweise Interviewpartner:innen für Videos schriftlich eine Einwilligungserklärung unterschreiben und was muss ggf. alles dort enthalten sein?

A: Da sowohl die Anfertigung der Videos selbst als auch deren spätere Verwendung z.B. als OER eine Verarbeitung personenbezogener Daten des:der Interviewpartner:in darstellen, bedarf es einer Rechtsgrundlage für diese Datenverarbeitungen. Hierfür kommt insbesondere die Einholung einer Einwilligung der betroffenen Person in Betracht. Diese sollte schriftlich eingeholt werden, da der:die für die Datenverarbeitung Verantwortliche im Nachhinein den Nachweis dafür erbringen können muss, dass die

---

[5] Nach der DSGVO ist eine Datenverarbeitung grundsätzlich verboten. Sie muss explizit gesetzlich/vertraglich erlaubt sein; Paal/Pauly/Ernst, DSGVO Art. 6, Rn. 1; *Schröder*, 2. Kapitel, S. 15; *Sydow*, EU-DSGVO, Einleitung, Rn. 71; BeckOK-DS/*Albers*/*Veit*, DSGVO, Art. 4 Rn. 11 f.

Einwilligung erteilt wurde.[6] Die betroffene Person sollte bei der Einholung einer Einwilligung mindestens über die Person des:der Verantwortlichen und die Verarbeitungszwecke aufgeklärt werden (so Erwägungsgrund 42 S. 4 DSGVO). Gemäß Art. 7 Abs. 3 S. 3 DSGVO muss die betroffene Person zudem über die Möglichkeit eines Widerrufs informiert werden. Ansonsten ist es ratsam, sich an den Informationspflichten der Art. 12 ff. DSGVO zu orientieren.[7]

F: Kann die einwilligende Person ihre Einwilligung nachträglich widerrufen?

A: Eine datenschutzrechtliche Einwilligung kann gem. § 7 Abs. 3 S. 1 DSGVO jederzeit widerrufen werden. Die bis dahin auf Grundlage dieser Einwilligung erfolgte Datenverarbeitung wird damit nicht rechtswidrig – allerdings darf keine weitere Datenverarbeitung auf Grundlage der Einwilligung erfolgen.[8]

F: Verwendet man beispielsweise ein Video für Lehrmaterialien, auf der eine Person persönlich erkennbar ist, dann kann diese Person, sofern sie eine Einwilligung in die damit verbundene Datenverarbeitung erteilt hat, diese Einwilligung jederzeit widerrufen. Da die Ausschnitte, in der diese Person zu sehen sind, nicht mehr verwendet werden können, könnte der Widerruf die gesamte Lehranwendung zerstören. Gibt es hierfür eine Lösung?

---

[6] Ausführlich zur Nachweispflicht u.a.: *Baur*, Wunderwaffe oder Notnagel, DFN-Infobrief 12/2018, S. 122 f., https://bit.ly/3d1u3D8 (abgerufen am 24.3.2021).

[7] Ausführlich zu den Vorgaben bei der Einholung und Erteilung einer Einwilligung s. *Fischer*, Ja, ich will!, DFN-Infobrief 03/2020, S. 8, https://bit.ly/3fr1Sjz (abgerufen 30.3.2021).

[8] BeckOK-DS/*Stemmer,* DSGVO, Art. 7, Rn. 94; *Kühling/Buchner,* DSGVO, Art. 7, Rn. 36; Paal/Pauly/*Frenzel,* DSGVO, Art. 7, Rn. 16; Sydow/*Peukert*, EU-DSGVO, Art. 17, Rn. 18.

A: Ein Ausschluss der Widerrufsmöglichkeit, etwa auf vertraglicher Ebene, ist nach Ansicht der Literatur nicht möglich.[9] Die Annahme eines rechtsmissbräuchlich ausgeübten Widerrufs der Einwilligung kommt zudem nur in sehr begrenzten Ausnahmefällen in Betracht.[10] Zu prüfen wäre, ob sich die Datenverarbeitung auch auf eine andere Rechtsgrundlage als die Einwilligung stützen ließe, wobei im Bereich der Hochschule regelmäßig nur Art. 6 Abs. 1 S. 1 lit. e DSGVO (Verarbeitung zur Wahrnehmung einer im öffentlichen Interesse stehenden Aufgabe) in Betracht kommt. Ob diese Rechtsgrundlage eingreift, ist im Einzelfall zu klären.

F: Wie kann man sich bei Rechten an Personenmerkmalen (Gesicht, Hand, Stimme) und deren Weiterverwendung auch nach Ausscheiden des Darstellenden am besten absichern, wenn man diese für OER-Beiträge verwenden möchte?

A: Sowohl die Abbildung als auch die Stimme einer Person sind personenbezogene Daten im Sinne der DSGVO, da diese den Rückschluss auf eine Person ermöglichen.[11] Für die Verwendung bedarf es mithin stets einer datenschutzrechtlichen Rechtsgrundlage. Hierfür kommt insbesondere die Einholung einer Einwilligung der betroffenen Person in Betracht. Diese kann allerdings jederzeit widerrufen werden. Ab diesem Zeitpunkt dürfen die Daten nicht mehr auf der Grundlage der Einwilligung verwendet werden (s.o.).

F: Ändert sich etwas an der datenschutzrechtlichen Bewertung der Verwendung externer Beiträge, wenn der Input externer Beitragender pauschal als 'Spenden verbucht‘ wird?

---

[9] Vgl. z.B. *Ernst*, ZD 2020, 383 (384 f.).
[10] *Ernst*, ZD 2020, 383 (384 f.).
[11] Simitis/Hornung/Spieker gen. Döhmann/*Karg*, DSGVO Art. 4 Nr. 1, Rn. 48 f.; Sydow/*Ziebarth,* EU-DSGVO, Art. 4, Rn. 17 f.; *Specht-Riemenschneider/Schneider,* WissR 2020, 233 (235).

A: Ob der Input externer Beitragender als Spende verbucht wird oder nicht, wirkt sich nicht auf die datenschutzrechtliche Bewertung der Verwendung dieser Beiträge aus. Das Datenschutzrecht kennt den Begriff der „Spende“ nicht. Vielmehr bedarf eine Datenverarbeitung stets einer Rechtsgrundlage, z.B. der Einholung einer Einwilligung der betroffenen Person. „Spenden“ externe Beitragende ihre Beiträge, so könnte diese Spende lediglich als konkludente Erteilung einer datenschutzrechtlichen Einwilligung einzuordnen sein.[12] Dies wirkt sich aber beispielsweise nicht auf die Möglichkeit der betroffenen Person aus, diese Einwilligung zu widerrufen.

F: Für die Gestaltung von Lehr-Lernmaterialien zur Veröffentlichung als OER-Material sollen auch Studierende zur Unterstützung herangezogen werden. Die Studierenden sollen die Arbeiten als studentische Projekte ablegen oder als Studentische Hilfskraft erledigen. Müssen im Vorfeld Rechteabtretungen von den Studierenden unterschrieben werden?

A: Von Studierenden erstellte Inhalte sind in der Regel urheberrechtlich geschützt. Urheber:innen der Inhalte sind die Studierenden selbst, sodass grundsätzlich auch ihnen die Nutzungsrechte daran zustehen. Bei Studentischen Hilfskräften, welche die Inhalte weisungsabhängig erstellen, greift jedoch § 43 UrhG. Danach gehen die Nutzungsrechte an erstellten Inhalten stillschweigend an den:die Dienstherr:in, also die Hochschule über. In diesem Fall müssen die Studierenden keine gesonderten Nutzungsrechte an den Inhalten einräumen. Werden die Inhalte hingegen im Rahmen einer Projektarbeit o.ä. erstellt, dann greift die Regel des § 43 UrhG nicht. In diesem Fall müssen Studierende für die Verwendung als OER Nutzungsrechte (insb. das Vervielfältigungsrecht gem. § 16 UrhG und das Recht der

---

[12] Zur konkludenten Einwilligung vgl.: Paal/Pauly/*Frenzel*, DSGVO Art. 4, Rn. 11; Simitis/Hornung/Spieker gen. Döhmann/*Klement,* DSGVO Art. 7, Rn. 68; Sydow/*Ingold,* EU-DSGVO Art. 7, Rn. 22, 23.

öffentlichen Zugänglichmachung gem. § 19a UrhG) an den Inhalten einräumen. Diese Nutzungsrechteeinräumung muss im Wege eines Vertrages erfolgen.

F: Studierende erstellen in Projektarbeiten Inhalte bzw. Materialien, welche so nützlich sind, dass sie als OER verwendet werden sollen - wie kann man die Studierenden um Erlaubnis bitten, so dass alles rechtlich wirksam ist?

A: Von Studierenden erstellte Inhalte sind in der Regel urheberrechtlich geschützt. Urheber:innen der Inhalte sind die Studierenden selbst, sodass ihnen auch die Nutzungsrechte daran zustehen. Sollen diese Inhalte als OER genutzt werden, dann muss mit den Studierenden ein Vertrag über die Einräumung von Nutzungsrechten abgeschlossen werden (s.o.). In diesem Vertrag sollte festgehalten werden, wofür genau die Inhalte verwendet werden dürfen, damit die entsprechend erforderlichen Nutzungsrechte eingeräumt werden. Der Vertrag sollte aus Beweissicherungsgründen außerdem schriftlich abgeschlossen werden.

2. FAQ Urheberrechtliche Schöpfungshöhe

F: Sind einfache Excel-Grafiken zu Messdaten urheberrechtlich geschützt?

A: Einfache Excel-Grafiken stellen i.d.R. kein urheberrechtlich geschütztes Werk i.S.d. § 2 UrhG dar, da es sich dabei um eine sich wissenschaftlich zwangsläufig ergebende Darstellung handelt.[13] Allerdings kommt eine Einordnung als Datenbankwerk i.S.d. § 4 Abs. 2 UrhG in Betracht. Dafür muss die Auswahl und Anordnung der in der Datenbank erhaltenen Daten einen schöpferischen Gehalt aufweisen. Das ist nicht der Fall, wenn die

[13] S. zum Schutz wissenschaftlicher Inhalte *Albrecht/Fischer*, Kurzgutachten Klausurenleihe, S. 2 f., abrufbar unter https://www.itm.nrw/wp-content/uploads/RiDHnrw_02.09.20_Kurzgutachten-Klausurenleihe.pdf.

Anordnung und Auswahl ausschließlich durch technische Erwägungen, Regeln oder Zwänge vorbestimmt ist.[14]

F: Welche Anforderungen werden an die Schöpfungshöhe von Reproduktionen urheberrechtlich geschützter Inhalte, insbesondere Werke der Bildenden Kunst, gestellt? Gibt es einen Unterschied zwischen Reproduktionen zweidimensionaler Werke aus der Malerei, Graphik etc. und Werken der räumlichen Kunst wie Skulpturen?

A: Reproduktionen geschützter Werke können wiederum selber urheberrechtlich geschützt sein. Es kann ein Schutz als Lichtbildwerk nach § 2 Abs. 1 Nr. 5 UrhG oder ein Leistungsschutz als Lichtbild nach § 72 UrhG in Betracht kommen. Ein Lichtbildwerk liegt vor, wenn die jeweilige Reproduktion eine eigene persönliche geistige Schöpfung darstellt und eine gewisse Schöpfungshöhe erreicht. Wird diese Schöpfungshöhe allerdings nicht erreicht, so kommt dennoch ein Leistungsschutz als Lichtbild in Betracht. Allerdings muss auch für den Schutz als Lichtbild zumindest ein Mindestmaß an persönlicher geistiger Leistung vorliegen. Dieses Mindestmaß liegt bei Reproduktionsfotografien in den meisten Fällen vor, auch bei einer möglichst originalgetreuen Abbildung.[15]

Nur in den Fällen rein mechanischer Reproduktionen, also wenn ein Bild zum Beispiel mittels Scanner reproduziert wird, fehlt es an einer persönlich geistigen Leistung.[16] Ein Unterschied in der Ausgestaltung des Schutzes von Lichtbildwerk und Lichtbild besteht jedoch nur bei der Länge der Schutzfrist. Während Lichtbildwerke bis siebzig Jahre nach dem Tod des:der Urheber:in geschützt sind (§ 64 UrhG), erlischt der Schutz eines Lichtbildes fünfzig Jahre nach dessen Erscheinen (§ 72 Abs. 3 UrhG).

---

[14] Erbs/Kohlhaas/*Kaiser*, UrhG, § 4 Rn. 3a.
[15] *BGH*, GRUR 2019, 284 (286 f.).
[16] *BGH*, GRUR 2019, 284 (286); Schricker/Loewenheim/*Vogel*, UrhG § 72, Rn. 33.

Bei Reproduktionen dreidimensionaler Kunst besteht naturgemäß ein größerer Gestaltungsspielraum als bei Reproduktionen von zweidimensionalen Werken, sodass es bei solchen Reproduktionen vorkommen kann, dass sie eine eigene persönliche geistige Schöpfung und damit ein Lichtbildwerk darstellen. Dies ist jedoch nur der Fall, wenn die individuelle Wahl der Perspektive, Entfernung, Lichtverhältnisse oder des Standorts eine solche Gestaltungshöhe aufweist, dass eine eigene Schöpfung vorliegt.[17] Ob die Reproduktion nun ein Lichtbildwerk oder ein Lichtbild darstellt, ist jedoch stets im Einzelfall zu beurteilen und kann nicht pauschal beantwortet werden. Dennoch lässt sich sagen, dass der Schutz als Lichtbild die Regel und als Lichtbildwerk die Ausnahme darstellt.[18]

Zu beachten ist allerdings, dass im Regierungsentwurf zur Änderung des UrhG eine Regelung vorgesehen ist, wonach Reproduktionen gemeinfreier Werke, also solcher die entweder nie urheberrechtlich geschützt waren oder deren Schutzfrist abgelaufen ist, zumindest dann keinen Schutz genießen, wenn sie nur ein Lichtbild und kein Lichtbildwerk darstellen (§ 68 UrhG-E).[19] Ein Leistungsschutzrecht an Reproduktionen gemeinfreier Werke kommt somit dann nicht mehr in Betracht.

3. FAQ Zitatrecht

F: Können Prüfungsleistungen von Studierenden zitiert werden und in Auszügen genauso wie andere Arbeiten genutzt werden?

---

[17] Schricker/Loewenheim/*Vogel*, UrhG § 72, Rn. 33.
[18] Schricker/Loewenheim/*Vogel*, UrhG § 72, Rn.
[19] Der Regierungsentwurf ist abrufbar unter https://bit.ly/31xRcrq (abgerufen 30.3.2021).

A: Prüfungsleistungen von Studierenden stellen i.d.R. urheberrechtlich geschützte Werke dar. Dementsprechend kann auch für die Verwendung dieser Werke eine urheberrechtliche Schranke, beispielsweise das Zitatrecht, eingreifen, sofern deren Voraussetzungen erfüllt sind.

F: Ist die Verwendung von Diagrammen aus urheberrechtlich geschützten Werken in einem Screencast (z.B. zur Erläuterung und Lösung von Beispielaufgaben) durch das Zitatrecht gedeckt?

A: Damit die Verwendung der Diagramme durch das Zitatrecht gedeckt ist, muss insbesondere die Voraussetzung des Zitatzweckes erfüllt sein. Das heißt, es muss eine geistige Auseinandersetzung mit dem fremden Werk stattfinden. Sofern die Diagramme also zur Erläuterung von Beispielsaufgaben dienen sollen, dürfte der Zitatzweck gegeben sein.[20]

F: Kann ich auf Grundlage des Zitatrechts auch fremde, zitierte Inhalte mitsamt meinem eigenen Gesamtwerk unter eine CC-Lizenz stellen?

A: Das Zitatrecht erlaubt nicht die CC-Lizenzierung fremden urheberrechtlich geschützten Materials mitsamt dem eigenen Werk. Zwar ist vom Zitatrecht u.a. die freie Zurverfügungstellung fremder, zitierter Inhalte im Internet erlaubt. Allerdings ermöglicht das Zitatrecht nicht die Einräumung von Nutzungsrechten. Eine CC-Lizenzierung ist aber nichts anderes als eine solche Nutzungsrechteeinräumung. Da zitierte Werke also aus der CC-Lizenz des eigenen Gesamtwerks ausgenommen werden müssen, dürfen andere Lehrende dieses zitierte Material auch nur auf Grundlage einer urheberrechtlichen Schranke, also bspw. des Zitatrechts, oder aufgrund einer Vereinbarung mit dem:der Urheber:in über die Einräumung von Nutzungsrechten verwenden. Der Nutzen von als OER bereitgestellten Materialien, in denen fremde Inhalte auf Grundlage des Zitatrechts verwendet werden, ist damit jedenfalls zum Teil eingeschränkt. Deshalb wird bei der

---

[20] Zu den weiteren Voraussetzungen des Zitatrechts s. B. II. *Fischer*, Das Zitatrecht nach § 51 UrhG.

Erstellung von OER auch stets empfohlen, sofern möglich, ausschließlich auf Werke zurückzugreifen, die selbst wiederum unter den entsprechenden CC-Lizenzen veröffentlicht sind.

4. FAQ Sonstiges Urheberrecht

F: Wem stehen die Urheberrechte an Materialien (z.B. Berichte, Lehrmaterialien) zu, die ein:e Arbeitnehmer:in erstellt, wenn dies ausdrücklich zu dessen:deren Stellenbeschreibung gehört?

A: Umfasst das Arbeitsverhältnis die Erstellung von Materialien und werden diese sodann in Erfüllung der Verpflichtungen aus dem Arbeitsverhältnis geschaffen, so greift § 43 UrhG, der das sog. Arbeitnehmerurheberrecht regelt. Danach gehen die Nutzungsrechte automatisch auf den:die Arbeitgeber:in über. Diese:r darf also über die Verwertung des Werkes entscheiden. Dies betrifft jedoch nur die Verwertungsrechte. Als Urheber:in gilt weiterhin der:die Arbeitnehmer:in.[21]

F: Werden externe Unternehmen mit der Erstellung von Materialien beauftragt, ist es dann vertraglich vereinbar, dass der Hochschule urheberrechtliche Nutzungsrechte an diesen Materialien zustehen?

A: Werden externe Firmen mit der Erstellung von urheberrechtlich geschützten Materialien beauftragt, sind die Angestellten der Unternehmen, die das Material erstellen, auch dessen Urheber:innen. Die Nutzungsrechte an den erstellten Materialien stehen gem. § 43 UrhG allerdings im Zweifel dem:der Arbeitgeber:in zu. Im Verhältnis von Unternehmen und Hochschule greift der § 43 UrhG hingegen nicht, da schon kein Arbeits- bzw. Dienstverhältnis im Sinne der Vorschrift zwischen dem Unternehmen und

[21] Zu den weiteren Voraussetzungen des Arbeitnehmerurheberrechts s. *Wellmann*, Kurzgutachten: Urheberrecht an kollaborativ durch Studierende geschaffene Texte; Nutzungsrechte an Vorlesungsunterlagen, S. 4 f., abrufbar unter https://www.itm.nrw/wp-content/uploads/RiDHnrw_03.08.20_Anfragen-betreffend-das-Urheberrecht_Mithurheberschaft_Vorlesungsmaterialien.pdf.

der Hochschule besteht. Selbstverständlich ist es aber möglich, vertraglich zu vereinbaren, dass der Hochschule Nutzungsrechte an dem in dem Unternehmen erstellten Material eingeräumt werden.

F: Wie ist mit urheberrechtlich geschützten Materialien, die nicht deutschen Ursprungs (d.h. in anderen Ländern entwickelt und veröffentlicht) sind, umzugehen? Wie ist beispielsweise die Zitierfreiheit international zu verorten?

A: Im Urheberrecht bestimmt das sog. Schutzlandprinzip bei Sachverhalten mit internationalem Bezug über das anzuwendende Recht.[22] Das Schutzlandprinzip besagt, dass das Recht desjenigen Staates Anwendung findet, für dessen Gebiet Schutz beansprucht wird. Das deutsche Urheberrecht findet also dann Anwendung, wenn eine Handlung, die nach deutschem Urheberrecht als Urheberrechtsverletzung zu qualifizieren ist, in Deutschland vorgenommen wurde.[23] In der Regel dürfte sich also auch die Nutzung von Inhalten, die in ausländischen Projekten erstellt wurden, nach deutschem Urheberrecht beurteilen, sofern die Nutzung auf deutschem Territorium stattfindet. Dann findet z.B. auch die Schranke der Zitierfreiheit Anwendung.

F: Wie sieht es aus, wenn man auf seiner Webseite fremde Videos bloß verlinkt? Reicht es, in einem kurzen Disclaimer anzugeben, dass die Betreiber der Webseite keine Verantwortung bei etwaigen Urheberrechtsverstößen übernehmen?

A: Das Verlinken eines fremden Werkes stellt eine öffentliche Wiedergabe dar, wenn das Werk, auf das verlinkt wird oder geschützte Inhalte, die in dem verlinkten Video zu sehen sind, gegen den Willen des:der Rechteinhaber:in in das Internet gestellt wurden, und der:die Linksetzer:in von der

---

[22] So die Rspr. und h.M. in der Literatur, m.W.n.: BeckOK UrhR/*Lauber-Rönsberg*, UrhG Kollisionsrecht, Rn. 7.
[23] Loewenheim/*Rojahn/Rektorschek*, UrhG § 97, Rn. 45.

Rechtswidrigkeit Kenntnis hat.[24] Eine solche Kenntnis wird bei einer Gewinnerzielungsabsicht vermutet. Allerdings kann auch ohne das Vorliegen einer Gewinnerzielungsabsicht eine Kenntnis bejaht werden, wenn der:die Linksetzer:in wusste oder hätte wissen müssen, dass das Werk rechtswidrig in das Internet gestellt wurde. In diesem Fall liegt eine eigene Urheberrechtsverletzung des:der Webseitenbetreiber:in wegen eines Eingriffs in das Recht der öffentlichen Wiedergabe vor. Die Haftung für eine solche Urheberrechtsverletzung kann nicht durch einen Disclaimer auf der eigenen Webseite ausgeschlossen werden. Die Anforderungen an das Kennenmüssen hängen vom Einzelfall ab, allerdings reicht wohl ein bloßer Verweis darauf, dass der:die Erstellerin des Videos die Vereinbarkeit mit Urheberrechten zugesichert hat, nicht aus.

5. FAQ Software und Codes

F: Wie kann die Übertragung der Rechte an von Studierenden entwickelter Software an die Hochschule erfolgen?

A: Von Studierenden entwickelte Software ist in der Regel urheberrechtlich geschützt. Sind mehrere Studierende an der Entwicklung beteiligt, so handelt es sich dabei um Miturheber:innen im Sinne des § 8 Abs. 1 UrhG, sofern sich die einzelnen Teile nicht gesondert verwerten lassen. Für die Nutzung der Software bedarf es dann einer Nutzungsrechteeinräumung, die mit allen Miturheber:innen vereinbart werden muss. Aus der Nutzungsrechteeinräumung sollte zudem klar hervorgehen, für was die Software verwendet werden soll, damit deutlich wird, welche Nutzungsrechte eingeräumt werden. Soll die Software auch im Rahmen einer CC-Lizenzierung verwendet werden, so sollte sichergestellt werden, dass ein ausschließliches Nutzungsrecht nach § 31 Abs. 3 UrhG eingeräumt wird.

---

[24] Schricker/Loewenheim/*v. Ungern-Sternberg*, UrhG § 15, Rn. 106.

F: Wie sieht es mit Erklärvideos zu einer Software aus? Darf die Software-Oberfläche auf dem Video gezeigt werden?

A: Benutzeroberflächen von Software sind in der Regel urheberrechtlich geschützt, z.B. als Filmwerke, filmähnliche Werke oder als wissenschaftlich-technische Darstellungen – in den meisten Fällen beinhalten sie wesentliche Merkmale verschiedener urheberrechtlich geschützter Werkkategorien.[25] Dementsprechend müssen, wenn diese Benutzeroberflächen verwendet, z.B. gezeigt werden, entweder Nutzungsrechte von den Rechteinhaber:innen eingeholt werden oder es muss eine urheberrechtliche Schranke eingreifen. Zwar kommt auch hier die Schranke des Zitatrechts in Betracht. Zu beachten ist aber, dass der Zitatzweck im Rahmen dieser Schranke verlangt, dass das eigene Werk im Vordergrund steht und das zitierte Werk, hier also die Benutzeroberfläche, nur als Hilfsmittel ergänzend bzw. erläuternd eingesetzt wird.[26] Da bei einem Erklärvideo zu einer Software regelmäßig diese bzw. ihre Benutzeroberfläche im Mittelpunkt steht, ist zweifelhaft, ob die Voraussetzung des Zitatzwecks erfüllt ist. Der rechtssicherere Weg dürfte daher ein Vertrag über die Einräumung von Nutzungsrechten sein.

F: Was muss man beachten, wenn man einen externen Code (im Sinne von Programmiersprachen) verwendet? Wie sieht es mit Codeschnipseln aus Onlineforen aus?

A: Programmiersprachen genießen grundsätzlich keinen urheberrechtlichen Schutz.[27] Hingegen ist sowohl Quell- als auch Objektcode i.d.R. ur-

---

[25] S. ausführlich hierzu *Barnitzke/Möller/Nordmeyer*, CR 2011, 277; *Koch*, GRUR 1991, 180; Spindler/Schuster/ *Wiebe*, UrhG § 69a, Rn. 12 ff.
[26] BeckOK UrhR/*Schulz*, UrhG § 51, Rn. 13; Spindler/Schuster/*Wiebe*, UrhG § 51, Rn. 4; Schricker/Loewenheim/*Spindler*, UrhG § 51, Rn. 31; Wandtke/Bullinger/*Lüft*, UrhG § 51, Rn. 3.
[27] *Redeker*, Teil A.II.1.a, Rn. 4, 8.

heberrechtlich geschützt und unterfällt dem gesonderten Schutz für Computerprogramme gemäß §§ 69a ff. UrhG.[28] Soll beispielsweise ein externer Quellcode verwendet werden, gehen damit urheberrechtlich relevante Nutzungshandlungen (z.B. Vervielfältigungen oder Bearbeitungen) einher. Hierfür ist eine Vereinbarung mit dem:der Rechteinhaber:in über eine entsprechende Nutzungsrechteeinräumung erforderlich, sofern nicht eine urheberrechtliche Schranke eingreift. Bei Open-Source-Software erfolgt diese Nutzungsrechteeinräumung ähnlich den CC-Lizenzen durch standardisierte Verträge (die am weitesten verbreitete „Standardlizenz" für Open Source Software ist die GNU GPL[29]).

Ob ein einzelner Codeschnipsel urheberrechtlich geschützt ist, ist davon abhängig, ob dieser Schnipsel hinreichende Individualität aufweist. Das ist insbesondere dann nicht der Fall, wenn der Codeausschnitt nur aus durch den jeweiligen Zusammenhang zwingend notwendigen Befehlen besteht.[30]

6. FAQ CC-Lizenzen

F: Gibt es für die CC-Lizenzen unterschiedliche Definitionen?

A: Die Creative Commons Lizenzen (CC-Lizenzen) wurden von der amerikanischen non-profit Organisation „Creative Commons" entwickelt, um eine größere und einfachere Nutzung von urheberrechtlich geschützten Werken zu ermöglichen. Auf ihrer Webseite werden sieben verschiedene Lizenzen mitsamt Definitionen aufgelistet. Natürlich kann es vorkommen, dass diese Lizenzen auch von anderen Seiten beschrieben bzw. definiert werden. Sollte dies der Fall sein, so sind unterschiedliche Definitionen allerdings nicht hinderlich, sondern lediglich andere Umschreibungen für die gleiche Lizenz.

---

[28] Hoeren/Sieber/Holznagel/*Ernst*, Teil 7.1., Rn. 11 ff.
[29] Abrufbar unter https://www.gnu.org/licenses/gpl-3.0.de.html.
[30] S. *Hoeren*/*Wehkamp*, CR 2018, 1 (6).

F: Erlaubt die CC BY SA-Lizenz auch eine kommerzielle Nutzung?

A: Die Lizenz CC BY SA erlaubt auch eine kommerzielle Nutzung. Einzige Beschränkungen dieser Lizenz sind die Namensnennung und die Verpflichtung, mögliche Bearbeitungen wieder unter der gleichen Lizenz zu veröffentlichen. Lizenzen, die eine kommerzielle Nutzung nicht erlauben, tragen den Zusatz „NC“ für non-commercial.

F: Wie sollte die Lizenzangabe bei OER-Übungsblättern erfolgen, wenn diese Materialien mit unterschiedlichen CC-Lizenzen enthalten? Wo und wie sollte die Lizenzangabe angebracht werden, um sich einerseits rechtlich abzusichern, aber andererseits auch eine gute Lesbarkeit zu gewährleisten?

A: Die Lizenzangaben müssen stets gut lesbar und sichtbar sein. Für Dritte muss es leicht möglich sein, die Lizenzangabe dem jeweiligen Material eindeutig zuzuordnen. Um dies am sichersten zu gewährleisten, ist es stets ratsam, die Lizenzangabe direkt am Material anzubringen. Sollte dies im Einzelfall nicht möglich sein, muss zumindest dafür gesorgt werden, dass eine klare Zuordnung dennoch möglich ist. Dies kann z.B. durch Nummerierung der fremden Materialien und Bezugnahme auf die jeweilige Seite, auf der das Material zu finden ist, geschehen. Es bietet sich außerdem an, die standardisierten CC-Logos in der Lizenzangabe zu benutzen, da diese in der Regel bekannt sind und für mehr Sichtbarkeit sorgen als bloßer Text.[31]

F: Stellt bereits die Steigerung der Qualität einer fremden Abbildung (also z. B. höhere dpi-Zahl) eine Veränderung dar? Gilt es als Bearbeitung, wenn man ein CC-lizenziertes Bild für die Weiterverwendung zurechtschneidet und nur einen Bildausschnitt verwendet?

---

[31] CC-Logos sind zum Download verfügbar unter https://creativecommons.org/about/downloads/.

A: Als Bearbeitung im Sinne der CC-Lizenzen versteht man jede Veränderung, Umgestaltung oder Modifizierung des Originals. Darunter fällt also zum Beispiel auch die Übersetzung oder das Einfügen zusätzlicher digitaler Elemente[32], selbst wenn man deutlich erkennen kann, welche Elemente hinzugefügt werden. Auch das Zuschneiden eines Bildes ist in diesem Zusammenhang eine Bearbeitung, da durch das Zeigen nur eines Bildausschnitts bereits der gesamte Kontext des Bildes verändert werden kann. Das bloße Verändern oder Verbessern der Qualität des fremden Materials hingegen stellt keine Bearbeitung dar.[33]

F: Welche CC-Lizenzen eignen sich besonders für OER-Materialien?

A: Für OER-Materialien eignen sich insbesondere die CC 0 Lizenz, die CC BY Lizenz und die CC BY-SA Lizenz am besten, da diese die meisten Benutzungen ermöglichen. Vor allem eine Bearbeitung der Materialien durch Dritte wird mittels dieser Lizenzen nicht untersagt.

F: Darf man in OER-Materialien fremde urheberrechtlich geschützte Werke verwenden oder zitieren?

A: Werden in den Materialien fremde, urheberrechtlich geschützte Werke verwendet, so bedarf es dafür einer Erlaubnis des:der Urheber:in oder einer gesetzlichen Schranke, die auch die öffentliche Wiedergabe gestattet, wie z.B. das Zitatrecht in § 51 UrhG. Allerdings müssen die fremden Werke dennoch ausdrücklich von der CC-Lizenz ausgenommen werden, da insbesondere das Zitatrecht nur die öffentliche Wiedergabe, nicht aber die Einräumung von Nutzungsrechten durch eine CC-Lizenz gestattet. Einzige Ausnahme ist, dass der:die Urheber:in des fremden Werkes einer CC-Lizenzierung zugestimmt hat.

---

[32] Hoeren/Sieber/Holznagel/*Ernst*, Teil 7.1 Rn. 51.
[33] Hoeren/Sieber/Holznagel/*Ernst*, Teil 7.1 Rn. 51.

F: Inwiefern können Zitate in eine CC-Lizenz aufgenommen werden oder muss ein Hinweis erfolgen, dass die Zitate nicht Teil der CC-Lizenz sind? Wie sollte dann der Zusatzhinweis innerhalb der CC-Lizenz aussehen, der direkte Zitate aus der CC-Lizenz ausschließt.

A: Das Zitatrecht nach § 51 UrhG erlaubt generell nur die Vervielfältigung, Verbreitung und öffentliche Wiedergabe des fremden Werkes. Da eine CC-Lizenz allerdings eine Nutzungsrechteeinräumung an Dritte darstellt, geht dies über die Befugnisse aus dem Zitatrecht hinaus. Das Zitatrecht gestattet somit zwar, das eigene Werk mitsamt dem zitierten Werk in das Internet zu stellen, allerdings nicht darüber hinaus Nutzungsrechte an dem zitierten Werk Dritten einzuräumen. Deshalb müssen zitierte Werke stets aus der CC-Lizenz ausgenommen werden. Lizenzgeber:innen müssen Materialien, die auf der Grundlage des Zitatrechts verwendet werden, also klar kenntlich machen, da für diese die Lizenz nicht gilt.

Dies kann zum Beispiel durch einen Hinweis am Ende der Lizenzangabe geschehen, welche Materialien nicht von der Lizenz umfasst sind.

F: Kann man eine PowerPoint Präsentation oder Ähnliches unter eine CC-Lizenz stellen, wenn sich die Inhalte der Präsentation auf ein Kapitel aus einem (urheberrechtlich geschützten) Buch beziehen?

A: Fremdes urheberrechtlich geschütztes Material kann entweder auf der Grundlage einer gesetzlichen Schranke oder einer Nutzungsrechteeinräumung verwendet werden. Als Schranke könnte hier insbesondere das Zitatrecht aus § 51 UrhG in Betracht kommen. Dafür bedarf es einer geistig-inhaltlichen Auseinandersetzung mit dem fremden Werk.[34] Allerdings gestattet auch das Zitatrecht keine CC-Lizenzierung des fremden Materials (s.o.).

---

[34] S. detailliert zu den Anforderungen des Zitatrechts: B. II. *Fischer*, Das Zitatrecht nach § 51 UrhG.

Verwendet man das fremde Werk hingegen als Grundlage und möchte darauf aufbauen oder dieses bearbeiten, so ist zu beachten, dass mögliche Bearbeitungen oder Umgestaltungen des Werkes nur mit Einwilligung des:der Urheber:in des bearbeiteten oder umgestalteten Werkes veröffentlicht oder verwertet werden dürfen (§ 23 S. 1 UrhG). Eine freie Benutzung nach § 24 UrhG ohne Einwilligungserfordernis ist hingegen erst möglich, wenn das neu geschaffene Werk einen solchen Abstand zum alten Werk aufweist, dass die eigentümlichen Züge des benutzten Werkes verblassen.

F: Kann sich der:die Urheber:in vor einer Veränderung seines:ihres Werkes schützen, mit der er:sie überhaupt nicht mehr einverstanden ist, sofern das Werk unter einer CC-Lizenz steht, die eine Bearbeitung erlaubt?

A: Dem:der Urheber:in verbleiben auch bei einer (CC-)Lizenzierung seines:ihres Werkes jedenfalls die sog. Urheberpersönlichkeitsrechte. Neben dem Namensnennungsrecht gem. § 13 UrhG zählt hierzu auch das Entstellungsverbot gem. § 14 UrhG. Danach kann der:die Urheber:in eine Entstellung oder eine andere Beeinträchtigung seines:ihres Werkes verbieten, die geeignet ist, seine:ihre berechtigten geistigen oder persönlichen Interessen an dem Werk zu gefährden. Führt die Bearbeitung des eigenen Werkes also zu einer Veränderung des Werkcharakters, einer Verzerrung, Sinnentstellung o.ä., kann der:die Urheber:in gegen den:die Verletzer:in insb. einen Unterlassungsanspruch geltend machen.

Arbeitsberichte zum Informations-, Telekommunikations- und Medienrecht
hrsg. von Thomas Hoeren und Bernd Holznagel (Universität Münster)

Nikolas Guggenberger (Hg.)
NetzDG: Im Zweifel gegen die Meinungsfreiheit
Eine Verfassungsbeschwerde gegen das Netzwerkdurchsetzungsgesetz
Um der „Verrohung" der Kommunikation im Internet entgegenzuwirken, ist 2017 das Netzwerkdurchsetzungsgesetz in Kraft getreten. Das Gesetz unterwirft soziale Netzwerke Regelungen, die erhebliche Bedenken mit Blick auf die Meinungsfreiheit vorgebracht haben. Die adressierten Netzwerke gingen gegen das Gesetz aber nicht vor. Daher erhob ein Team am Institut für Informations-, Telekommunikations- und Medienrecht (ITM) eine Verfassungsbeschwerde, welche in diesem Buch dargestellt wird.
Bd. 20, 2020, 120 S., 49,90 €, br., ISBN 978-3-643-14769-1

Thomas Hoeren; Barbara Kolany-Raiser (Hg.)
Big Data zwischen Kausalität und Korrelation
Wirtschaftliche und rechtliche Fragen der Digitalisierung 4.0
Big Data ist ein Phänomen der Digitalisierung, bei dem sehr große Datenmengen zu Wahrscheinlichkeitsaussagen genutzt werden. Die Nutzungsmöglichkeiten reichen von der Verbrechensprävention über die Autoindustrie bis hin zur Gesundheitsforschung. Das von der Bundesregierung geförderte Großforschungsprojekt ABIDA (Assessing Big Data) hat es sich zur Aufgabe gemacht, den diversen Problemen von Big Data aus der Sicht verschiedenster Wissenschaftsdisziplinen nachzugehen. Erste Forschungsergebnisse finden sich in den hier erstmals veröffentlichten Dossiers.
Bd. 19, 2016, 154 S., 44,90 €, br., ISBN 978-3-643-13577-3

Patricia Rogosch; Erik Hohl
Data Protection and Facebook
An Empirical Analysis of the Role of Consent in Social Networks
Consenting or not consenting – When reading the privacy policy of a social network service, one might wonder why he or she is asked to accept the privacy policy. Does one have a choice?
This survey analyzes the status quo of current practices and policies of service providers to obtain consent in Europe. It reveals the main purposes for which they collect, use and disclose users' personal data. The often-cited "informed user" needs information about what he is consenting to. Is the privacy policy easily readable and accessible? How long is the average European data use policy? These and other questions were answered in this survey by analyzing 140 user generated content websites (e.g. Facebook).
Bd. 18, 2012, 72 S., 39,90 €, br., ISBN 978-3-643-90250-4

Thomas Hoeren; Sebastian Neurauter unter Mitarbeit von Christoph Golla
IPTV – Die wichtigsten Rechtsfragen aus Sicht der Anbieter
Bd. 17, 2010, 288 S., 59,90 €, br., ISBN 978-3-643-10646-9

Bernd Holznagel; Junqi Xu; Thomas Hart (Eds.)
EU-China Information Society Project. Regulation Telecommunications in the EU and China: What lessons to be Learned?
A Joint Report by: Institute for Information, Telecommunication and Media Law, University of Münster, Germany (led by Prof. Dr. Bernd Holznagel, LL.M.), China Academy of Telecommunications Research, in MII, Beijing, China (led by Dr. Junqi Xu. The report was conducted for the EU-China Information Society Project (supervised by Dr. Thomas Hart)
vol. 16, 2009, 304 pp., 29,90 €, br., ISBN 978-3-643-10277-5

LIT Verlag Berlin – Münster – Wien – Zürich – London
Auslieferung Deutschland / Österreich / Schweiz: siehe Impressumsseite

Schriften zum Informations-, Telekommunikations- und Medienrecht
hrsg. von Thomas Hoeren und Bernd Holznagel (Universität Münster)

David Emmeridh
Die Auswirkungen künstlicher Intellligenz auf die erfinderische Tätigkeit und das Erfinderprinzip
Der Einsatz künstlicher Intelligenz in der Forschung und Entwicklung hat weitreichende Folgen für die Art und Weise des Erfindens und stellt damit zwei zentrale Bereiche des Patentrechts vor neue Herausforderungen: Die Patentierungsvoraussetzung der erfinderischen Tätigkeit und das Erfinderprinzip. Diese Arbeit geht aus rechtlicher und ökonomischer Perspektive der Frage nach, unter welchen Voraussetzungen eine Erfindung, die unter Einsatz künstlicher Intelligenz zustande gekommen ist, einem Patentschutz zugänglich sein sollte und wer als (Mit-)Erfinder solcher Erfindungen in Betracht kommt.
Bd. 52, 2021, ca. 184 S., ca. 39,90 €, br., ISBN 978-3-643-14931-2

Jakob Bünemann
Regulierung von Suchmaschinen
Eine Untersuchung des kartellrechtlichen *status quo*, sowie der Notwendigkeit und der Verfassungsmäßigkeit potentieller Maßnahmen *de lege ferenda*
Horizontale Suchmaschinen sind für eine Vielzahl von Menschen der Ausgangspunkt bei der Nutzung des *world wide web*. Durch die ökonomisch bedingte Machtkonzentration bei einigen wenigen Anbietern erwachsen Missbrauchspotentiale, vor allem in Bezug auf nachgelagerte Marktteilnehmer. Den Fragen, ob eine über das Kartellrecht hinausgehende Regulierung von Suchmaschinen notwendig ist und ob entsprechende Regelungen im Einklang mit den verfassungsmäßigen Rechten der Suchmaschinenbetreiber stünden, wird in dem vorliegenden Werk nachgegangen.
Bd. 51, 2018, 290 S., 54,90 €, br., ISBN 978-3-643-14167-5

Benjamin Wanning
Direktmarketing im Licht der Europäischen Datenschutzgrundverordnung
Das Thema Direktmarketing ist für Unternehmen von erheblicher wirtschaftlicher Bedeutung. Gleichzeitig ist es durch neue europäische Regelwerke wie der Europäischen Datenschutzgrundverordnung und der ePrivacy-Verordnung einer rechtlichen Neubewertung ausgesetzt. Das vorliegende Werk beschäftigt sich mit der Frage, wie sich die genannten Verordnungen auf das Recht des Direktmarketing auswirken.
Bd. 50, 2018, 168 S., 34,90 €, br., ISBN 978-3-643-13978-8

Nils Lölfing
Die App-Ökonomie des Schenkens
Eine rechtsökonomische Analyse zur Haftung von App-Marktplätzen
Apps sind ein boomender Wirtschaftsfaktor, obwohl sie regelmäßig unentgeltlich vertrieben und damit verschenkt werden. Diese Arbeit geht der Frage nach, ob und wie die App-Marktplätze als „Gatekeeper“ und Initiatoren des Geschäftsmodells in der App-Ökonomie des Schenkens für bösartige oder unsichere Apps der Anbieter haften müssen. Dies erfolgt am Maßstab der ökonomischen Analyse des Rechts, die das Recht mittels wirtschaftswissenschaftlicher Methoden so gestalten möchte, dass es die Gesamtwohlfahrt maximiert und die knappen Ressourcen optimal ausnutzt.
Bd. 49, 2017, 256 S., 39,90 €, br., ISBN 978-3-643-13711-1

Leonie Dißmann
Das virtuelle Sit-in als grundrechtlich geschützte Protestform?
Betrachtung der verfassungsrechtlichen Rechtslage und deren Einfluss auf das Privatrecht
Bd. 48, 2017, 316 S., 34,90 €, br., ISBN 978-3-643-13308-3

Dennis Groh
BAN SPAM
Der Schutz vor unerwünschten E-Mails im Rechtsvergleich zwischen Deutschland und Australien
Bd. 47, 2014, 272 S., 34,90 €, br., ISBN 978-3-643-12871-3

LIT Verlag Berlin – Münster – Wien – Zürich – London
Auslieferung Deutschland / Österreich / Schweiz: siehe Impressumsseite

Nadine Kalberg
Datenschutz an Hochschulen
Eine Analyse der Rechtsgrundlagen und ihrer Umsetzung in integriertem Informationsmanagement
Bd. 46, 2014, 360 S., 34,90 €, br., ISBN 978-3-643-12155-4

Eike Jahn
Drei-Stufen-Test und plurale Rundfunkaufsicht
Zur Unabhängigkeit und Effizienz der Gremienarbeit
Bd. 45, 2011, 288 S., 34,90 €, br., ISBN 978-3-643-11370-2

Ingo Striepling
Verbraucherschutz bei Online-Auktionen
Bd. 44, 2010, 296 S., 39,90 €, br., ISBN 978-3-643-11032-9

Theologie und Hochschuldidaktik

hrsg. von Prof. Dr. Monika Scheidler (Universität Dresden) und Prof. Dr. Dr. Oliver Reis (Universität Paderborn)

Annett Giercke-Ungermann; Christian Handschuh (Hg.)
Digitale Lehre in der Theologie
Chancen, Risiken und Nebenwirkungen
Digitale Lehre gewinnt im universitären Kontext eine immer größere Bedeutung. Zahlreiche Ausschreibungen für Förderungen und Leuchtturmprojekte belegen ein breites politisches und öffentliches Interesse an dieser neuen Form von Lehr- und Lernprozessen. Auch in der universitären theologischen Landschaft ist diese Entwicklung nicht spurlos vorbei gegangen: Sowohl auf der Ebene der grundsätzlichen Reflexion als auch in den ersten innertheologischen Anwendungsfeldern erhebt dieser Band die aktuelle Situation und möchte zum weiteren Nachdenken und Anwenden einladen.
Bd. 11, 2020, 268 S., 34,90 €, br., ISBN 978-3-643-14637-3

LIT Verlag Berlin – Münster – Wien – Zürich – London
Auslieferung Deutschland / Österreich / Schweiz: siehe Impressumsseite